·福建海上丝绸之路研究丛书·

福建海上丝绸之路

腹地卷

蔡立雄 主编
杨林燕 张凤英 副主编

福建省政协文化文史和学习委员会 福建省炎黄文化研究会 编

海峡出版发行集团 THE STRAITS PUBLISHING & DISTRIBUTING GROUP | 福建人民出版社 FUJIAN PEOPLE'S PUBLISHING HOUSE

图书在版编目(CIP)数据

福建海上丝绸之路. 腹地卷 / 福建省政协文化文史和学习委员会，福建省炎黄文化研究会编. --福州 ：福建人民出版社，2022.12

（福建海上丝绸之路研究丛书）

ISBN 978-7-211-09018-1

Ⅰ.①福… Ⅱ.①福… ②福… Ⅲ.①海上运输—丝绸之路—历史—福建 Ⅳ.①K295.7

中国版本图书馆 CIP 数据核字（2022）第 258618 号

福建海上丝绸之路·腹地卷

FUJIAN HAISHANG SICHOU ZHI LU · FUDI JUAN

作　　者：福建省政协文化文史和学习委员会　福建省炎黄文化研究会
责任编辑：陈　宽
责任校对：李雪莹
出版发行：福建人民出版社　　**电　　话：**0591-87533169(发行部)
网　　址：http://www.fjpph.com　　**电子邮箱：**fjpph7211@126.com
地　　址：福州市东水路 76 号　　**邮政编码：**350001
经　　销：福建新华发行（集团）有限责任公司
印　　刷：福州德安彩色印刷有限公司
地　　址：福州市金山浦上工业区 B 区 42 幢
开　　本：787 毫米×1092 毫米　1/16
印　　张：18.75
字　　数：218 千字
版　　次：2022 年 12 月第 1 版　　2022 年 12 月第 1 次印刷
书　　号：ISBN 978-7-211-09018-1
定　　价：98.00 元

前　言

2013年9月和10月，中国国家主席习近平在出访中亚和东南亚国家期间，先后提出共建“丝绸之路经济带”和“21世纪海上丝绸之路”（简称“一带一路”）的重大倡议，得到了国际社会的高度关注和广泛参与。“一带一路”倡议有利于促进沿线各国经济繁荣和区域经济合作，加强不同文明交流互鉴，促进世界和平发展，是一项伟大的事业。福建作为21世纪海上丝绸之路核心区，实至名归。历史上，福建是海上丝绸之路的重要起点和发祥地，现实中，福建在21世纪海上丝绸之路建设中也将发挥其作为核心区的重要作用。目前，关于福建海上丝绸之路的研究却起步甚迟，系统、深入、全面探讨和研究的专著尚缺。研究历史上福建海上丝绸之路的形成、发展、兴盛和变迁，研究福建沿海各地及福建内陆在海上丝绸之路中的地位和作用，为21世纪福建海上丝绸之路建设提供历史借鉴，这是本丛书编纂的目的，因此本丛书探讨和论述福建海上丝绸之路的历史，限于1949年之前。

“闽在海中”“涨海声中万国商”，福建海上丝绸之路历史悠久，内涵丰富。“福建海上丝绸之路”可以定义为福建与其他国家和地区进行经济文化交往的海上通道。秦汉时期，福建的海上交通已相当频繁，《后汉书》卷33《郑弘传》载：郑弘“代郑众为大司农，旧交趾七郡贡献转运，皆从东冶泛海而至”。东冶即今福州。由此可知，汉代的福州已是东南沿海的重要商港与转运口岸，是海上丝绸之路的重要一环。三国时期，孙吴统治者在福州设典船校尉，负责督造船只，在闽东沿海设温麻船屯，建造船只。载运丝绸等物的福建船只已北达辽东、朝鲜，南抵两广、南洋，东至日本，开始在以贩运丝绸为主的海上丝绸之路上扮演重要角色。隋唐时期，福建港口迅速兴起，闻名于世，正如唐代诗人在描述福建港口中外交往盛况时所写：“云山百越路，市井十洲人。执玉来朝远，还珠入贡频。”宋元时期，福建海上丝绸之路进入鼎盛时期，福建泉州港以“梯航万国”的“东方第一大港”而著称于世。根据南宋赵汝适所撰《诸蕃志》记载，当时与福建有通商关系的国家和地区有58个。具体来看，东亚有高丽和日本，东南亚有占城、真腊、罗斛、三佛齐、阇婆、兰无里、渤泥、麻逸、三屿等，南亚有南毗、故临、注辇、鹏茄罗、细兰等，西亚有麻嘉、翁蛮、记施、白达等，非洲有勿斯里、遏根陀、默伽猎、层拔、弼琶罗、昆仑层期等，欧洲有斯加里野等。到了元代，据汪大渊《岛夷志略》记载，福建海外贸易除了原有的国家和地区外，又增加了东南亚、南亚、西亚地区中的10多个国家的30多个地方。明代，福建商人通过菲律宾马尼拉的大帆船贸易，从福建漳州月港等港口，将中国丝绸、瓷器等商品运送到万里之遥的美洲墨西哥。这条从福建经马尼拉到美洲的海上丝绸之路，使原有的海上丝绸之路骤然向东大大延伸。明清时期，西方殖民者东来，以郑成功等为首的福建海商集团和民众与之作坚决的斗争，发展海上贸易，使闽台的经济政治成为一体。鸦片战争后，西方殖民者入侵福建，但福建的海上丝绸之路仍在艰难中前行，并终于迎来了1949年中华人民共和国成立的新曙光。

福建海上丝绸之路从时间概念上看历史悠久，积淀丰厚，且持续性强，没有中断；从空间上看，具有世界性，将中国与东亚、东南亚、南亚、西亚、非洲、欧洲以及美洲联系在一起，形成一个世界性的网络，影响了世界，也反哺了中国，蕴育了福建拼搏、开拓、创新和团结的人文性格。

本丛书撰写要求尽量采用新资料、新观点，力求做到科学性和普及性的统一。本丛书不仅对海上丝绸之路研究具有重要学术价值，同时对福建海上丝绸之路的各项产业发展也有借鉴价值，具有一定的现实意义。

本丛书除总论《福建海上丝绸之路·史纲》外，福建沿海及内陆依行政区划分，设福州卷、泉州卷、漳州卷、厦门卷、莆田卷、宁德卷，福建内陆的龙岩、三明、南平三地合编为腹地卷；各卷前设“绪论”，后设“结语”，主体内容既有按历史发展时序作纵向论述，又有按专题分类作横向论述。

本丛书的撰写者为厦门大学、福建师范大学、闽南师范大学、龙岩学院、宁德师范学院、莆田市委党校及福建省文史研究馆、泉州海外交通史博物馆、莆田市社科联、福州市社科院等单位的学者及专业人士。

本丛书由福建省政协文化文史和学习委员会、福建省炎黄文化研究会共同主编。

丛书疏漏与不足之处在所难免，祈望读者不吝赐教。

福建省政协文化文史和学习委员会

福建省炎黄文化研究会

| 目　录 |

绪　论

第一节　研究范围与主要问题

福建海丝腹地主要包括南平、三明、龙岩（简称南三龙）三市，面积约6.83万平方千米，约占福建全省面积的55.16%。两列与海岸线平行的山脉将南三龙隔成相对独立的地理单元，一列是自北向南由鹫峰山、戴云山、博平岭组成的戴云山系统（称为闽中大山带），长约580千米，平均海拔1000～1200米，将腹地与福建沿海宁德、福州、莆田、泉州、漳州隔开，形成表里山海格局；一列是由仙霞岭、武夷山脉组成的武夷山系统（称为闽西大山带或闽西北大山带），长约530千米，平均海拔1000～1100米，构成闽浙两省、闽赣两省的分水岭。沿此山系，福建与浙江、江西、广东三省接壤。这里属典型的中国东部丘陵山地地貌。中间谷地纵横，水系发达，是福建省主要江河——闽江、九龙江、汀江的发源地和上游。在古代社会，依靠这些江河及山谷中的驿道等水陆通道，腹地与沿海港口城市建立起了紧密的经济文化联系，物资往来频繁，人员交流密切，成为福建沿海的主要腹地，既支撑沿海港口的繁荣，也深受沿海经济文化的影响，并在长期的相互交流中逐步形成一体化的经济格局。

近一个世纪以来，关于海丝的研究内容多样，包括海丝的起点和港口、船舶与交通、贸易与经济交流、政治与外交、宗教与文化交流等。所有这些研究都是以港口为中心或主要节点，关于历史上港口与腹地的关系，腹地如何支撑港口发展，港口如何拉动腹地发展并改变腹地经济形式等的研究内容还不多见。比较接近的研究成果主要是在复旦大学历史地理研究中心于2004年召开的“港口—腹地和中国现代化进程”国际研讨会及会后结集出版的同名专著中，学者们共同认为：“从历史地理的角度考察，1842年以后中国社会发生的巨大变化，实际上是首先发端于中国的沿海港口地区，尔后再通过主要的交通道路，往广大的内地扩展的。在这一过程中，进出口贸易及其所引起人员、商品、资金、技术、信息的流动，是国外市场和先进生产力通过港口城市影响中国广大内地的主要方式之一。按照经济地理学的学术表达，为港口提供出口物资、吸纳进口物资的地区称为港口的腹地，而港口和腹地之间有着双向的互动关系。”但“港口—腹地的研究不能仅仅停留在贸易、交通这一层面，还应该深入产业、金融、信息、文化、政治等层面”，“要真正研究好这一课题，需要进行历史学、历史地理学、经济学、经济地理学、交通学等多学科的合作”。这一研究范式在研究当代港口与腹地关系中有所应用，但专门研究海丝腹地问题的研究仍极为缺乏。不可否认，港口与腹地经济职能、经济地理结构、人文特点等均有极大的不同，有关腹地如何开展对外交往、与港口如何发生及发生什么样的互动、腹地的经济社会在交互的过程中如何变迁，还需要更深入地研究。做好福建海上丝绸之路腹地研究，对于弘扬习近平总书记所总结的“和平合作、开放包容、互学互鉴、互利共赢为核心的丝路精神”，与沿线国家一起建设“和平、繁荣、开放、创新、文明”的新丝路，推进腹地“发挥生态、旅游资源优势和朱子文化、客家文化等纽带作用，积极参与21世纪海上丝绸之路核心区建设，拓展与海上丝绸之路沿线国家和地区的交流合作，同时弘扬‘万里茶道’等特色文化，对接丝绸之路经济带，打造国际知名的生态文化旅游目的地、绿色发展示范区和客家文化、茶文化交流基地，提高对外开放合作水平”[①] 具有重要意义。

第二节　福建海丝腹地的自然地理与人文历史环境

福建海丝腹地靠近北回归线，处于亚热带地区，马鞍形的地形和面海背山的地理特征，使来自太平洋的季风为本地区带来丰沛的降水，年平均降水量多达1500～2000毫米；又在迎来海洋上温暖气流的同时，阻挡了北方寒流的进入，形成了非常典型的亚热带季风气候，冬无严寒，夏无酷暑，全年气温多在16～22℃之间，年平均日照近2000小时，无霜期近300天，特别适合动植物生长、繁衍，山区日温差较大，生物多样性特征明显，被誉为

① 福建省发展和改革委员会、福建省人民政府外事办公室、福建省商务厅：《福建省21世纪海上丝绸之路核心区建设方案》。

“北回归线上的绿色翡翠”“南方生物多样性宝库”和“动植物基因库”。

独特的气候与地形使得腹地溪河众多，其中，龙岩市内的河流主要分属汀江、九龙江北溪、闽江沙溪、梅江水系，有 110 条溪河集水面积达到或超过 50 平方千米。三明市内的河流主要属于闽江水系，有 90 多条溪河长度大于 10 千米。南平市流域面积在 100 平方千米以上的溪河有 70 条，主要河流有“一江八溪”，即闽江、建溪、富屯溪、崇阳溪、南浦溪、松溪、麻溪、沙溪和金溪。这些河流径流量大、流域面积广，主要河段水流较深、含沙量少，虽江水多汛急，但在古代社会有较高的航运价值。尤其是闽江、九龙江、汀江三条大江沟通了山区与沿海的联系，在现代铁路、公路出现以前，山海间的人员、物资往来主要依靠这三条通道进行；而且三条大江上游支流则如同血管一般，使偏僻的乡村与城市、与沿海也有不同程度的分工合作，带动了高山阻隔的闽西、闽北地区与其他地区同步发展。

水系纵横与山区适宜商品性农业发展的特征为腹地发展与沿海地区的商品、文化交流提供了条件。

闽北腹地经济发展比较早。在南北朝以前，闽北是福建的政治、经济、文化中心。东汉建安初年，在福建境内最早设置的 5 个县之中，闽北就有建安（今建瓯）、南平（今延平）、汉兴（今浦城）、建平（今建阳）4 个县。

连城三江源碑

汉晋以降，中原战乱频繁，大量

武夷山船棺

汉民南迁，为本地区带来先进农耕、手工业技术，迅速地提升了本地的生产力水平，同时也带来先进的汉文化。汉文化与本地的闽越文化融合，成为闽派文化的源头。陈朝武帝时福建有了第一个省级建制名称——闽州，治所在晋安（今福州），福建的政治中心转移到了沿海。闽西龙岩在唐开元年间始设汀州。

王审知开闽，执行“劝课农桑”“宽刑薄赋”的政策，吸引了流民和逃户，集聚人口，开发山海，发展农工商业。其中，在闽北新设剑浦、建宁两县，在闽西新设归化县。王审知在闽北、闽西倡导儒学、开设学校，使“弦歌之化、流于桑梓”。五代时期的闽国虽只是一个割据政权，但它对福建尤其是腹地山区的开发厥功至伟，为本地区在宋代进入鼎盛奠定了基础。

入宋以后，中国经济重心进一步南移，南方的经济和人口规模开始超过北方，福建也进入发展高峰，腹地迎来了历史上最高光的时刻。此时的腹地社会稳定、人口众多、农工商业繁荣、文教繁盛。以人口计，仅龙岩（包括汀州府和漳州所辖的龙岩界内区域）在南宋末年就有约40万户100万以上人口。人口爆发式增长超过了本地区土地的承载能力，首先是手工业（如茶叶加工、陶瓷制作、刻书等产业）和商业作为一种消化过剩人口的重要手段，得到大发展。其次是山区农业如木材、靛蓝、茶叶种植等得到进一步推广。再次是矿产资源得到大力开发，闽西的矿业为一时之盛。据《临汀志》记载，南宋时期，江西有两州无力向中央缴纳财赋，汀州代为缴纳，可见当时本地区经济之繁华。最后是文化发展迅速，建阳是当时的刻书中心，书院林立乡野，科举中进士者众多，武夷山有“道南理窟”之誉，朱熹及众多弟子在此潜心研究理学。

明清时期是闽西、闽北山区商品性工农业快速发展的时期，也是本地区对福建丝路经济起到关键支撑作用的时期，还是本地区与海外文化加速相互影响的时期。沿着九龙江、汀江、闽江而下，山区物产茶叶、书籍、建盏、烟草、土纸等流通海内外，一

建瓯古城

批又一批居民因经商、谋生而寄居他乡，朱子文化、客家文化也随之传向海外；溯江而上的则有盐等海产品和海外的传教士以及一封封告知他乡消息的侨批、汇款。

清末及民国时期，腹地商人的经营活动明显地受到西方资本主义入侵及国内动荡的影响，步入衰落时期，《龙岩县志》载："咸同以后，各货既成强弩之末，富源遂如池竭。自中兼以洪党叠至，焚掠一空，闾里益形萧索之现状，数十年来资本亏而倒闭多，食用失而金融阻滞，商场中实莫大痛苦。"但在民国时期，闽西北商业曾经出现过两次繁荣。一是中央苏区时期，苏维埃政府为了支持根据地建设和红军给养，大力发展商业，长汀被誉为"红色小上海"，宁化被称为"中央苏区乌克兰"。二是抗战时期，由于福州、厦门、潮汕等地的商人大量内迁，带来了战时繁荣，永定峰市拥有7个航运码头、六省会馆、5家银行、300多家商号，一个弹丸之地的常住人口竟达两万余人，流动人口达三四万人，为峰市历史上经济强盛期；福建省会内迁永安长达7年半之久，思想文化界人士云集，成为当时东南文化名城之一；福州数十家工厂企业迁至南平，成立了名为"福建省企业公司"的官办机构来经营工业，原来浙江的一些兵工厂也迁来南平，各地输送土特产的木帆船均汇集南平，当时全省82家工厂中有21家在南平，闽北成为全省的工业中心，新式银行业也发展起来。这一时期，除了战争因素外，有两个因素对闽西闽北商业活动有很大影响。其一是20世纪二三十年代，随着公路的修建，汽车运输兴起，再加上电报、电话等现代通信技术的出现，商业信息的传递方式有了质的变化，传统的水上航道与商道、公路交通网、邮电通信网互为补充，有机连接在一起，共同构筑成完整的闽西闽北商业网络。

其二是19世纪末20世纪初，随着资本主义的发生发展，近代社会发生巨大变革，中国原有经济基础及政治基础开始发生变化，新兴的工商业资产阶级感到，旧式的行会已经不足以保障工商业者的权益，尤其难以适应与外国资本主义经济势力的竞争；同时，工商业者的经济民族主义意识大为加强，有志之士倾全力于工商事业，实业救国思想已深入民心，以新兴的资本主义工商企业为中心的新型商会成立，形成了以商会为中心，各同业公会、商学会等商务组织为外围团体的集合。商会广泛的社会联系加上经济和政治上的优势，使其在地方事务中享有很高的威望和权力，成为新式民间社团事实上的领袖团体之一。

第三节　腹地经济特征与商业文化特质

一、经济特征

第一，腹地多是山区，山区资源禀赋决定了其工农业生产的商品属性。山区耕地不足，粮棉盐等生活必需品对外地依赖性强；而欲获得外地物资，本地须有可供交换的物产，则决定了腹地工农业商品性较强。他们或以初级产品如木材、松香、香菇、木耳等，或对初级产品进行加工转化成纸、铁器、书籍、陶瓷、茶叶等大量外销，以换回财富和生活必需品。

第二，腹地是海港经济辐射区，海港贸易影响了其产品发展方向。明清时期福建、广东海洋贸易繁荣，腹地是外销商品的重要来源地，海外商品需求种类必然影响内地产出结构，如纸品在东南亚和日本有大量需求，山区出产的手工纸通过福州、厦门、汕头、广州销售至越南、泰国、缅甸、新加坡、菲律宾、印度尼西亚、马来西亚、日本等地，清嘉庆十七年（1812）成书的《临汀汇考》记载："汀地货物，唯纸行四方。"乾隆二十八年（1763）汀州府纸商就在潮州兴建汀龙会馆，会馆之下分为篓纸纲、履泰纲、福纸纲、龙岩纲、莲峰纲等13个名为"纲"的单位。这客观上带来了腹地造纸业的繁荣。据《福建省志·轻工志》记载："新中国成立后，连城姑田纸槽有400多个，每年出口手工纸400吨以上。"同时，海外贸易也造就了造船业的繁荣。因造船需要大量木材，使得明清时期山区大量植杉，所产的杉木沿汀江、九龙江、闽江运送至沿海地区。海外贸易还带来了新物种，使得山区的种养结构出现了变化。如明末引入的烟草在闽西地区的永定县得到大规模推广，形成了烟草种植、烟刀制作、烟草加工与销售产业链。烟丝制作至销售的各个程序，烟床、烟具、烟刀、包装纸等的加工以及烟丝的运输，都有独立的分工和专门化生产，带动了永定其他行业，如制造烟丝需要专门的烟刨来刨制烟丝。永定湖坑乡洪坑村林氏所生产的日升牌烟刀最为有名，行销大江南北，上海及长江一带有专销烟刀的商店。如永定条丝烟在清代获得"烟魁"的美誉，在各地大中城市乃至东南亚各国都设有店、商、行、号。

第三，腹地是水陆交通节点，区位优势助力本地区贸易的繁荣。腹地地处沿海向内陆地区辐射的中间地带，大量商品在此转运或集散，使本地区商人云集，并在重要交通节点推进了城市化发展，如为福州港口输送商品或转运海外产品，助力了南平城的发展，使闽北的中心城市由建瓯转移到南平。作为南盐北上和赣粮南下的节点，汀州城和上杭城得到了长足的发展。汀州城长期占据闽粤赣边重要的商业中心城市的地位。漳州月港的开发，促进了龙岩城的发展，使其在清代升级为直隶州，成为闽西又一个经济中心并最终取代汀州的地位。永定的峰市在抗战时期作为沟通沿海与山区的重要节点，以“小香港”闻名于世。

第四，腹地的临海、山区、中原移民传统三大特质，内推和外拉两力共同作用，使本地区居民出海谋生成为风尚。到了宋代尤其是明清时期，山区人口膨胀已在某种程度上超出了其承载能力，山区居民外迁潮出现，典型的如闽西山区，在南宋末年约有200万人，人地矛盾使客家人向广东、江西等地迁移；到了明清时期特别是郑和下西洋开阔人们的眼界之后，海洋贸易的巨大利润吸引大批客家人出海谋生，他们给东南亚、中国台湾等地带去了客家文化。外出创业、谋生的客家人从未忘记自己的家乡，当他们事业有成之后，或汇回资金，或回乡建设，客观上增强了山区与外部的联系，促进了山区经济发展。他们参与公共事务，在地方社会中扮演着重要角色。此类事例在地方志和家族谱牒中有大量记载。仅举永定县赖奎旺为例，“每行贾所获，岁有捐造，亦竟如其愿。嘉庆五年，独建抚溪乡洽溪茶亭，并置田税四十二桶。十一年，独造金沙乡园坝里拱篷石桥并茶亭，费金一千八百有奇，又以二百余金，置田税四十二桶。十三年，独建东关外崇圣殿，修天后宫拜亭，并购香灯田税四十桶，费金城外砌修官路数十丈，改修三层岭崎岖山路二十余里，共费金八百有奇。初，赖氏祖百二郎公众敛熏仅六十千，付长照经理，辛酉迄己巳，八年内增拓千金，置祭田，又捐修东华山关帝殿一百五十金。他如鸣岐岭石桥，以及施棺济急诸义举，不能缕述”。[①]

二、商业文化特质

闽西、闽北商人活动的历史，可以从商业文化的角度考察。这一地区自古以来就是闽、粤、赣、浙四省交通要冲，是中国海洋文明与内陆文明重要的交汇点，是历代沿海贸易发展的重要腹地。历史上，商人及商业沟通了山区与内陆、沿海的物资、人员、信息，推动了山区经济的开发和社会分工的发展。商人群体是所处时代经济的代表，是区域文化的重要体现者和参与者，也是体现当时经济发展水平与特征的最鲜明符号。在长期的商业活动与本土文化的熏陶下所产生的商人精神是推进区域发展的重要源泉。这些腹地商人地处山区却面向海洋，其行为方式饱受多种形式且互相兼容的山海交融文化影响。

第一，诚信友爱、崇德尚行是商人立身之本。腹地商人经商讲诚信、讲与人为善、注重品德修养，如民国《龙岩县志》说：“昔者商人长袖善舞，多钱善贾。出则长驾远驭，执商场之牛耳；处则慷慨施与，驰社会之声誉。三江五岭之间茶烟捆载而往，厚获而归，金银吸收百万，素封之家，村巷相望。”这种精神要素，历代商人代代相袭。

第二，崇文好学、善应时变成就了腹地商人善于捕捉商机的能力。许多商人的祖先由中原迁来。在古代社会，若非大家族，则难以承担历经数年甚至上百年移民路上的风险。大家族不仅经济实力雄厚，而且对文化传承也极为重视，所以这一地区特别崇

① ［清］方履篯修、巫宜福纂：道光《永定县志》，卷19《艺文志》，厦门大学出版社2012年版，第301页。

文好学，遍居城乡的书院、书塾、书坊均说明了这一点。山区粮棉等生活必需品出产不足，经商以互通丰歉、获利以补足生计是不可避免的。但山区商人经商往往不是举族进行，哪怕是名扬天下的刻书族商也不例外，而是有所分工，往往是家族成员中业儒不成者才从商（业儒不成者指的是早期读书，但功名无望者），以经商所得支持家族生计和教育。所以，儒家思想深深融入了腹地商人的血脉，可称为儒商。

第三，合群团结、友爱互助构建了商人的社会信用网络。本地区多山，路险道滑，许多族群又是由外地迁移而来，非有吃苦耐劳和团结合作的精神不足以克服在异乡异土所遇到的困难。这使商人能在陌生的环境中从容应对各种挑战，具有较强的生命力，也使其在经营过程中能互相帮助，共同致富。如闽西族商兼具有血缘关系和商业关系的双重特点，宗族力量与工商业力量互相支撑、互相联结、互相强化。借助宗族力量，刻书业族商、烟刀业族商实现了内部交易成本、组织成本、摩擦成本、生产成本等方面的节约，实现了宗族经济的扩大再生产和工商业的合作，成为有影响力的商业集团。

第四，能创会融、立人达己展现了商人的进取精神。山区商人自主意识强，因为其商业活动主要向外，加之地理历史因素，对官方依赖性较弱，商品的市场化程度高。如闽西商人率先利用外来物种烟草使本地区成为国内最大的烟草供应地。他们利用山区竹木发展出中国刻书中心，他们走南洋成就了一个个“锡矿大王”“羽毛球大王”“报业大王”，他们在新时代高举中国互联网龙岩军团大旗。总之，能创新创业，体现在商人在山区将穷乡僻壤建设成乐土，体现在不同时代商人群体的涌现和各领风骚；会融入，体现在商路即移民路，体现在日久他乡即故乡；立人达己则

上杭客家族谱馆内景

体现在商人互相帮扶，体现在商业让生活更美好。

第五，爱国爱乡、兼爱包容体现了商人的大爱情怀。有过背井离乡之苦的人才能更炽热地表现出对家乡、对祖国的眷恋。许多海外客家人虽身在异邦，但始终不忘自己是中华儿女，时刻想念故土，教导子女溯本思源、寻根问祖，永远不忘祖国与原乡。龙岩东肖仙宫公园有一副对联说出了海外华人的心声：“四海可为家，祖国山河常在念；五洲虽寄迹，故乡风物总关情。”这一点，一方面降低了其在外经商的风险，另一方面使其能更多得到来自故乡的关心和支持。商人一旦发迹或有所成就后，总是不忘报答曾经养育过自己或先辈的故国家乡。他们这方面的慷慨义举，不仅有力地支持了我国经济建设及有关社会事业的发展，同时也赢得了海内外中华儿女的尊敬与爱戴。如《培田吴氏族谱·一亭公牌坊呈稿》载："输军米、育遗婴、创建桥梁、捐修书院、积谷以备歉岁、施茶以利行人，均属有益于地方，不独见称于宗族。"《长汀县志》载："刘文端，邑之平原慈坑人。乾隆十一年常贾于浙江处州，适遇火灾，延烧民居行店数百余户，端罄其赀本雇夫挑水救火，所费甚巨。处州知府郑功赠以'轻财重义'匾额。"包容就是能和睦乡邻、同异地商人和谐共处，如抗战时福州、厦门、汕头等地商业内迁，各地商贾共同创造了 20 世纪 40 年代闽西商业的繁荣。

第一章

港口—腹地关系与福建海上丝路发展

第一节　港口—腹地关系的理论

一、港口与腹地的基本概念

港口是经济地理学上的一个重要术语，一般指位于海、江、河、湖等沿岸，能够为船舶靠泊、装卸作业、货物集散、客货中转等提供服务的区域，是水陆中转和联运的重要枢纽节点。港口通常是客货运输的起点或中转点，通过将客货从起点或中转点运送到目的港，再换装其他运输工具，进而完成运输服务。根据港口所处区域的地理环境的不同，一般可以将港口划分为海港、河港和湖港。历史上的内陆沿河或沿江地区，水路运输占据着重要地位，且拥有港口的地区往往开埠通商也较早。

腹地一词的出现最早就是指港口腹地，1885 年乔治·奇绍姆（George Chisholm）在《商业地理手册》中第一次引入德语中的 Hinterland（背后的土地），解释为港口的物资集散区域；《简明大不列颠百科全书》中对腹地的解释是：腹地是处于港口地理位置下方，通过港口进行对外贸易、货物的进出口和商品销售的城市区域范围。近现代学者们普遍将港口腹地定义为港口货物吞吐和旅客集散所能涉及的区域范围。如果某一区域进出口商品通过各种陆运方式送达某港口，再从这一港口开始水上运输，则该区域就属于这一港口腹地的一部分。

按照不同的分类标准，港口腹地的划分也不同。参照已有文献，比较常见的是按照港口与腹地联系的紧密程度来划分，具体可以分为核心腹地、直接腹地、间接腹地和混合腹地，其中混合腹地也被称为竞争性腹地。核心腹地与港口的地理距离十分接近，与港口之间的经济联系十分紧密，通常为港口所在城市或者临港工业区；直接腹地与港口空间地理距离较近，通过一种或多种运输方式与港口直接相连，并且通过该港进行货物的水路运输，通常为港口城市所在的经济区、城市带；间接腹地一般与港口距离稍远，需要通过其他运输方式的转运与港口相连，通过该港进行的水路运输货量不大；混合腹地通常处于两个同等级港口之间，是两港共同拥有、相互竞争的腹地区域。①

复旦大学吴松弟教授认为，由于近代中国港口商品集散的结构相当复杂，不能将腹地简单地等同于港口出口物资的来源地和进口物资的销售地。就进口商品而言，一部分通过港口背后的交通路线直接输往内地，一部分再复出口到其他港口（称为转口）。

① 沙雨蒙：《港口腹地界定方法研究》，大连海事大学硕士学位论文，2015 年，第 9 页。

就出口商品而言，一部分从港口背后的内地直接运输而来，还有一部分则因某种交通、税收甚至政治上的原因，不走空间距离较近的港口而从较远的港口出口。在上述各部分中，我们只将与某一港口或这一港口的其他腹地陆地相连、直接销售港口进口物资和直接提供出口物资的区域称为某港口的腹地，那些销售该港口的转口物资和将物资舍近求远运至该港口出口的地区都不能算作该港口的腹地。按照人文地理学的普遍规律，各块腹地的边缘部分除了与所属的港口发生物流联系之外，也与其他港口发生同样的联系，虽然后者在物流总量中所占的比重往往不及前者。这种边缘地带，我们称为交叉腹地。交叉腹地在各港口—腹地的边缘地区是一种相当普遍的现象。如果我们将基本不存在交叉现象的腹地称为基本腹地的话，任何一个港口的腹地便由基本腹地和交叉腹地两部分所组成。①

二、港口与腹地的关系

港口与其腹地之间总体上是相互依存和相互支持的关系，两者构成一个相对完整的经济地域系统。从区域经济地理学的角度看，已有关于港口与腹地关系的研究主要形成了海港区位理论、地域分工理论、协同理论等重要理论。

（一）海港区位理论

港口的区位，是指港口进行经济活动的场所、在经济地理空间上的位置。港口的区位条件是指包括港口所在城市及周边城市经济发展水平、综合交通系统情况、货源对港口的支持能力、港

① 吴松弟：《港口—腹地与中国现代化的空间进程》，《河北学刊》，2004 年第 3 期，第 161 页。

口自然水文条件等影响港口生存与发展的经济地理空间诸因素之和。[①] 海港区位理论关于港口与经济腹地的关系研究主要从海港所在的位置、港湾条件、腹地位置与经济发展等角度展开。港口与腹地是相互影响、相互推动的一个经济系统。一方面，腹地面积越大、经济发展规模越大，对港口的货源支持能力通常也越强，越能支撑和促进港口吞吐量的增长及所在城市的经济发展；另一方面，相对于其他区域，腹地在资源集散和货物中转方面具有更多优势，港口交通枢纽功能越完善，越能够吸引腹地货源，进而促进腹地产业集聚和规模化经济发展。

（二）地域分工理论

地域分工，是指各个地理区域按照自身的禀赋条件发展具有优势的产业，生产具有比较优势的产品，然后与其他区域的产品进行交换。简单地说，假设有 A 和 B 两个地理区域，A 区的气候、土壤等自然环境和劳动力资源适合大规模种植棉花，而 B 区的自然条件适合规模化养殖水产品。在棉花种植方面，A 区比 B 区有优势；在水产品养殖方面，B 区比 A 区有优势。A 区和 B 区按照各自的条件分工生产具有比较优势的产品，满足区域内部需求后，剩余的产品可以进行交换，以获取更多的收益。地域分工理论认为港口与腹地两者之间存在有序分工。港口在货物装卸、集散和运输方面具有独特的优势，能够开展专业化、规模化、集约化的货物吞吐作业；腹地拥有比港口更开阔的面积、更多元化的生产条件，因此在各类农产品、工业制成品等货物生产方面更能产生规模化经营的优势。港口与腹地的有序分工形成专业化生

① 肖钟熙：《区位与机遇在港口发展中的作用》，《水运管理》，2005 年第 27 卷第 12 期，第 12 页。

产格局，不仅提高了各自的生产效率，而且有利于创造更多的收益。

（三）协同理论

协同，指系统内部各个要素或者子系统之间相互作用、相互协调，构成一个有机整体。各地理区域之间要实现协同至少须具备三个必要的条件：一是系统内各区域在地理上处于相近或者相邻的位置，有相同或者相似的社会风俗、生活习惯等文化属性；二是系统内各区域的自然资源、产业布局、市场需求等经济生产方面具有相似性或者互补性，能够进行多领域生产合作与协调，在空间联系上具有一定的便利性；三是系统内各区域的政府、企业等协同主体有协同发展的意愿，能够为推进系统内区域间产业协同发展开创条件。[①] 区域协同理论认为港口与腹地之间是一个相对完整的系统，系统内港口与腹地相互合作、相互支持、相互协调。港口为腹地货物输出和输入提供必要的运输服务，腹地为港口作业提供必要的货源支持，两者共同协调货物流、信息流和资金流，形成相互作用的有机整体。

综上所述，港口为腹地区域与外界进行贸易往来提供了必要的运输服务支持，使得腹地参与对外交流活动的途径更广泛，有利于推动腹地区域经济的发展和壮大。与此同时，腹地频繁开展对外交流和贸易活动，促使运输服务需求持续增长，也有利于港口运输服务的改进和完善，提升港口货物集疏运功能，因此港口与腹地之间是一个相互依存、有序分工、协调发展的系统。

① 刘波、成长春：《港口—腹地经济关系的理论基础》，《资源开发与市场》，2013年第29卷第11期，第1162页。

第二节 福建港口与腹地的关系

一、福建港口的历史演变

港口的形成和发展是一个逐渐变化的过程，历史上大部分港口都经历了从“完全自然状态”到“半自然半社会人文状态”，再到“社会人文状态”这样的发展历程。[①]“社会人文状态”下的港口与其腹地之间的经济活动往来比“半自然半社会人文状态”更加频繁。福建地处我国东南，全省山地、丘陵面积约占总面积的89.3%，境内有闽江、晋江、九龙江、汀江四大水系，素有“八山一水一分田”之称。[②]福建港口大多有着悠久的历史，在瓷器、丝绸、茶叶和香料等对外贸易发展方面发挥了重要的作用，众多的考古发掘资料和文物史迹均表明福建港口在海上丝绸之路发展史上具有重要地位。

（一）福州港

福州港地处闽江入海口，据史料记载，福州港的前身是东冶港，迄今已有2000多年的历史。闽越王无诸创立闽越国，建都于东冶（今福州市）。东汉、三国时期，位于闽江口福州湾内的东冶

① 龚高健、张燕清：《古代福建港口经济发展探析》，《福建论坛·社科教育版》，2007年专刊，第241页。

② 宋家鹏、陈松林：《福建省土地利用隐性形态与土地生态安全耦合协调分析》，《水土保持研究》，2020年第27卷第4期，第302页。

港逐渐兴起。据《后汉书·郑弘传》记载，东汉建初八年（83）“旧交趾七郡贡献转运，皆从东冶泛海而至”；《史记·东越列传》记载的闽越国冶都，“汉（高祖）五年，复立无诸为闽越王，王闽中故地，都东冶”[①]，由此表明“东冶”即是当时闽越国的冶都。汉朝时期，由于关山阻隔使得北上的陆路不通，广东、广西、越南等南面7个郡的进贡都要经过东冶港进行转运。[②] 该港系东南沿海的天然良港，唐代时东冶改称福州，福州港成为当时三大对外贸易港口之一。唐末五代时期，开辟了乌猪港和甘棠港为福州内、外港；北宋早期，福州是福建海上交通和贸易中心；宋元祐二年（1087）朝廷在泉州设市舶司后，泉州港逐渐取代了福州港的地位；明朝郑和七下西洋，每次出发前都会在福州长乐太平港驻泊；明成化十年（1474），市舶司由泉州移到福州，福州港成为当时与琉球贸易的主要港口。[③] 五口通商后至清朝末期，福州港一直是重要的茶叶输出大港。

（二）泉州港

泉州港位于晋江入海口，兴起于唐朝，古时称为刺桐港，是一个天然良港，也是海上丝绸之路的一个起点港。唐朝时在泉州设立参军事，管理海外交通贸易事宜；五代时，泉州港增辟了对外交通路线，进一步扩大贸易范围；宋代和元代，泉州港成为当时的国际贸易大港，海外交通畅达东、西洋，东至日本，南通东南亚地区，西达波斯、阿拉伯和东非等地；明代，泉州港外贸地

① 谢在华：《论福州在古代“海上丝绸之路”中的重要地位》，《福建史志》，2015年第2期，第17页。

② 欧潭生：《海上丝绸之路的最早起点——福州闽越东冶港》，《福州晚报》，2016年12月24日。

③ 谢在华：《论福州在古代“海上丝绸之路”中的重要地位》，《福建史志》，2015年第2期，第18页。

位开始下降；清代时泉州港逐渐衰落了。[①]

（三）三都澳港

三都澳港位于闽东北部，是闽东沿海的出入门户，属于天然深水良港。早在唐朝以前，三都澳港就已得到部分开发，五代王审知执政时期进一步开发了该港，使福建与北方的海上交通更加便利；明朝时期在三都澳开辟了专门的运粮航线；清朝光绪年间三都澳港设立福海关，正式对外开放，成为当时对外贸易的重要沿海港口，闽东地区茶叶大部分由三都澳口岸对外出口；民国时期受战争影响，三都澳港逐渐衰落。

（四）漳州月港

随着元末泉州港日趋衰落，位置较偏僻的漳州海澄月港由于长期有走私贸易往来，在明代初期逐渐崛起。月港的兴起历史大致分两个阶段：第一个阶段是 15 世纪至 16 世纪中叶，月港主要承担非法的海外走私贸易；第二个阶段是 16 世纪中叶至 17 世纪前期，明朝局部开放海禁后，在月港开设“洋市”，由明政府监管民间海外交通贸易。[②] 明末清初，随着郑成功抗清活动的开展，月港开始没落。[③]

（五）厦门港

厦门港位于金门湾和九龙江入海口。宋朝时，厦门港成为泉州港的外围辅助港。元朝时作为军港，设立“嘉禾千户所”。明朝时，厦门港是民间走私贸易的重要口岸。清朝顺治年间，厦门港

---

① 郑廼辉、高香风、江铃：《历史上福建港口的茶贸之路》，《福建茶业》，2015 年第 6 期，第 48—49 页。

② 钟建华：《从月港到厦门港：明清漳州浦头港的历史考察》，《闽南师范大学学报（哲学社会科学版）》，2015 年第 3 期，第 9 页。

③ 陈自强：《明清时期闽南海洋文化概论》，鹭江出版社 2012 年版，第 8—9 页。

是郑成功海路“五商”（以仁、义、礼、智、信五字为5家商行之代号）通中国台湾、日本、吕宋及南洋各地的中心；康熙年间台湾统一后，设立闽海关，厦门为其正口；雍正年间厦门港为福建省出洋总口；道光二十二年（1842），厦门开辟为5个通商口岸之一；光绪年间，厦门港发展为近代较先进的综合性码头。[①]

二、历史上的福建港口腹地范围界定

依据复旦大学历史地理研究中心吴松弟教授对港口腹地的界定，参照水海刚对近代福州港腹地范围的界定，我们可以将闽江流域视为福州港和三都澳港的腹地，将九龙江流域和汀江流域视为漳州港及厦门港的腹地，将晋江流域视为泉州港的腹地。闽江是福建省内最大的河流，发源于闽、浙、赣三省交界的仙霞岭、武夷山和杉岭等山脉。闽江上游分为3个支流，分别为建溪、富屯溪和沙溪；下游有古田溪、尤溪、梅溪和大樟溪。[②] 依据闽江各支流所达之处构成的流域主要包括唐代的福州、建州、汀州的一部分及闽北各地与浙、赣两省交界之地。这些区域成为福州港和三都澳港的重要腹地。根据《旧唐书·地理志》和《新唐书·地理志》记载，唐朝初期的福州名称经历了丰州、泉州、建安郡、闽州、福州等多次变化，最后定为福州。《新唐书》记载，当时福州下辖的县有10个，分别是闽县、侯官、长乐、连江、福唐、永泰、长溪、古田、梅溪和尤溪；建州下辖的县有5个，分别是建

① 郑廼辉、高香凤、江铃：《历史上福建港口的茶贸之路》，《福建茶业》，2015年第6期，第51页。

② 水海刚：《口岸贸易与腹地社会：区域视野下的近代闽江流域发展研究》，厦门大学出版社2019年版，第19页。

安（今建瓯）、建阳、浦城、将乐、邵武。[1] 据《福建省志·交通志》资料显示，唐朝时期闽江上游建溪、富屯溪和沙溪的木帆船货物运输繁盛；南宋以后，在浦城集散的福建土特产和浙江日用品等多通过南浦溪往来于南平和福州；五口通商以后，武夷茶大多沿建溪输往福州港，远销海外；从福州港运往邵武、光泽的大宗货物主要以盐、糖、海产品、日用百货等为主。[2] 三都澳在清朝时隶属福宁府，地处福安与宁德两县之间，于光绪二十五年（1899）正式对外开放，清政府在三都澳设立福海关。福宁府下辖5个县，分别为福安、宁德、霞浦、福鼎、寿宁。自三都澳开埠后，福宁府所辖范围的一部分商品贸易运输由福州港转移至三都澳港。因此，清末时期的福宁府是福州港和三都澳港的交叉腹地。

九龙江是福建省内的第二大河，主要由北溪、西溪和南溪组成。唐朝时各支流所达之处构成的流域主要是漳州。根据《新唐书》记载，当时漳州下辖的县有3个，分别是龙溪、漳浦、龙岩。汀江在宋、明、清时被称为鄞江，发源于武夷山南麓的赖家山，主要支流有旧县河、黄潭河、濯田溪及桃兰溪。当时汀州下辖的县有3个，分别是长汀、沙县、宁化。[3] 据《福建省志·交通志》载，自唐朝开始，木帆船就成为九龙江流域的主要运输工具，流域内各县土特产和沿海的盐、海产品等货物频繁交流；汀江流域盛产的竹、木、纸等货物大多沿江运往广东，部分由龙岩县转九龙江流域，向沿海输出。因此，九龙江和汀江流域成为漳州港及

① ［宋］欧阳修、宋祁：《新唐书》卷41《地理志》，中华书局1975年版，第1064页。

② 福建省地方志编纂委员会：《福建省志·交通志》，方志出版社1998年版，第170—177页。

③ 杨晶晶：《唐代福建研究——以安史乱后经济与科举为中心》，扬州大学硕士学位论文，2015年，第12页。

厦门港的重要经济腹地。

晋江发源于福建省中部永春县境内，由干流西溪和支流东溪组成。唐朝时干流和支流所达之处构成的流域主要是泉州。根据《新唐书》记载，当时泉州下辖的县有4个，分别是晋江、南安、莆田、仙游。《福建省志·交通志》资料显示，南北朝时期，晋江流域就开始有木帆船货物运输；随着泉州港对外贸易的发展，宋朝和元朝时期晋江流域的木帆船运输更加繁盛；明朝以后逐渐衰落。茶叶、瓷器、蔗糖、桂圆干等土特产品大多经东溪、西溪运至泉州，后转销国内各地或者海外；泉州港进口的煤油、布匹、百货等也经由东、西两溪运至内陆各县。因此，晋江流域成为泉州港在闽的重要经济腹地。

第三节　福建港口贸易对腹地经济的拉动与社会发展的影响

港口是进出口商品的重要集散地和水陆联运的枢纽站，为腹地商品向海外输出及海外商品向内地输入提供了必要的途径。汉唐以来，福建沿海的福州、泉州港就开展海外贸易。沿海港口贸易的开展不仅促进了福建内陆山区商品经济的发展，而且影响了内陆山区社会的发展。

一、福建港口贸易对腹地经济的拉动

（一）物产输出对山区经济发展的影响

闽北、闽西地处福建内陆，境内多山，盛产木材、土纸、茶

叶等。宋代，随着经济文化重心的南移，闽北、闽西地区的农业、手工业发展较快，商业也逐渐崛起。随着沿海港口对外贸易的发展，闽北、闽西地区的不少物产也逐渐开始外销。土特产品的外销影响了闽北、闽西地区农业、手工业的发展，推动了商贸集市的繁荣。

1. 促进了手工业的发展

闽北、闽西地区手工业制品的出口外销，首先促进了手工业生产规模的扩大。宋元时期，闽北制瓷业发展兴盛，除了进贡朝廷以外，还有大量出口。随着闽北瓷器在日本、朝鲜、东南亚地区的畅销，以“建盏”为代表的闽北瓷器生产种类不断增加，生产规模也不断扩大。北宋时期松溪的九龙窑拥有 13 座窑，烧制的贡瓷“毫盏”远销海内外；浦城大口窑在兴盛时，据说瓷窑数达 36 座；邵武青云窑的规模则更宏大，窑址分“上窑”“下窑”“水尾窑”三处，其中“下窑”面积最大，且以龙窑为主。元代青云窑的瓷制品大量出口，据传兴盛时期拥有 130 多座。宋代武夷山的遇林亭龙窑烧制的多是“商品瓷”和“外贸瓷”，一次装瓷坯达几万件，由此可见生产规模之大。如此规模的窑厂需要雇佣大批手工业工人才能完成烧制任务。清代，闽西地区盛产各类土纸，因纸品佳，曾是出口大宗，远销日本及东南亚地区。武平的造纸业曾是该县最具代表性的手工业，长汀土纸在清道光年间年产量有十余万担（一担合今 50 千克，下同）。连城纸中的连史纸因色泽洁白、光滑透明，在南洋地区非常畅销。清末民初时，连城纸业生产规模不断扩大，全县年销售纸品达 13 万多担。其次，手工制品的出口外销推动了手工业技艺的进步。宋元时期，闽北纺织业得到较大发展。闽北一带栽桑养蚕的历史悠久，宋代时已普遍使用脚踏纺车，建阳织锦行销海外。丝织品的外销不仅推动了闽北纺织业规模经济的发展，而且有力地促进了当地纺织业工艺水平的提升。为了扩大外销市场，当地丝织、棉织工匠们不断改进纺织工艺，其中建阳织锦生产工艺精湛，工匠们曾受到宋徽宗厚赏。再次，手工制品的畅销还促进了人口从农业生产中分离出来，进入手工业和商业领域。宋代，闽北建阳是全国三大印刷中心之一；闽西连城四堡是清代四大印刷基地之一。这两地印刷的书籍外销量都很大，除了行销各省，还曾远销日本、南洋诸岛。印刷业的发展吸引了大批农民转向手工刻版、印书作业。连城四堡在全盛时期，全镇60％的人口都从事印刷业。此外，清代闽北、闽西地区的茶叶和烟草出口量较大，与此相关的烟叶和茶叶加工业兴盛，也促使不少农民转向手工业。

2. 改变了农业种植结构

闽北、闽西茶叶的出口外销影响了当地农业种植结构。闽北茶叶种植历史悠久，宋代建州北苑贡茶闻名遐迩。清初，随着武夷红茶研制成功，茶叶制作和交易中心逐渐转向崇安。因红茶符合欧洲人的口味，因此大量远销欧洲。红茶原产自崇安星村至桐木关一带，又称“正山小种红茶”。清中期，由于武夷红茶外销量激增，出现“所产不足以给天下之需”的情况，在巨大需求的刺激下，当地农民纷纷将稻田改作茶园。茶叶种植面积的扩大，促使闽北许多县从种植粮食作物为主转为种植茶叶这一经济作物为主，产粮区变成了产茶区。闽西地区各县在清代时茶叶种植已初具规模。龙岩县在清同治、光绪年间的茶叶生产和出口也有过一段繁盛时期，因种茶利润远高于种粮，曾出现“茶山遍全境”的盛况。

（二）物产输入对山区经济发展的影响

明朝中后期，通过沿海港口输入了不少外来物产，其中番薯、烟草、玉米、花生等的引种对闽北、闽西内陆地区的农业生产产生了较大的影响。番薯于万历二十一年（1593）自吕宋岛引入福建沿海，而后在福建内陆地区推广种植。因番薯是耐旱易种植的作物，且能替代谷米饱腹，在发生大旱、缺少粮食的时候能帮助民众度过饥荒。烟草在明末时由吕宋岛引入福建泉州、漳州一带，于清初时在永定引种。由于永定水土适合种烟，因此种植面积逐渐扩大。清朝乾隆至光绪年间，闽西永定的烟草行销全国及南洋地区。永定县山多田少，烟草大量外销带来了丰厚利润，种烟之利是种稻谷的数倍，农民们纷纷将良田改种烟草。

（三）进出口贸易推动了商贸集市的繁荣

商品进出口贸易推动了沿线商贸集市的繁荣，形成了一批有影响的商人和商帮。从闽北、闽西内陆地区到沿海港口的水陆运输线上的交通节点往往容易成为重要的商贸交易中心。这主要是因为交通节点一般是水陆运输的中转站和货物集散地，进出口货物多在此换装，运输人员及车马常在此休憩调整，商人们也常在此交易，因而与此相关的商铺、客栈、集市就陆续出现了。清初，闽北崇安的星村、下梅因当地茶叶交易活跃，茶行林立，曾分别被誉为“小苏州”和“小上海”。宋代至民国时期，永定峰市是闽粤间的重要交通枢纽，汀州府的土特产品经汀江水运至峰市，然后起岸经人力肩挑过山至广东大埔的石上埠，然后再装船行舟运至潮州，再出海；从沿海输入的进口货物也由峰市溯汀江北上至长汀，因此峰市成为闽西山区与沿海港口间的重要水陆中转枢纽。清末民初，峰市街上从事转口贸易即“过载行”的“行店”达320多间，7个木船靠岸码头每天共停泊近200艘船，码头搬运工人多达400余人。[1][2] 闽北地区位于崇阳溪、南浦溪和松溪交汇处的建瓯也是闽江上游重要的水陆中转枢纽，崇安、浦城、建阳等地的货物多在此集散。位于沙溪、建溪、富屯溪汇合处的南平港是连接闽北各县与福州港水运的重要枢纽，明清时期出现“舟车辐辏，物阜人彩，省门以北，无以为比”的盛况。[3] 闽赣古道上的光泽、邵武及闽浙古道上的浦城、崇安因地处两省交界处，明清时期成为省际边界毗邻地区的重要货物集散地，边界贸易市场十分活跃。

此外，随着山区与沿海两地间商品往来、人员交流的增加，官府和民众为了使水陆运输更加便利，也会设法不断改善交通运输条件，例如，治理河道险滩、修路建桥、增加水马驿站等。

二、福建港口贸易对腹地社会发展的影响

（一）人口迁移

山区物产的出口贸易带动了山区商品经济的发展，进而出现沿海地区谋生困难的民众向内陆山区迁移的现象。清代，闽北武夷山一带茶叶出口贸易兴盛，有力地促进了与茶叶出口相关的行业发展。茶叶种植面积的扩大，需要大批茶农；茶叶加工制作规模的扩大，需要众多加工者；茶叶包装、运输也需要大量人员。因而由茶叶出口贸易推动的相关行业的发展催生了众多劳动力岗

① 周雪香：《明清闽粤边客家地区的商品流通与城乡市场》，《中国经济史研究》，2007年第2期，第100页。

② 蔡立雄主编：《闽西商史》，厦门大学出版社2014年版，第116页。

③ 吴邦才主编：《闽商发展史·南平卷》，厦门大学出版社2016年版，第108页。

位，吸引了大批沿海地区的贫苦农民和浙赣两省的茶工迁移至闽北山区，转向茶叶种植、加工、运输等行业。清初，建瓯“靠茶度活者不少，有开山者，有摘茶者，有开庄及采装者，有做茶贩者、筛茶拣茶者”。雍正至乾隆年间，仅瓯宁一县，依靠茶业为生的人就达数万人，19 世纪上半叶之前，闽北 18 个产茶县从事茶业的人至少有数十万。[①] 每到采茶、制茶季，大批茶工从江西、浙江迁移至闽北茶区。这种季节性的迁移与茶叶贸易的活跃时期几乎同步。此外，闽西、闽北山区的森林资源丰富，造纸业在清代也非常兴盛，土纸、木材大量出口，因而吸引了不少闽南沿海及闽江下游一带的手工业者和种植者向闽西北内陆迁移。例如，闽江中下游一带的伐木工人移居闽西北林区砍伐松木，漳州、永春造纸工人移居闽西北产竹区造纸，兴化人移居建瓯租山种植杉树等。闽北地区茶叶贸易的兴盛还吸引了不少省内外商人迁移至闽北一带。例如，清朝咸丰、同治年间，沙县“茶市大兴，茶庄林立”，开茶庄者多为闽南茶商，福州人在浦城经商者有数十个；咸丰年间，闽北建阳麻沙镇“市屋数百家，皆江西商贾，贩鬻茶叶”；光绪年间，邵武县城茶庄“共有十数处，业此者多广东人”；清末建瓯县城“居民多属江西人，约占半数，重要商店大半为江西人所经营”。[②] 表 1-1 为民国元年闽西北一带人口统计调查数据。

---

① 颜丽金：《清代福建茶叶外销与地区经济发展的互动关系研究》，暨南大学硕士学位论文，2004 年，第 20 页。

② 戴一峰：《近代福建的人口迁移与城市化》，《中国经济史研究》，1989 年第 2 期，第 99 页。

表 1 1　民国元年闽西北地区人口分类统计表　　　　单位：人

地名	总人数	外县人	外省人	外县人所占比重（%）	外省人所占比重（%）	非本县人所占比重（%）
延平府	926989	136391	55095	14.7	5.9	20.6
南平县	203509	31115	15561	15.3	7.6	23.9
顺昌县	48056	12482	7306	30.0	15.2	45.2
将乐县	66987	1497	2102	2.2	3.1	5.3
沙县	159371	19753	9553	12.4	6.0	18.4
尤溪县	257404	31544	573	12.3	2.2	14.5
永安县	191663	40000	20000	20.9	13.6	34.5
建宁府	1091355	143805	311346	13.2	28.5	41.7
建瓯县	534847	89696	129964	16.8	24.3	41.1
建阳县	95122	9498	53995	10.0	56.8	66.8
崇安县	155887	8516	35470	7.3	30.6	37.9
浦城县	177723	32657	73978	18.4	41.6	60.0
松溪县	75210	1405	5003	1.9	6.7	8.6
政和县	110836	2033	12936	18.3	11.7	30.0
邵武府	328286	45221	52023	13.8	15.8	29.6
邵武县	117496	23631	11592	20.1	9.9	30.0
光泽县	40489	199	3745	0.5	9.2	9.7
建宁县	83173	12756	19895	15.3	23.9	39.2
泰宁县	87228	8635	16791	9.9	19.2	29.1
合计	2346630	325417	418464	13.9	17.8	31.7

资料来源：戴一峰：《近代福建的人口迁移与城市化》，《中国经济史研究》，1989年第2期，第100页

由表1-1可知，清代至民国元年时，闽西北一带因茶叶出口贸易兴盛而迁移至此的外来人口还是比较多的，其中建宁府各县

汇总的非本县人口占到总人口的41.7%，是闽西北地区外来人口占比非常高的一个府。

（二）传教士涌入

19世纪30年代，由于闽北武夷山茶叶出口贸易兴盛，西方传教士们为了搜集武夷山茶叶种植的情报，曾经多次进入闽江上游进行探险活动。清末，随着厦门、福州口岸的开放，以英、美为代表的基督教各差会①相继以厦门、福州为据点在沿海地区开展宣教布道活动。以厦门为据点的基督教差会主要有美国归正教、英国伦敦会、大英长老会、美国长老会等；以福州为据点的基督教差会主要有美部会、美以美会、圣公会等。② 19世纪60年代，以福州为据点的各大差会陆续向闽江上游的闽北山区传教。根据《南平宗教史略》记载，美以美会以延平为中心，向顺昌、尤溪、沙县、永安、明溪等地传教；美部会以邵武为中心，向光泽、顺昌的城关、洋口以及建宁、泰宁、将乐等地发展；英国圣公会以建瓯为中心，向建阳、崇安、浦城、松溪、政和等地发展。③ 19世纪80年代伦敦会、长老会、浸信会等差会陆续开始在闽西客家地区开始传教。为了扩大宣教布道的规模和吸纳更多的教会成员，各基督教差会陆续在闽西、闽北地区兴办教会学校、兴建教会医院，为当地民众提供教育和医疗服务。教会学校的开办客观上促进了闽西、闽北山区近代新式教育的发展，培养了一批知识青年；教会医院的创建客观上也促进了西方先进医学知识在闽西、闽北山区的传播，为当地培养了一批医护人员。因此，沿海口岸开埠

① 差会：西方来华传播基督教组织的简称，亦称为西差会、宣教会、宣道会等。

② 卢平：《基督教与闽西客家社会》，福建师范大学硕士学位论文，2002年，第7—8页。

③ 吴巍巍：《基督教与近代闽北社会——以美部会为考察中心》，福建师范大学硕士学位论文，2006年，第10页。

促使传教士进入福建内陆地区，传教士们在宣教布道的同时也客观上推动了内陆地区现代化教育和医疗事业的发展。

（三）生活方式的改变

五口通商后，随着各类洋货的输入，闽西、闽北内陆地区民众的生活方式也在悄然变化。例如，大量美国面粉的输入，促使民众增加对各类面食的加工和制作，丰富了食物的品种；煤油的输入，改变了民众的照明方式；火柴的输入，改变了民众传统的点火方式；洋布的输入，改变了民众的着装方式；钟、表、缝衣针等西式物品的输入，也在改变着百姓的日常生活。

第四节　腹地经济发展对港口发展的支撑作用

腹地不仅为港口提供地理发展空间，而且为其发展提供必需的货源支持。腹地是港口生存与发展的前提和必要基础。腹地对港口发展的支撑作用主要表现在两个方面。第一，腹地的产业结构和发展趋势对港口发展起导向作用。腹地为港口的发展提供物质保障，腹地经济的综合实力、产业布局、出口贸易的目标市场及出口发展趋势均对港口的货物运输起着重要的影响。腹地的出口发展方向对港口的发展方向有指引作用，且港口的货物输出量在很大程度上依赖于腹地出口产业发展状况。第二，腹地的经济体量影响港口的吞吐量。如果腹地经济拥有良好的可持续发展特征，那么腹地能够带动港口可持续发展，确保港口获得更强的竞争力。港口所在腹地范围越广阔、腹地物产资源越丰富、腹地经济越发达，越能够为港口发展提供必要支撑。此外，腹地经济发展有利于改善交通基础设施，为港口货物的输入中转和集疏散提供了重要的设施保障。腹地与港口间交通运输体系的完善有利于增强腹地与港口间的人员、货物、资金的交流。总体而言，如果腹地的经济外向度高，与各地的贸易往来频繁，出口贸易发达，那么处于该区域的港口通常具有较大的吞吐规模，且与其他港口相比，该区域港口的实力较雄厚，竞争能力也较强。

一、腹地产业结构对港口发展的导向作用

闽北是闽江之源，拥有丰富的森林资源，古闽越族人擅长用木材制作独木舟。由于闽北境内多山，陆路交通不便，且境内的建溪、沙溪和富屯溪水系均汇入闽江，因此，闽北民众早在先秦时期就重视利用发达的水系进行舟船运输。三国时期，东吴经营闽地时，将闽北建安郡作为其船舶制造的重要基地。船造好后沿建溪顺流而下，经闽江到福州，再由福州出江口输送至长江沿岸。古代闽北的造船业，既让闽江之源“纵一苇之所如”而凌东海“万顷之茫然”，与大海拉近了距离，实现了闽北与滨海及海外的商品交换和商旅流通，又让闽江之源摸索总结出来的造船材质和造船技术，得以为宋元时期的福建所利用，为闽地海商打造出世界航海史上闻名遐迩的“福船”打下了坚实的基础，也为后世福建海上贸易奠定了基础。[①] 闽北陶器制作历史悠久，新石器时代晚期，闽江之源就开始烧制陶器。浦城出土的西周印纹硬陶罐被视为典型的“闽北制造”，浦城龙窑被誉为“中国商代龙窑鼻祖”。

① 吴邦才主编：《闽商发展史·南平卷》，厦门大学出版社2016年版，第18页。

春秋时期，闽北建阳一带开始烧制原始瓷，至汉魏六朝时，闽北的建瓯、南平、邵武、光泽、建阳等地陆续烧制青瓷，即陶瓷史上所称“南青北白”的青瓷阶段。富屯溪支流的瓷厂烧制的青瓷产品通过水路外销十分便利。[①] 唐代时，闽北建阳、浦城、松溪等地均建造有龙窑或者大型窑场，主要烧制青瓷。唐末五代时，建瓯小松至水吉一带烧制出了黑釉瓷器，即宋代时著名的“建盏”。宋代在福建境内设福建路，下辖福、泉、漳、建（南宋时建宁府）、南剑、汀六州和邵武军、兴化军二军，[②] 其中建州、南剑州、汀州及邵武军的范围大致相当于现今的南平、三明、龙岩三市所辖区域。该区域境内多山少田，拥有丰富的木材、矿产、竹林、茶叶等资源，在宋代时商品经济获得了较快发展。闽北陶瓷业在宋元时期发展兴盛，建窑数量众多、规模宏大，所烧制的青瓷、白瓷、黑瓷等各类陶瓷除了供应国内市场需求，还大量出口。以建窑为代表的“建盏”黑瓷通过水路沿闽江运至福州，再经泉州向日本、朝鲜、东南亚等地销售。泉州港在五代时因海外贸易的发展而逐渐崛起。北宋初期，泉州港为官方贸易港，宋元祐二年（1087），朝廷在泉州设立市舶司，负责管理海上对外贸易事务，泉州港的地位进一步提高。宋元时期，闽北出口的主要贸易品除各类瓷器外，还有建锦、土纸等土特产品，大都经闽江运至福州港和泉州港销往海外。经泉州港外销的商品有陶瓷、丝绸、绢帛、铁器、漆器、糖酒、茶叶和药材、水果等60多种，其中陶瓷和丝绸为大宗，[③] 而瓷器又以闽北和德化所烧制的居多。因此，

① 吴邦才主编：《闽商发展史·南平卷》，厦门大学出版社2016年版，第20页。

② 吴松弟：《宋代福建商品经济的较大发展及其与地理条件的关系》，《中国社会经济史研究》，1988年第3期，第82页。

③ 黄天柱：《泉州港与古代丝瓷之路》，《理论参考》，2016年第2期，第64页。

腹地出口产品的种类决定了泉州港、福州港的货物输出结构。

宋元时期，漳州港作为泉州港对外贸易的外围港，海外贸易逐渐兴起。明清时期，朝廷实行较严格的海禁政策，对福建沿海港口的发展产生较大的影响。明朝初期开始实行海禁，泉州港的海外贸易逐渐衰落，而漳州月港对外走私贸易逐渐兴盛。明永乐至宣德年间，郑和率领船队七下西洋，累次驻泊在长乐太平港，修建船舶、招募船工、增加补给等，促进了福州外港的发展。明代，琉球与中国确立了宗藩关系；明成化十年（1474），朝廷将福州港定为中琉贸易的法定港口，并将福建市舶司从泉州移设福州，同时在福州城南河口设置进贡厂，开展中琉之间的“朝贡贸易”。[①] 此外，琉球也成为福州港与日本、朝鲜及东南亚地区私人贸易的中介，明朝出使琉球的使者会从福州带货至琉球，[②] 自福州港输出的产品仍然是以闽北、闽东腹地所产的土特产品为主。

明朝成化、弘治年间，漳州月港甚至成为东南地区海上走私贸易中心，且带动了厦门港的兴起。明隆庆至万历年间，厦门港和漳州月港开通了10条通洋航线，海上交通初具规模。[③] 清初重开海禁，康熙二十三年（1684）设立闽海关，厦门为其正口，此后从厦门港输出了大量的武夷红茶、生丝等。厦门港也因茶叶、生丝贸易而逐渐繁荣起来。五口通商后，厦门港出口的货物中，茶叶仍然是大宗，主要有闽北崇安的武夷红茶、龙岩宁洋茶、安溪乌龙茶、台湾乌龙茶。清代，闽西地区盛产手工土纸，因品质

① 龚高健：《古代福建港口经济发展探析》，《福建论坛·社科教育版》，2007年专刊，第246—247页。

② 魏献策：《明代泉州港与福州港的比较研究》，《福建教育学院学报》，2006年第8期，第53页。

③ 郑廼辉、高香凤、江铃：《历史上福建港口的茶贸之路》，《福建茶业》，2015年第6期，第51页。

佳曾畅销日本、东南亚地区。这些土纸部分通过水路船运经漳平、浦南到漳州，再转厦门出口；部分通过陆路和水路运至永安，经沙溪、闽江运至福州，再出口海外。鸦片战争后，武夷红茶输往广州的通道被切断，输往上海的通道也被切断。1853年，美国旗昌洋行派人前往武夷山茶区收购茶叶，并经闽江顺流而下至福州。这一航程所需时间短，距离茶区近，收购价格较低，让外商看到了福州港的潜力。[①] 次年，多家洋行纷纷进入福州收购武夷红茶。五口通商后，自福州港出口的货物主要有茶叶、木材、纸、药材等，茶叶为出口大宗。由此可见，明清时期闽西、闽北腹地以茶叶为代表的土特产品的出口有力地支撑了厦门、福州港的发展。

二、腹地经济体量影响港口吞吐量

港口吞吐量与腹地货源支持和市场需求量密切相关，因此腹地经济发展规模也会影响港口的发展规模。当腹地产业发展达到一定规模时，经济总量增长较快，对出口的推动作用更强。随着腹地出口产业规模化经营的形成，港口输出量也逐渐呈现规模化增长。宋元时期，闽北建宁府盛产生丝，纺织业在宋元时期已形成规模经济，生丝织成的各色绸缎，除供应国内市场外，还大量出口外销。宋代闽北邵武、浦城、崇安、松溪等地均建有众多龙窑，这些大型瓷窑一次装瓷坯达几万件，须雇佣大批工人进行专业化制作，所烧制的产品除贡瓷外，大多属于“外贸瓷”，大量销往日本、朝鲜、东南亚、欧洲等地。因丝绸、瓷器的大量出口，泉州港在元代成为世界贸易大港。明朝初期实行海禁后，漳州月

① 刘锡涛、黄廷：《初探近代闽江茶叶贸易对福州港兴衰的影响》，《茶叶科学技术》，2009年第2期，第46页。

港、厦门港也因腹地瓷器、茶叶、丝绸等物产出口而兴起了海上走私贸易，开辟了多条通洋航线。清朝初期重开海禁后，厦门港因茶叶大量输出而逐渐繁荣起来，成为福建省的出洋总口。1697年7月，一艘400吨的“纳索（Nassan）号”从伦敦航行到厦门，载有600桶茶叶、30吨生丝等。3个月后，一艘250吨的大帆船“特林鲍尔（Trumball）号”航行到厦门，所载货物有茶叶500桶等。1698年，一艘280吨的快速帆船“舰队（Fleet）号”从伦敦航行到厦门，载返茶叶300桶。① 厦门成为五口通商口岸之一后，茶叶出口量增长迅速。厦门本地并无出口物产，因此厦门港对于腹地的货源依赖性极强，因茶叶、土纸等腹地物产的出口而逐渐发展起来。1853年，闽北武夷红茶经闽江运至福州的茶路重新开辟，吸引了各大洋行至福州抢购茶叶，福州口岸输出的茶叶量因而大幅增加，具体如表1-2所示。

表1-2 1856—1866年间福州港输出的茶叶　　单位：磅

年　份	输出总量	年　份	输出总量	年　份	输出总量
1856—1857	35280000	1860—1861	61666500	1863—1864	63468298
1857—1858	32050300	1861—1862	55713433	1864—1865	65951916
1858—1859	29305600	1862—1863	52316780	1865—1866	65545036
1859—1860	41348600				

资料来源：刘锡涛、黄廷：《初探近代闽江茶叶贸易对福州港兴衰的影响》，《茶叶科学技术》，2009年第2期，第47页，引自巴尼斯特尔：《最近百年中国对外贸易史(1831—1881年)——中国海关十年报告》

从表1-2可知，1856—1866年间，从福州港输出的茶叶量增幅较大，福州与武汉、上海在当时并称为中国三大茶市。据海关

① 郑廼辉、高香凤、江铃：《历史上福建港口的茶贸之路》，《福建茶业》，2015年第6期，第51页。

资料统计，19世纪70年代大部分年份，福州港出口的茶叶量保持在60多万担的水平；1874—1876年间，福州港茶叶出口值占货物出口总值的95.5%；1867—1894年间，福州港茶叶出口值占货物出口总值的比重超过80%。[①] 1878年福州港出口茶叶80多万担，约占全国出口总量的三分之一；清光绪中期武夷山每年输出青茶约60万斤，平均值50万元，输出红茶20万斤，价值20万元，茶叶为闽北最大宗出口产品。[②] 由此可见，闽北腹地茶叶出口规模对福州港出口发展的影响，福州港在五口通商后的繁荣主要得益于茶叶的大规模出口贸易。19世纪末因印度、锡兰等地引种红茶成功后，福建茶叶出口外销锐减，福州港的对外贸易地位急剧下降。

第五节　腹地—港口一体化发展共同支撑海上丝路繁荣

"腹地—港口"区域是一个具有内在联系的特殊经济地域系统。该系统发展的具体实践从客观上要求港口与腹地要有高度的协同性、整合度和一体化。[③] 腹地经济的不断发展促使区域内的基础设施不断完善，为港口货物中转奠定了物质基础，港口经济

① 刘锡涛、黄廷：《初探近代闽江茶叶贸易对福州港兴衰的影响》，《茶叶科学技术》，2009年第2期，第46页。

② 郑乃辉、高香凤、江铃：《历史上福建港口的茶贸之路》，《福建茶业》，2015年第6期，第50页。

③ 郎宇、黎鹏：《论港口与腹地经济一体化的几个理论问题》，《经济地理》，2005年第25卷第6期，第767页。

的不断发展又促进腹地范围的扩大。腹地区域经济越发达，与海外贸易往来越频繁，就越有利于扩大沿海港口的吞吐规模。腹地经济发展也有利于改善腹地与港口间的交通运输条件，交通运输体系的完善又能够加强腹地经济和港口经济的联系，进而影响港口经济的发展。福建沿海港口的发展离不开腹地经济的支撑，沿海港口开辟的海上交通航线又为腹地产品的出口提供了必要的运输条件，因此腹地与沿海港口的一体化发展能够有力支撑海上丝绸之路的发展与繁荣。

一、腹地与港口区域经济一体化的动力机制

“腹地—港口”区域作为统一的经济地域系统是区域生产力发展的结果。当腹地的生产力发展水平达到能够制造舟船等水上交通运输工具，且拥有能够使用这些舟船的人员时，在水陆运输方式转换的上下水点才会逐渐形成码头，随着货物吞吐量的增加和码头规模的扩大，进而形成港口。当腹地与外界的经贸往来活动逐渐增加，港口就开始为腹地提供输出服务，彼此间才形成互动关系，进而为腹地—港口区域经济一体化的形成和发展奠定必要的基础。区域生产力的发展是推动腹地—港口经济地域持续向前发展的根本动力。区域生产力的发展会促使区域内经济增长，以生产原材料、产品、人员、资金、信息、技术为代表的各类生产要素的使用规模不断扩大，进而带动区域内部与外部的经济交流与贸易往来。与此同时，港口也将提升货物与人员输入和输出的服务能力，尤其是因货物吞吐规模的扩大而带来的更强装卸服务能力。此外，区域经济的繁荣也会促使腹地与港口之间的联系更加紧密、地域系统内运输条件更加完善，进而提高腹地—港口的

一体化进程。腹地—港口经济地域的整体开放式发展与外向型经济建设的加强会增加经济系统内各地区与各生产要素联系的密切程度，进而加速了腹地—港口经济地域一体化进程的发展。[①]

二、腹地—港口区域经济一体化发展共同支撑海上丝路繁荣

闽在海中。闽北是闽江之源，也是闽越文明之源。闽越人是善于制作且能驾驭舟船的族群。闽北浦城县仙阳镇出土的商代龙窑表明古闽族人在当时已进行陶器的专业化生产，且用陶器换取粮食等生活必需品。在建瓯采集到的商代贝币，表明闽北地区与滨海之间在商周时期可能存在商品交换活动。闽北没有玉石矿，但武夷山马仔山商周遗址出土的玉器，表明商周时期闽北有向中原方向进行商品交换的可能。[②] 春秋战国时期“楚越战争”导致古闽国北面的古越族领土被楚国吞并，且缺少武器装备的古闽国则被古越族人占领了，闽越国取代了古闽国。闽江上游建溪、富屯溪流域出土的大量铁制兵器和农具表明当时闽越国的商品生产大多与军备相关。

汉代，闽北是中原民众入闽的首站，位于松溪、崇阳溪和南浦溪交汇处的建瓯成为行政建制的首选地。自三国至唐末五代时期，闽北社会相对安定，商品生产发展较快，尤其是造船业和陶瓷业发展迅速。福建在三国时期成为东吴的重要造船基地。闽北造船业的发展为宋元时期海上贸易的活跃奠定了重要的运输

① 郎宇、黎鹏：《论港口与腹地经济一体化的几个理论问题》，《经济地理》，2005 年第 25 卷第 6 期，第 769 页。

② 吴邦才主编：《闽商发展史·南平卷》，厦门大学出版社 2016 年版，第 2 页。

基础。

从西晋末“衣冠南渡”至唐代，闽江成为闽北连接沿海的“黄金水道”，也是闽北商人向外发展的重要通道之一。唐文宗太和八年（834）下诏鼓励海上通商“除舶脚、收市、进奉外，任其来往通流，自为交易，不得重加率税”。此政策不但鼓励了沿海商人，也鼓励了内陆与海外的通商，因此处于水运咽喉的建瓯码头林立，上控腹地而直下闽江口，闽北的粮食、茶叶、瓷器及木材、矿产等通过建瓯码头输向福州，再经江口出海。[①]

唐末五代时期，王审知在福建执政27年，治闽有方，大力发展经济，招徕商贾来闽从事商品交易，重视文化教育。王审知对闽西山区的开发着重于粮食、茶叶、木材的种植及矿产的开采等。在其主政期间，闽西地区粮食生产逐渐增加，竹、木种植规模逐渐扩大，冶炼业也得到一定的发展。建瓯凤凰山一带的茶山在王延政治闽时成为御茶园。该茶园是宋代北苑贡茶的前身。此外，考古资料显示，闽江之源的丝绵纺织及造纸工艺在唐代也获得了较大的发展，建瓯产的“金花练”织品在唐开元年间成为贡品；富屯溪一带生产的“扣纸”在唐代也成为贡品，其中顺昌扣纸曾被唐玄宗封为“金溪纸”。因此，唐及五代时期闽北陶瓷业、纺织业、造纸业、茶业等产业的发展及闽江航道的改善为宋元时期海上商贸的发展奠定了雄厚的基础。

王审知积极发展海外贸易，改善福州港通航条件，使大船可以直达停泊福州码头，还在福州北部开通了外埠港——甘棠港。当时福州已开辟的对外贸易航线主要有两条。一是北上航线：从福州港出发，经东海海域，到达日本、新罗、高丽等国；二是南

① 吴邦才主编：《闽商发展史·南平卷》，厦门大学出版社2016年版，第11页。

下航线：从福州港出发，经南海海域到达占城、三佛齐、印度、大食等国，是连接东北亚的重要通商口岸。[①]

唐末以来中原汉人大量南迁入闽，闽西北为迁徙的首站。汉人南移不仅增加了闽西北地区的劳动力，而且带来了北方先进的生产技术和经验，有力地促进了当地农业、手工业的发展。宋代，随着全国经济重心南移，闽北、闽西的农业和手工业发展迅速，为商品流通和贸易发展奠定了必要的基础。北方汉人将粟、豆等农作物引种到汀州，占城稻从海外引种到福建沿海后也逐渐推广至汀州。此外，汀州六县在宋代还种植茶叶、甘蔗、蓝靛、油桐等经济作物。农业生产的发展不仅改善了民生，而且促进了闽西手工业的发展。北宋时期，汀州的金、银、铜、铁、铅的产量较大，成为当时重要的矿业中心。此外，闽西纺织业、造纸业、陶瓷业、印刷业等手工业在宋代也有较大发展。在闽西客家地区已发现的宋代窑址多达50余处，所产的陶瓷器有碗、盘、碟、杯、壶、罐、缸、盆、坛、盏、托等，品种丰富、数量巨大，表明当时的陶瓷器除了供本地使用外，还有大量外销。元代，由于汀州路六县居民被划为最末等的南人，政繁赋重，民生凋敝，商品经济遭遇较大的破坏。

闽北的陶瓷业、茶业、造纸业、纺织业、冶炼业及钱币铸造业等在宋元时期发展兴盛。青瓷、白瓷、青白瓷及黑瓷，不仅成为贡品，而且远销日本、朝鲜、东南亚等地。建瓯北苑团茶、延平石乳等因制作工艺独特且品质佳成为贡茶。在唐代已掌握用麻类制造麻纸、用楮树皮制造信纸的技术，在宋代开始大量制造竹纸，建阳一带采用嫩竹手工造纸，工序复杂，但因品质佳而形成

① 张振玉：《王审知与福州海上丝绸之路》，《福建文博》，2013年第4期，第44页。

著名外销品牌“建阳扣”。造纸业的发展也带动了雕版印刷业的繁荣，建阳在宋元时期成为全国三大刻书中心之一。建宁府各县织出的“建锦”行销全国各地及东南亚地区。北宋天禧年间在建州设置“丰国监”铸钱，“丰国监”为全国四大铸钱基地之一，铸币时间长达150余年。闽北钱币铸造业的发展反映了宋元时期商品经济活跃，商品贸易量的增加促使钱币需求增加，而钱币供给的增加也促进了闽北商业的发展。宋元时期，闽北交通条件获得较大改善，与外界的商贸交流更加频繁。闽江上游建溪航道有多处险滩在北宋仁宗时得到了有效治理。建州至延平、延平至福州除了水路外，还可以走陆路。陆路古道在宋代得到了拓宽且增设了不少驿站，使得通行更顺畅。宋崇宁二年（1103）福州到建州的陆路距离只有400里，比唐代陆路缩短了182里，每30里设驿站。[①] 交通运输条件的改善使得闽北与沿海福州、泉州港的连接更加便利，进一步刺激了闽北瓷器、茶叶、生丝等土特产品出口海外。

与此同时，宋代实行对外开放政策。为了方便外来商舶来泉州贸易，朝廷重视港口工程的建设，兴建泉州三湾十二港（泉州湾的崇武港、秀涂港、后渚港、蚶江港；深沪湾的石湖港、祥芝港、永宁港、深沪港；围头湾的福全港、石井港、东石港、安海港），修筑桥梁（泉州以桥著称，有“桥梁甲闽中”之说，其中有洛阳桥、安平桥、石笋桥、顺济桥、下辇桥等）和导航标志、灯塔（石湖塔、姑嫂塔等），泉州港一时“风樯鳞集，舶计骤增”，出现“涨海声中万国商”的中外商贾云集的繁荣局面。[②] 元代在泉州继续设置市舶司，鼓励地方官员积极开展海外贸易，进一步

① 吴邦才主编：《闽商发展史·南平卷》，厦门大学出版社2016年版，第57页。

② 施宣圆：《历史上泉州港为何长盛不衰》，《中国航海学会会议论文集》，第167页。

促进了泉州港对外贸易的发展，对外通商的地区从南洋群岛、中南半岛、印度半岛逐渐扩展到阿拉伯半岛、东非和北非地区。元代，漳州港繁荣程度虽然不及泉州港，但其海外贸易仍有较快的发展。宋元时期闽北、福州、泉州等地陶瓷业、茶业、丝织业、造船业的发展是泉州港出口贸易发展的前提和基础，也是海上丝绸之路繁荣的重要物质基础；且闽江航道的疏通、泉州港通航线路的开辟及港口停泊服务的完善促使腹地与泉州港的联系更加紧密，人员、货物、资金往来更加频繁。因此，宋元时期腹地与泉州港区域经济一体化的发展有力推动了福建海上丝绸之路的发展与繁荣。福建沿海港口在宋元时期对外贸易之频繁，是以往任何朝代都无法比拟的。

明清时期是福建海外贸易及海外交流由盛转衰的时期。明代改汀州路为汀州府，闽西地区社会相对较稳定，交通运输条件得到较大改善，汀州与漳州、潮州之间的联系更加频繁。闽西地区在明代陆续引种了玉米、马铃薯、番薯、烟草等农作物，促进了农业生产发展。商品化农业的发展进一步促进了闽西手工业的发展，纺织业、造纸业、印刷业、矿冶业、日用品和食品加工业在明代逐渐兴盛。但由于明初实行严格的海禁政策，闽西物产运销海外的数量甚少。明中叶以后，随着漳州私人海上贸易的发展，月港逐渐繁荣起来，汀漳之间的联系和交流更加活跃，区域经济一体化趋势逐渐显现。明成化十四年（1478），永定设县，随着永定路的开辟，汀州与漳州间的交通运输条件得到有效改善，通过韩江打通了漳州与潮州之间的交通线。自此，汀州、漳州、潮州间的经贸往来更加频繁，汀州的土纸、木材、烟丝等物产通过九龙江、韩江先运至漳州、潮州，再由月港、潮州港运销海外。隆庆开海（1567），明政府准许漳州月港民间单向进行有区域有数量限制的海外贸易（如不允许到日本进行贸易，不允许外国商船到月港进行贸易，每年限定88船引，后增到110船引等），使得被禁止了近200年的海外贸易得以重现，也实现了太平洋东部贸易航线与西部航线的接驳，成就了横跨太平洋的“大帆船贸易”，从墨西哥输入了大批白银和美洲物种。[①] 明代，闽北的陶瓷业已逊色于宋元，所产以白瓷居多，出口大幅减少；棉纺织业逐渐兴起，尤溪、顺昌、浦城的纺织品运销四方；茶业由官营转向民营为主，且散茶制作代替了宋代的团茶。明代，闽北的商品经济得到进一步发展，农作物商品化程度进一步提升，闽北境内的墟市贸易兴旺，闽江上、下游间木船往来频繁。此外，明代海禁期间，浙、赣输出的商品只有经漳州月港才能运销海外，因此，与浙、赣相邻的闽北浦城、崇安、光泽等地成为重要的边界贸易中心，且闽江是闽北货物输往福州、泉州、漳州的黄金水道。明末重开海禁后，闽北的木材、丝棉、茶叶、土纸等物产又沿“三溪一江”（建溪、富屯溪、沙溪和闽江）运输至沿海港口，转销日本、欧美及东南亚地区，其中武夷茶成为闽北最大宗的出口产品。[②]

清代，闽西商业性农业和手工业得到进一步发展，汀州府成为重要的烟草、茶叶、蓝靛、甘蔗等经济作物种植地。经济作物的种植优化了闽西山区农业种植结构，提高了农民收入水平，同时也推动了当地手工业的发展。闽西制烟业、造纸业、纺织业、印刷业等手工业在清代时发展较兴盛，其中长汀、连城及宁化生产的竹纸因品质佳而大量出口外销，远销日本、朝鲜、东南亚等地。清初仍然实行海禁，康熙二十三年（1684）以来陆续设立闽、

① 周榜师：《鸦片战争以前“海上丝绸之路”与福建的贸易》，《理论与当代》，2020年第5期，第24页。

② 吴邦才主编：《闽商发展史·南平卷》，厦门大学出版社2016年版，第115页。

粤、浙、江四处海关，福建对外贸易重新得到发展。乾隆二十二年（1757）撤销闽、浙、江三处海关，仅保留粤海关，实行“一口通商”。闽北茶叶只能改走陆路，绕道广州出口。鸦片战争后实行五口通商，随着福州、厦门口岸开放，厦门、漳州、泉州等地茶商又陆续将闽北茶叶改从福州、厦门港输出。此外，闽西、闽北的土纸、烟丝、木材等物产在咸丰年间的外销也增长明显。福州、厦门、泉州等沿海港口的发展离不开闽西、闽北内陆腹地大量物产的输出，闽西、闽北商品经济的发展同样需要沿海港口的支持，腹地与港口区域经济一体化能够共同支撑海上丝路贸易的发展。

第二章

海丝腹地与沿海及海外经贸交流

福建海洋文化发展史也是域内水系开发史和农工商业发展史。作为后方的海丝腹地，在地理上虽然不直接与海洋接壤，却从不曾缺席福建的海洋贸易活动。依靠域内的闽江、汀江、九龙江及其支流所编织的水网，海丝腹地得以勾连山海，这里的先民们借用江河舟楫之利，沿着水道去探索更广阔的世界。在海丝腹地三个地区中，闽北是福建最早的经济和政治重心，闽西北、闽西在明清以后的山海贸易中都具有影响力。长期以来，海丝腹地持续为海上活动输送船舶、物产和人员，在海上活动中也可见到海丝腹地民众的身影。明清时期，海丝腹地的民众越来越多地以个人或群体的形式直接参与沿海经贸活动或海外经济交流活动。可以说，海丝腹地的人民也是福建海洋文化的建设者，海洋文化也如海风一般，吹向海丝腹地，并对海丝腹地的社会面貌产生了深刻的影响。

第一节　五代以前海丝腹地与沿海的经济联系

福建整体开发较迟，在唐中叶之前，大多数地区仍是地广人稀之地。闽越国时期（约前202—前110），闽北的闽越人多居住在江河之滨的冲积地带。秦汉以后，闽西、闽北地区出现山区小道。三国时，孙吴政权在闽北建立建安郡，郡治在建安（今建瓯），闽北成为福建开发史上最早的政治和经济重心。西晋时，福建增设晋安郡（郡治在今福州），王朝统治进一步扩展至闽西和沿海，但仍以闽江流域为主。永嘉二年至永嘉五年（308—311），为了适应民众避乱入闽的需要，闽北地区陆续修建一些驿道，在河津要冲设置民间渡口或搭建简易木桥。南朝时，福建再增设南安郡（郡治在今南安县），晋江流域和九龙江流域日益纳入王朝统治。唐代开始，由于北方汉民的涌入，人口迅速增加，不同民系间生产技术、思想观念交流，促进了本地区的初步开发，但由于人口基数仍较少，社会仍处于较原始的分工阶段，经济发展水平远落后于其他地区。唐末的黄巢起义中，农民军拓展了闽西、闽北的陆路交通。唐五代时期，福州、建州、泉州是福建的三个主要城市，闽北在福建的经济地位仍相当重要，福州港则成为中国南方重要的贸易港口之一。五代时，甘棠港、漳州港也相继得到开发，成为新兴的对外交通港口。

一、闽江流域

五代以前，海丝腹地三地的经济发展并不平衡，与沿海经济联系也有所不同。闽江流域是最早得以开发之地。闽江水系呈扇形，支流众多，流域面积达6万多平方千米，覆盖福建省总面积的一半。延平（今南平）以上闽江的三大支流分别是建溪、富屯溪和沙溪，建溪及其支流形成的流域包括建宁府及浙江的一部分；富屯溪及其支流所形成的流域包括邵武府和延平府北部；沙溪及其支流所形成的流域包括延平府的大埔和汀州府的北部。三大支流汇聚后奔流向东，汇聚尤溪、古田溪及下游的大樟溪和其他众多小支流，最后在福州琅岐岛注入东海。闽江水系不仅流域广，而且密布的多条干支流皆可通航。借由闽江水系，海丝腹地的茶叶、木材、土纸等土产获得了出海口，沿海地区及海外的物产得以输入，百姓日用与商贸货品得以畅通无阻。

（一）造船与水上交通

闽越国时，闽越人“以船为车，以楫为马”，水上工具广泛用于生产生活和行军作战。据称，闽越国能造多种船舶，其中有舫、弋船、桥船、楼船等，向北能抵达山东半岛，向东到台湾，向南甚至可能到达东南亚一带。西汉建元三年（前138），闽越围东瓯，汉武帝派兵“浮海救之”。后闽越王弟、东越王余善反，元封元年（前110），汉军攻入东越，杀余善，将东越之民迁徙到江淮一带。史籍中记载了东越王余善与汉朝军队对抗的作战计划以及汉武帝征讨的过程，从中可以看到海路、海战的资料，说明当时闽越国可能已经有装备齐整、功能完备的庞大船队。三国时，东吴政权将闽地作为重要的船舶制造基地，在建安郡设立“温麻船屯”（在今霞浦）和“典船校尉”（在今福州）以制造舟船和训练水师。在闽北建瓯设立造船基地，就近采买造船的原料，将船造好之后，沿建溪下闽江，抵达福州后走海路输送到吴地。闽江上游发达的造船业，巩固了闽江之源的重要战略地位，也在客观上促进了山海之间的商品交换、商旅流通及信息互通。

（二）陆路关隘与交通网络

闽北最早的关隘是渔梁关（在今浦城县）、分水关（在今武夷山市）、杉关（在今光泽县）三关。史籍记载，闽越北上抗秦和汉武灭闽越时曾经过此三关，可知三关的开辟至迟应在秦之前。

渔梁关地处闽浙交界的仙霞岭，唐朝黄巢起义时曾“刊山开道七百里”，打通仙霞古道，后因此改称仙霞关。仙霞关地势险要，易守难攻。崇安分水关又名大关，位于崇安西北分水岭之上，接江西铅山界，为闽赣交通要冲，自古有“入闽第一关”之称。五代时在此置寨，宋开庆年间（1259）置驿。元废。明洪武时复置关，设巡司戍守。明代著名士人王世懋曾在福建为官，记载有：“凡福之丝绸、漳之纱绢、泉之蓝、福延之铁、福泉之橘、福兴之荔枝、泉漳之糖、顺昌之纸，无日不走分水岭及浦城小关，下吴越如流水。”[①] 至清乾嘉时，分水关还是晋商万里茶路上的重要关隘。杉关位于闽赣边界的福建省光泽县，始建于唐，被称为“瓯闽西户”“闽西第一关”，自古以来为军事要塞。

闽江流域的陆上交通网络也是逐渐形成并发展的。闽越国时，闽江之源已开始在山津开拓交通通衢，以陆路、水路相配合的方式，形成域内的交通网络。汉代，杉关最早开辟为晋京官路，直至唐代，从福建前往首都都需经过杉关。唐代，仙霞岭和分水关

① ［明］王世懋：《闽部疏》，“丛书集成初编”第3161册，中华书局1982年版，第18页。

也开辟为官路。3 条晋京官路以“铲峰淹谷，停舟续流（设浮桥），跨木引绳（建桥梁）”的方式开辟，此 12 字也反映出开辟出省通道的困难程度。3 条官路成为主干线，闽北还开辟出许多小路，共同组成物资内输的通道。由于闽北山丘起伏，山路崎岖，当地先民要想走出重重关山，“跨木引绳”打造桥梁就成为必然。桥梁特别是古廊桥，体现了闽江之源的地域特色。闽北现在有明确史料记载的廊桥建于唐贞观年间，即由延平人吴益所建的南山镇清风桥。闽北廊桥历经千年历史，为商人行旅遮风挡雨，成为闽北山区之间的道道彩虹。它们既是交通通道，也是集市贸易之地和地方民间信仰之所，对于理解闽北经济发展史和社会文化史都具有特殊意义。

（三）码头、港口与城市

闽越国时期，闽北是当时的经济支柱和军事中心，[①] 城市开埠较早。据史籍记载，闽越国有七城，除“东冶”城在今福州外，其余六城（武夷山城村汉城、浦城汉阳城、建阳大潭城、浦城临江城、邵武乌阪城、建瓯城）均位于闽北。此六城也肩负着将中央政权挡在域外的军事战略作用。汉末闽地所设四县中，除侯官县之外，建安、汉兴、南平三县均在闽北，尤其南平的军事地理地位最为重要，位于建溪、富屯溪、沙溪汇聚之处，也是闽北重要的早期商业中心。

建瓯城在松溪、崇阳溪、南浦溪三溪交汇处，是福建省开发最早的城市之一。汉献帝建安八年（203）设为都尉府的府城，东

---

① 闽越国都城及闽越国以后的冶县所在地是闽越史的重要课题，争论涉及“浙江说”“闽北说”和“福州说”，持“闽北说”和“福州说”观点的学者较多。持“闽北说”者如蒋炳钊认为闽越冶都在浦城，张其海、林忠干、林蔚文认为冶都在崇安汉城，但三者对冶县所在地持不同看法。黄展岳、吴春明等人则支持闽越冶城福州说。参见吴春明：《闽越冶城地望的历史考古问题》，《考古》，2000 年第 11 期，第 65—74 页。

汉末年设建安郡。唐初改建安郡为建州，是今福建区域内设立的第一个州。唐末王延政在建州称殷国皇帝。三国吴时，建瓯建“子城”，设城门，已初具城市形态。

二、汀江流域

汀江发源于汀州的长汀、宁化境内，是福建唯一一条流向为由北向南的河流，它在闽西境内经过长汀、武平、上杭、永定之后，在广东梅州大埔三河坝与梅江、梅潭河汇合后称为韩江，而后经潮州、汕头入海。数百里汀江沿岸的 3 座县城，分别是长汀县、上杭县和大埔县。

汀江流域的开发迟于闽北。两晋时期，战乱频仍，中原百姓纷纷南渡避乱，闽西北地区的人口获得迅速发展。汀州行政区域设置较迟，直到唐开元后期才有正式政区设置，域内县份的设置时间跨度长，如汀州府的宁化县在唐代已设置，而同为汀州八县之一的永定县直到明成化十四年（1478）才得以设立。“市镇的出现是经济发展的表现，也是经济发展的动力。州城、县治的建设，则是汀江流域开发的缩影。”[①] 人口增长与行政区域设置升级，经济开发加速，尤其在矿冶业、农业及州城建设等方面表现突出。汀州的矿冶业不仅在当地经济结构中占据重要地位，在全国矿冶业中也有一席之地。水利的兴修和新作物的引进，促进了汀州农业的发展。汀州地势多山，陆路交通困难。据史书记载，汀州的道路多建设于明代之后，因此，汀州长期处于交通闭塞的状态，经济发展迟缓，贸易活动很不发达。[②]

① 谢重光：《客家文化述论》，中国社会科学出版社 2008 年版，第 96—100 页。

② 林汀水：《对福建古代交通道路变迁的几点看法》，《中国社会经济史研究》，1994 年第 1 期。

三、九龙江流域

九龙江是福建省仅次于闽江的第二大河流。相对于下游的漳州，位于上游的龙岩地区开发较晚，约与汀江流域开发同期。晋太康三年（282）置新罗县，属晋安郡，唐开元二十四年（736）属汀州。天宝元年（742）什罗（新罗）县改名龙岩县，属临汀郡。乾元元年（758）属汀州。唐大历十二年（777）龙岩县改属漳州。

九龙江流域的地理地貌与汀江流域相近，农业出产也基本相同，龙岩与漳州有九龙江水路可通，但相较而言，陆路交通更为方便。唐初陈政、陈元光在平定漳州“蛮獠啸乱”的同时，溯九龙江而上也平定了龙岩境内的“蛮獠之乱”，龙岩县就与漳州一起在唐初完成了汉化进程，比汀州完成汉化时间（宋代）早，因此龙岩与汀州虽同属闽西，但居民族源不同、语言不同、习俗也有差异，龙岩居民的族源、语言、习俗与漳州颇为相似，同属闽南文化圈。龙岩经济因九龙江航运的发展而纳入闽南经济圈，但是随着交通的改善和几次移民潮，漳州与汀州的联系也逐渐紧密起来，龙岩成为汀漳联系的主要节点。

第二节　五代、宋元时期海丝腹地与沿海贸易的扩张

唐武德四年（621），闽地废郡，设闽、泉、建、漳、汀五州，属江南东道。隋唐五代时期，矿冶业、制茶叶、制瓷业在闽江上

游的闽北地区发展起来，山区手工业发展水平远高于沿海地区。这种状况的形成，与中原文化在福建的传播路线有关，中原文化经由闽北经循闽江流域、晋江流域、汀江流域、九龙江流域的路线扩展，与福建经济开发的趋势相吻合。①

宋元时期，福建海外交通发展达到顶峰，不论是海外交通能够达到的地区，还是海外贸易的规模，都远超前代。泉州刺桐港成为东方重港，琳琅满目的海外商品，不同肤色、体貌和种族的商人往来于泉州与海外，泉州成为世人眼中的“光明之城”。泉州港和沿海贸易的发展，是福建社会经济全面进步的结果与表现，也与宋代福建造船航海技术的突飞猛进有关。对于腹地山区而言，沿海贸易的发展节奏影响了腹地山区发展的周期。对山区而言，宋元时期商品货币经济逐渐活跃起来，山区手工业直接为这一经济趋势提供了商品和市场。宋元之后，中国商品大量输出海外，从而逐渐形成福建经济的“外向型”特征，即面向海外市场的经济生产和技术交流。宋元时期，亚洲周边的国家和地区，社会经济发展水平远远落后于中国，在生产用品上仰赖中国的供给，且福建以自身强大的生产能力和优越的地理位置以及相对便捷的水陆交通，成为全国重要的商品制造和输出地。

一、闽国与腹地的继续开发

经过隋唐五代的开发，山区与沿海之间相对均衡，山区的手工业发展超越沿海。闽北经济持续发展，建州、南剑州、邵武军等地人口较为稠密，又有水陆交通之便，矿冶、制茶、造纸、制

① 曾玲：《福建手工业发展史》，厦门大学出版社 1995 年版，第 8 页。

瓷等行业繁荣。从唐景福二年（893）王潮、王审邽、王审知兄弟攻占福州算起，至开运二年（945）南唐灭闽止，闽国共存在 52 年的时间，其间王审知在位 27 年（898—925），占了逾半时间。这 27 年是五代闽国最为繁荣的时期。[①]

唐乾宁三年（896），福建升为威武军，王潮任节度使。次年，王潮去世，王审知继任节度使，后获封琅琊王、闽王。王潮、王审知主政期间，对闽地用心经营。王潮采取还流亡、定租税、巡州县、劝农桑等措施以发展生产。王审知进一步稳定闽地各方势力，采用招抚策略解除了地方武装的威胁，还积极整顿吏治、恢复经济，推行教化、招徕人才，当时著名的学士如杨承休、归传懿、韩偓、杨赞图、郑戬等人纷纷携眷率族来归。王审知"为人俭约，好礼下士……又建学四门，以教闽士之秀者"[②]，积极在境内兴办教育，广设学校，八闽读书蔚成风尚。

王审知治闽期间是福建发展史上海上贸易繁荣的时期。王氏鼓励工商，实行宽商政策，整治河道，"其东画长川以为洫，西连乎南，盘别浦以为沟，悉通海鳝。朝夕盈缩之波，底泽鳞介，岸泊艓艘"[③]。此举为航运创造了良好的条件。王氏又整修海港，利用福州靠江面海的地理优势，借由早在汉代就已经开辟的东冶港为对外贸易港，开辟甘棠港以发展海外商业贸易，使福州港成为中国海上丝绸之路的重要港口，成为"闽越都会，东南重镇"。闽北的建瓯城凭借良好的航运条件和重要的地理位置，成为闽江上游的重要内陆港和繁荣的商品集散地。

---

① ［美］薛爱华著，程章灿、侯承相译：《闽国：10 世纪的中国南方王国》，上海文化出版社 2019 年版。

② ［宋］欧阳修：《新五代史》卷 68《王审知传》，中华书局 1974 年版，第 846 页。

③ ［唐］黄滔：《黄御史集》卷 5《灵山塑北方毗沙门天王碑》，转引自福州市政协、文史资料和学习宣传委员会编：《福州内河史话》，福建人民出版社 2018 年版，第 13 页。

矿冶业也有所发展。唐代时，福建已有关于矿冶业的明确记录。王氏在闽主政期间，由于佛教、道教的盛行和经济发展的需要，重视矿冶业。五代时，福建矿冶业发展较快。贞明元年(915)，闽王王审知在闽西北宁化置铅场。

中国是茶叶的原产地，闽江流域自古是重要的茶叶生产地。“茶圣”陆羽称，茶“生福州、建州……往往得之，其味极佳。”[①] 福州鼓山半岩茶就是由王审知队伍中的光州犯人创制的。后梁时，建州茶取代福州茶成为贡品。[②] 王审知之子延钧于后唐长兴四年(933)称闽王。闽国阁门使张廷晖把“周回三十余里”的私家茶园献与王延钧，“北苑御茶园”自此名声更盛。自南唐开始，建州北苑茶即是朝廷御茶。

在王审知的推动下，闽国与海外联系增强。闽国的“陶瓷铜铁，远贩番国，取金币而还，民甚称便”[③]。从刘华（王审知次子王延钧之妻）墓、王审知墓中发掘出土的实物，证实了闽国曾参与海上贸易活动。刘华墓中出土两件来自阿拉伯地区的蓝绿釉陶瓶。[④] 王审知墓在明代被盗时曾出土了玻璃器物，当时官府不识为何

北苑御焙遗址

---

① ［唐］陆羽：《茶经》，浙江古籍出版社 2011 年版，第 29 页。

② 徐晓望：《唐末五代福建茶业考》，《福建茶叶》，1991 年第 1 期，第 38—42 页。

③ 福建省博物馆：《五代闽国刘华墓发掘报告》引《清原刘氏族谱》鄂国公传，《文物》，1975 年第 1 期，第 78 页。

④ 齐东方：《闽国文明的崛起及其延续》，《吉林大学社会科学学报》，2004 年第 4 期，第 33—43 页。

物，召“回回”来辨认后才知道是玻璃碗。加之，在吴任臣编撰的《十国春秋》中记载，闽国时有使从南方佛齐国（今印度尼西亚苏门答腊）返国后进献玻璃瓶，证明当时王氏政权与海外有往来，由此可推测玻璃碗应是由外国传入。[①]

二、宋元时期的闽江上游经济发展与山海交流

宋元时期，地处闽江上游的闽北人口较多，劳动力充裕，经济发展水平较高。农业方面，水轮筒车大量被使用，山间梯田水稻广为种植，做到了“水无涓滴不为用，山到崔嵬犹力耕”，[②] 粮食产出量较大，茶叶种植水平高、产出大，北宋中叶建州年产茶30余万斤，到南宋初年，增长到近90万斤；元代闽北茶产区进一步扩展，设场于武夷，与北苑并称。手工业方面，不仅有银、铜、铁等冶炼名重一时，造纸和印书也助力建阳成为兴旺数百年的刻书中心。

两宋时，由于福州贸易港口的发展，使得闽江航运量渐长，闽江的通航条件为地方政府所重视而有所改善，浦城至水口镇（今古田境内）原本的不少险滩得到一定治理，从南平到福州闽江段航运能力进一步提升。同时由于闽北与浙江相邻，与明州、杭州、温州等港口均有水陆路交通联系。大量闽北手工业品借福建、浙江两省港口行销海外。

---

① 郑国珍：《唐末五代闽王王审知夫妇墓清理简报》，《文物》，1991年第5期，第8页。

② ［宋］方勺：《泊宅篇》卷3，“唐宋史料笔记丛刊”，中华书局2002年版，第15页。

宋代饮茶图（南平市博物馆供图）

图书方面，祝穆《方舆胜览》有云："麻沙、崇化两坊户书，号图书之府。"嘉靖《建阳县志·封域志》载："书市在崇北里，经屋皆鬻书籍，天下客商贩者如织。"从麻沙坊刻的书籍称麻沙版，"麻沙版书，行四方者，无远不至"，[①] 不仅行销国内各地，而且出口到朝鲜、日本等国。《建阳县志·学校志》载："儿郎伟，抛梁东，书籍日本高丽通。"

纺织品方面，马可·波罗记述建宁府盛产生丝，并且制成不同种类的绸缎；棉布是由五颜六色的棉纱制成的，行销蛮子省各个地方。[②] 陶瓷方面，宋元之时，闽北陶瓷业发达，品种众多，产品大量外销，其中尤以黑陶最为出名，大量出口日本、朝鲜等国。

---

① ［宋］朱熹：《嘉和（建阳）县学藏书记》。转引自汪曾鲁主编：《福建史纲》，福建人民出版社 2003 年版，第 61 页。

② 本书编委会编：《今古建瓯》，海峡文艺出版社 2010 年版，第 149 页。

三、宋元时期的汀江流域、九龙江上游经济发展与山海交流

汀江是流域内人民最重要的对外交通渠道，但限于汀江山峻水急、流激滩险的条件，航运困难。在南宋以前，闽西水路交通尚未通畅，陆路又为高山峡谷所隔，对外交流极其不便，经济活动的规模小，商品经济不兴。以盐业为例，当时闽西按规定食福盐，福盐从福州起运，“搬运到汀州的食盐，在沿海起运后，溯闽江而上至南剑州……而另一路至汀州各邑，则搬运极为艰难。需自南剑州另行装船从沙溪溯流西行至归化县境，再从陆路肩挑人驮至汀州。经这一路运输的盐货，沿途搬载损失很大，以至盐包破败，混入沙石杂草，汀州各邑食用者，怨声载道，并且因运费高昂，盐价偏高，消费者负担不起”[①]，而且“经年方至”；当时产自本地的矿产、土产也主要自九龙溪[②]经闽江外运，因商品经济发展有限，所以百姓生活水平较为平均，“经界未行而赋役偏，舟车不通而商贾室，农罕以耕稼自力，未免有旷土游民；妇不以蚕丝自工，唯事乎治麻缉苎，是以积贮有限，服用无华”[③]。又云：“汀在闽而南，山樵谷汲，稻食布衣，故民之丰约不大相远；

① 郑学檬：《中国古代经济中心南移和唐宋江南经济研究》，岳麓书社2003年10月版，第335页。《临汀志》对改运潮盐后盐价有一对比，“旧额运福盐每年八中纲，实搬到盐四中纲，多至六中纲。后以涉历艰难，动经年岁不到，多欲更革”。“本州从来盐价，每斤一百六十钱重，卖钱一百八十文足。自后逐次裁减，每两卖钱六文足，每斤卖钱九十六文足。”

② “清流船谣：九龙滩畔清流船，上如上天下沉渊。船真作纸躺为铁（闽有纸船铁艄公之谚），差黍有时还触石。船触石兮可奈何，嗟尔客游一何多。”引自［清］施闰章：《施愚山集》，黄山书社2014年版，第376页。

③ ［宋］胡太初修，赵与沐纂：《临汀志·风俗形势》，福建人民出版社1990年版。

粜不出境，故谷价常贱。”[①]

南宋绍定五年（1232），朝廷核准“许本州及诸县艰于福盐者改运潮盐”，由此开始疏浚整治汀江下游的上杭城至永定峰市之间航道，汀江与韩江之间的航运日益繁荣，上杭出现“上河八百、下河三千”的俗语。汀江的畅通，带动了整个汀江流域尤其是临近汀江的城镇集市的发展。“阛阓繁阜，不减江浙中州”，[②] 此说或有夸张，但仍可证明当时汀江流域大小码头人声鼎沸、船只往来如织之盛况。沿着汀江往南，汀赣地区的稻米、竹木、土纸等物产运往潮汕，行销于广东；往北，从韩江逆流而上的潮盐、海货在汀江码头上岸，行销于汀江流域各地，乃至转运至赣南。随着海洋产品的大量输入，“海洋”进入汀赣地区人民的日常生活，他们对海洋的认识日益真切，而往来于此航道之上的腹地民众越来越多，也不断勾连着山与海的联系。

唐宋时期，大量移民进入汀江流域，构成了后世客家人群体的主要部分。汀江流域的大量客家族谱都宣称其开基祖自唐宋入闽定居。南宋后期，汀江航道得到改善，汀江流域的经济结构也随之发生变化，人口增长促进了土地开垦和商贸活动的繁荣，经济发展加速，汀江流域原本以耕作经济为主，逐渐具有外向型商品经济和中转型商品经济的特征，汀江流域的土纸、木材等物资得以通过潮汕地区出海，汀江也成为赣南等内陆地区物资的外销出路。汀江航道的开发也为元代隆兴至潮州驿道的开通奠定了基础。驿道和航运的双重加持，使得汀州逐渐成长为闽粤赣边区的重镇和交通枢纽，[③] 尤其表现在汀江河运、矿冶业、农业的发展，

① ［宋］胡太初修，赵与沐纂：《临汀志》，福建人民出版社1990年版，第35页。

② ［宋］胡太初修，赵与沐纂：《临汀志》，福建人民出版社1990年版，第13页。

③ 靳阳春：《宋元时期汀州区域开发与客家民系形成》，中国社会科学出版社2015年版。

州城建设速度加快，社会面貌为之一新，以汀州为中心的闽粤赣边经济区和客家文化区逐渐形成。

九龙溪的开发利用早于汀江。唐垂拱三年（687），漳州刺史陈元光部署刘珠华、刘珠成、刘珠福三兄弟沿北溪上溯，疏浚河道，兴修水利，从此可通舟楫。但由于龙岩长期隶属漳州，在漳州境内地位不彰，发展相对较为落后。

第三节　明清时期山海交流的活跃与海外商路的拓展

明代，福建最重要的海外交通成就包括以福建为基地的郑和下西洋的远洋航海活动，中国与琉球的交通贸易活动，以漳州月港为基地的福建私人海商航海贸易活动。虽然福建海外交通有新的发展，但已然无法阻止福建海外交通贸易由盛转衰的趋势，海洋贸易活动往往呈现局部性、间断性的特征，且持续时间并不长久。明朝的海禁政策在长时间内限制了海洋贸易的发展，“隆庆开海”后发展起来的私人海外贸易，到明朝中后期已经趋于衰落。与此同时，自16世纪开始，西方殖民者的触手已经伸到东南亚，逐渐实际控制了航运，垄断了海上贸易，而且他们在我国沿海一带的骚扰活动，更扰乱了福建海外贸易的正常秩序，也给沿海人民带来痛苦。

清代，中国进一步纳入全球范围的贸易体系。康乾盛世的荣光之下早已危机四伏，清廷的社会经济实力逐渐走下坡。随着西方国家进一步控制东南亚并将其变成殖民地，福建海外贸易依赖的航海力量大大削弱，在东南亚海域的优势地位已经丧失。清初，由于征战需要提出的禁海迁界政策沉重打击了福建沿海的商业贸易。复界后，沿海商贸活动虽然一度恢复发展，但总体趋势是持续低落，至晚清，福建沿海贸易在内忧外患中一蹶不振。鸦片战争后，福建增设对外通商口岸，成为外国资本的入侵之地，福建的经济和对外贸易被动地纳入世界资本主义经济体系之中。这一定程度上促进了福建对外交通贸易的发展，但是，建立在不平等条约之上的经贸活动，它的生存与发展掌握在西方资本主义国家手中，海洋经贸活动成为向西方帝国主义国家源源不断地输送物资的渠道。

就山区而言，明代前期山区的建窑、建茶等衰落态势明显，至明中后期及清代，造纸、制茶、制烟、印书等行业使山区重新得以振兴，并在全国占据重要的地位。然而，海丝腹地山区与福建沿海之间的“山海互换”贸易模式没有根本改变，沿海经贸活动的曲折发展和整体衰落趋势，也影响着腹地山区。

一、闽江流域

晚明时，闽江上游仍是福建出省的交通枢纽，闽北的延平、建宁、邵武 3 座府城，市镇经济发达，是流域内的重要市镇。延平府城沿江而修，是建溪、西溪、富屯溪、沙溪汇聚之处，临溪一面有延福门（大水门）、小水门、水门 3 座城门。城门码头因水势之便，分区服务来自建溪、沙溪、富屯溪、闽江干流各线的商船。城内有“通衢大市”和 9 条街道，城区规模相当可观。建宁府城在明代被视为与福州、泉州并称的三大城市之一。城内的临江门是商贸活动的中心，商贾往来不绝，城内有 23 条街道。邵武府城在晚明时相当繁华，城市已具有一定规模。城分四隅，以东隅最为人烟辐辏，共有5条街27条巷，四隅又各有集市。全城计有30条街10市，是晚明时期闽北相当热闹的中心市镇。

闽江流域形成一些重要的转运港和码头。南平港是闽北通向内地和沿海的水运货物集散地。明清时期，南平洱港作为转运港的意义大于其作为商品交易口岸的作用。沙溪流域的桥尾、贡川，三元、西门、小水门、师古门、南门等码头是沙溪流域较为重要

闽江与南平城旧影［约翰（John Thomson）摄于1870年］①

① 图片原题 View of the Min River and part of Nanping, Fujian（福建闽江和南平城一部分）。版权所有：2018 Historical Photographs of China。资料所在地：University of Bristol Library, Special Collections。资料题注：University of Bristol - Historical Photographs of China reference number：Fr01—097. Photograph by John Thomson.

和知名的码头。永安的桥尾码头汇聚了来自宁化、清流、宁洋的粮食、木材与其他农副产品。建溪流域的建宁临江码头是建宁府城最大的码头，汇聚来自崇阳溪、南通溪的粮食与土特产品。日常来往于码头的船只有三四百艘，以江西人的商船为最多。通济门码头汇聚了来自福州、永泰、闽清的木帆船。闽江上游浦城的观前码头，是省界交通要道，也是省界贸易重要的节点。明代大旅行家徐霞客曾 3 次过浦城，经南平，前往福州。清乾嘉时期，浦城有“闽北米仓”之称。观前码头共有 8 处，来往于此的船只以本地船为主，也有来自江西和福州等地的船只。富屯溪流域的顺昌洋口镇洋口港，处于两溪汇合之处，港口条件较好，能够停泊较大型的船只，因此一直是金溪和富屯溪流域的商贸交换中心，有谢家渡、中埂、坑口 3 个码头。来自江西、汀州、福州、闽清、南平、尤溪的商船在洋口港出没不歇。因船籍不同，船型也往往有别。鸡公船多为江西人和汀州人所有，翘尾船来自尤溪，南平籍船夫多用鸭母船，来自闽东福州和闽清的被称为雀船、鼠船。来往商人和当地行家一望而能辨知船籍。洋口附近的本地船只和木排竹排也是洋口繁荣航运的一部分。清末，江西籍船工和闽清籍船工还曾因为争夺洋口上游航线而发生械斗，械斗以江西籍船工的失利告终。闽江流域作为贸易中转地地位进一步巩固。明代，闽北成为北方各省商货经由月港出洋的中转地，闽北的铁、纸等货物大部分到月港出海。这些物资是月港贩洋的主要货物。正如明人李鼎所说：“燕赵、秦、晋、齐、梁、江、淮之货，日夜商贩而南；蛮海、闽、广、豫章、楚、瓯越、新安之货，日夜商贩而北。”① 明代的蛮海之货也大部分自月港输入，再贩售于华

① ［明］李鼎：《李长卿集》卷 19，引自张正明等：《明清晋商资料选编》，山西人民出版社 1989 年版，第 56 页。

夏。闽江上游的建溪、富屯溪、沙溪贯穿闽西、闽北18个县市，是闽江的主要水源。其流域腹地广阔，是传统的产林区，以大量的杉木供应福州市场的需要。沙溪流域的永安和沙县等地向福州供应大米、贡川草席及土特产品。永安称“邑之盐商，福州人。木商，本处人，汀州亦多。如闽笋客，贩卖江、浙、汉、广等处，货脱，买布回发，旧尽本邑人，近亦有宁化、江西人；纸客，有运至江南、广东、福州者。香菇客，浙江人，采造发售。糖品客，

延平府旧影［爱德华（Edward Bangs Drew）摄于1876—1877年］①

① 图片原题City of Yen—ping Fu；River Min，above Foochow（延平府城，闽江，福州上游）。版权所有：President and Fellows of Harvard College。资料所在地：Harvard—Yenching Library。资料题注：Historical Photographs of China album reference：Hv36. Views in China. An album presented by Edward Bangs Drew to his wife Anna Davis Drew.

漳平、宁洋（有牙行）。布客，江西人，染布亦江西人。靛青客，汀州人，采蓝亦汀州人。”① 这段文献清楚地描述了永安商贸活动中的经营种类、客商来源、货物流向。货物包括日常基本需要品（盐、布），也包括农副产品和消费品（糖），可见永安是一个繁荣的贸易中转站。

在闽江流域中转贸易中，当地的木材是主要输出产品。明清时，海丝腹地的木材主要依托福州外销，种类以杉木为主，后来扩大到松木、樟木等杂木。清代，海丝腹地的木材贩售进入繁荣期，尤其到清末时达到顶峰。直至民国，木材贩运仍在海丝腹地的地方经济结构中占有一席之地。

二、汀江流域

明中叶以降，汀州流域交通状况持续改善，经济活动刺激了人口的区域流动，汀江流域的经济发展逐渐呈现外向型的特征。此时，汀江、九龙江航路的进一步疏通以及驿道的进一步完善，改善了汀州交通落后的局面，真正南通交广，西（北）达江右，西邻赣吉，南接潮海，成为赣闽粤三省交界区的重镇和交通枢纽，促进了以汀州为中心的闽粤赣边经济区的形成，② 闽西的经济活动范围进一步扩展。

汀江流域素有“八山一水一分田”之说，境内以山地丘陵为主，可耕地少，土壤肥力有限。自宋代人口迁入和开垦，汀江流

① ［清］孙义修、陈树兰、刘承美纂：道光《永安县续志》卷9《风俗》，成文出版社1974年版，第420—421页。

② 靳阳春：《宋元汀州经济社会发展与变迁》，福建师范大学博士学位论文，2011年，第96页。

域人口迅速增长，人均耕地面积少，粮食不足。汀江流域属亚热带季风气候，过多的雨水不利于种植桑棉和养蚕，纺织业一向不够发达。宋代以后，汀江流域以耕种为主的农业结构受限于自然条件的劣势越发明显地表现出来。宋代对汀江航道的开辟为汀江流域转向外向型经济创造了有利条件，促成了汀州作为闽粤赣交界地区资源优化配置。明清时期，汀江流域对外经济交流尤与韩江三角洲的联系最为密切。① 明嘉靖三十年（1551），汀州知府陈洪范组织民工凿平汀江上游的两处险滩，此后，汀江航运才全线贯通。如清人杨联榜《鄞江词》："两溪合处水南流，直到潮阳海尽头。若问九龙山下路，珠峰玉洞是汀州。东溪绕郭向南流，对岸山连隔一洲。可惜出山贪互海，潮州那得胜汀州。"

汀江流域外向型经济发展的特征之一，是商品性工农业日益发展并受海洋贸易影响大。闽西向粤东北输出木材、蓝靛、烟丝、纸张及书籍等，输入粮食、食盐等，这种闽粤沿海的"山海互换"的经济模式，实衍自宋代，至明清仍未有较大的改变。哥伦布"发现"新大陆后，一些原产美洲的农作物开始向世界各地传播，明清时期，近30种美洲作物进入中国。福建成为美洲作物进入中国的桥头堡，这些作物在进入福建之后向全国各地种植和推广，对明清以来中国的社会生活产生了深刻的影响，新作物也是海洋文化对海丝腹地的反向影响，尤其是烟草种植，改变了明清时期闽西的社会面貌。闽西客家地区种植烟草始于明后期，初在永定种植，不久便遍及闽西各县，清康熙年间闽西汀州八县的膏腴田地也大面积种植烟草，"种烟者十居三四"，在上杭、永定、宁化等县尤盛。

① 周雪香：《明清闽粤边客家地区的社会经济变迁》，福建人民出版社2007年版，第374—376页。

汀江流域外向型经济发展的特征之二，是流域内产业的市场化趋势并形成有影响力的商人群体。清代，汀江流域的经济发展出现市场化趋势，烟草种植制售卖等新产业，蓝靛、茶叶、杉木等传统经济作物，造纸、印刷、冶炼等手工业普遍发展，人员流动频繁，商品流通活跃，城乡市场繁荣。汀江流域商人阶层逐渐形成有一定气候的地方性商人集团，如永定烟商、上杭蓝靛商、连城商人、四堡书商和遍布各县的纸商等。随着经济的发展，汀江流域长期滞后的文化事业得以发展。明中叶之后，商人阶层的发展壮大，加之明嘉靖“大议礼”的影响，宗族日益在地方社会中扮演着重要角色。

汀江流域外向型经济发展的特征之三，是转口贸易发达并形成一批城镇。[①] 限于人口、市场等因素，汀江流域内部的市场经济繁荣程度有限，但汀江流域的外向型经济以转口贸易为主（俗称过载行或过驳行），过载行的实质就是货物集散，汀江流域的一些市镇也因此成为货运的集散中心。汀江流域的转口贸易发展过程，可以分为起源、形成、发展和衰落 4 个阶段。从南宋到明中叶是起源阶段，转口贸易中转站与运盐货船接驳地高度重合，形成峰市、上杭城、回龙、长汀城 4 个早期中转站，货物流通则限于盐、铁、海产等物。明中叶福建沿海出现海上贸易集团（“海寇”）。他们是由于明政府的海禁政策而产生的民间贸易集团，依靠强大私人武装占据沿海港口开展海上贸易活动。他们熟悉国际市场行情，以丝绸、瓷器、蓝靛、茶叶、烟草等中国传统优势产

① 葛文清：《汀江流域外向型客家经济演变初探》，《龙岩学院学报》编辑部编：《客家学研究论文选辑：纪念〈龙岩学院学报〉创刊 30 周年》，河北大学出版社 2013 年版，第 148—151 页。

品换取海外的香料和手工业品，获得高额利润以发展武装和持续经营。他们多与内地的山商合作。海丝腹地为民间海上贸易活动提供了充分的物质准备。如在潮州的南澳港走私集团，正是以闽粤之间客家人居住的韩江、汀江、梅江流域腹地为支撑。这些航道上的重要节点也因此成为山海间的重要货物集散地。山商的成分较为复杂，一些实为“山寇”，与“山寇”如影随形的是地方社会秩序的动荡。据乾隆《潮州府志》记载，明末清初这一地区的“山寇”事件就有26起。闽西宁化士人李世熊在其《寇变纪》中也记录下当时在闽粤赣边界地区流动的山寇和流民。在永定峰市“每每朋合为乱，上杭、武平乃其出没之区，福建、江西则其流毒之地也”①。为加强地方管理，嘉靖三十七年（1558），汀州府在永定峰市设“抚民馆城”，常年有兵丁驻扎把守。万历四年（1576）又升峰市为上杭分县，并在河头坪筑河头城。峰市之设分县、筑两城，皆是政府加强对武装走私山海贸易的管理举措。在海禁解除之后，抚民馆城和河头城的军事功能弱化，转为商业性质。清初时，两城废弃，但峰市作为潮汕与内地之间的转口贸易中转地位仍然未变，商贾熙熙攘攘，往来不绝。

汀江流域外向型经济发展的特征之四，是邮路与通信的发展。西汉中叶，汉武帝为军事需要开辟中原至江西宁都到闽西的交通线。唐置汀州后，辟驿道、建驿站，在成功、温泉、双溪、上洪及汀州所辖的新罗县下湖雷设立驿站。宋淳熙年间（1174—1189），朝廷在汀州城东设立临汀驿站。嘉定五年（1212）在龙岩

---

① ［明］俞大猷著，廖渊泉、张吉昌点校：《正气堂集》卷13，福建人民出版社2007年版。转引自葛文清：《汀江流域外向型客家经济演变初探》，《龙岩学院学报》编辑部编：《客家学研究论文选辑：纪念〈龙岩学院学报〉创刊30周年》，河北大学出版社2013年版，第149页。

增设车驿。到明代驿站有所发展，汀州又增设馆前驿，龙岩增设登途（今新罗溪南）驿、适中驿，上杭增设平西、兰田驿，连城、武平、永定、漳平有铺无驿，共设分铺 85 个。到康熙八年（1669）驿制又有所发展。为传递官方紧急文书及军情需要增设马递机构，即塘递网，到清末发展到 16 条塘递线。光绪三十一年（1905）厦门邮政总局派龙岩人林经在新罗上井开办邮局，为闽西有官办邮政之始。次年，长汀、上杭、武平、永定、漳平、连城相继开办邮局。从此，闽西通过官办邮局为民众开展有组织的通信活动。

汀江流域外向型经济发展的特征之五，是明清时期区域间人员流动量大增且出海谋生者众。明清时期，汀江流域人多地少的矛盾越来越突出，加之自然灾害和战争破坏等因素影响，外向型经济发展则为山区人员流动提供了渠道——福建贫民纷纷外出，一部分迁移到江西、浙江、广东、四川等省的丘陵地区，从事他们所熟悉的经济作物种植、粮食生产和手工业生产，还有部分贫民远渡海峡和海洋，到我国台湾和南洋地区谋生。这种人口流动的情况深刻地改变了汀江流域的社会面貌。明清时期汀江流域邮路的发展也为客家人向外流动创造了条件。客家人所处地域多为偏远山区，货物运输全靠徒步肩挑，信息沟通全靠挑夫传递捎带。至康熙年间，闽西烟草业发达，永定条丝烟曾作为贡品进贡过朝廷。新罗、上杭、连城在全国各大城市设有烟庄、烟厂。随着全国各地对闽西烟草的需求，落后的信息传递方式严重制约了货物与商业信息的流通。为解决这一问题，道光时期，闽西民间出现了信子，即替人捎信，收取资费。信子分两类，一类称便人即（托便），一般由熟人、船工、挑夫、小贩充当，将信带到目的地，可收费，也可不收费。一类是专业的信子，经政府注册，有一定资金，固定信差及地址，称为民信局。民信局所在地一般设在客栈、商店、运输公司内，业务范围为民间信件、汇兑、小宗包裹等。资费按路途远近、路况好坏收取。光绪年间，清政府正式开办海关邮政，在上海首先成立邮政局，随后全国各通商口岸相继成立邮局；但广大的内地山区（包括闽西）尚处于驿站时代（驿站不受理民间通信），由此出现了官局与民局并存的局面。宣统年间，随着全国普遍成立邮局，民信局的作用逐渐淡化，至民国初年被勒令全部停业，官局取代民局，一切邮政业务归官局受理。官民邮路成为客家人资金、信息流动的动脉。

清代，汀江流域外向型经济繁荣。汀江流域通过汀江—韩江大动脉，以潮汕为中心市场，将自己融入我国沿海及东南亚的贸易体系中，各县商人也频繁往返于这条通道上，如永定条丝烟行销天下，有“南到新加坡，北到张家口”之说。上杭会馆几乎遍及中国南方各大城市。乾隆年间，当时垄断外贸的十三行商黄洋华、朱广菊曾先后在连城莒溪、姑田等地设立纸庄。汀江及六大支流的航运码头均有过载行，常年以船为业的汀江船户有2000多户，雍正年间，上杭河税近万两，是额定河税的3倍。

汀州府城是汀江流域商品经济繁荣的见证。汀州府城（今长汀县）南通广东潮州、西接江西瑞金，作为转口贸易中心，明代汀州城有了长足发展。城内有十字街、府前街；城关有14条街，有店头市、河边市、水东街市、五通庙前市、何田市5个主要墟市。其中店头市专营盐铁蓝靛及日用杂货，河边市专营竹木，水东街市经营来自江广地区的货物，五通庙市邻近店头市和河边市，是商贸繁荣之所。

三、九龙江流域

九龙江贯穿龙岩、漳平、宁洋地域，是历史上的龙岩直隶州辖地。至明代成化年间，此处仍然人烟稀少，开发迟滞。成化七年（1471），福建巡抚据龙岩县民林廷琥等建议奏闻获准，析龙岩县居仁、聚贤、感化、和睦、永福五里置漳平县，属漳州府。隆庆元年（1567 年，一说隆庆五年或六年，即 1571 年或 1572 年），以龙岩县的东西洋巡检司，永安县的二十八都、二十九都、三十都，大田县的部分地置宁洋县，取“宁靖东西洋地”之意，“以东西洋皆安静为名”，治东西洋（今漳平市双洋镇，俗称“旧宁洋”），属漳州府。正德、成化年间，九龙江流域的宁洋、漳平设县，主要出于稳定社会秩序的需要。如清康熙《平和县志》称：“当正德间，芦溪、箭管诸巢寇出没叵测，汀漳实靡宁宇。时阳明先生督抚南赣，发二省兵定平其境，设立县治……于是乎虎遁迹而枭革音。”①

明代实行海禁政策之后，漳州月港成为沿海主要贸易中心，九龙江航道的贯通，漳龙、汀龙之间陆路交通的改善，新型农作物的引进，促进了山区商品性农业的繁荣。以月港为中心的民间海上贸易活动，使处于汀漳之间的龙岩成为经济要冲，面向闽南、面向海洋的趋向性更加明显。清雍正十二年（1734）升龙岩县为直隶州，辖漳平县、宁洋县。

九龙江的南溪、西溪、北溪 3 条主支流都通月港而汇于海，又沟通山岭连绵的海丝内陆腹地。其中，西溪、北溪连通龙岩和

---

① ［清］李鋐、王柏等修，昌天锦等纂：康熙《平和县志·序》，“中国方志丛书”第 91 号，成文出版社 1967 年版，第 5 页。

闽西各县，与海丝腹地参与海洋贸易息息相关。涨潮时，可从月港经石码、福河（三汊河对岸），顺海潮进入西溪抵漳州。此段内河航运非常繁荣，经月港输入的部分海外商品以此为集散路线。溯西溪上行，在南靖县城（今靖城）附近分为两支流，其中一支向东南流到山城（今南靖县城）之后分两支，偏南一支可抵达船场。从船场向东陆行可抵达永定下洋进入汀江，经汀江—韩江航道进入广东。从山城分出的偏北一支流向小溪（今平和县城）以北，再陆行至平和县城（今九峰）出拍嵩关抵达梅州。从南靖县城附近的另一支流，向偏西北行，经龙山、水头以北，之后再由陆路经龙岩的适中抵达龙岩。这是龙岩和闽西各县通漳州和月港的路线。

九龙江北溪及其支流小池溪、小溪、雁石溪、丰城溪、新桥溪、宁洋河、新安溪、溪南河、坑子口溪、至溪、赤溪、西江溪、温水溪、仙溪、南房溪、坪溪、竹溪、林墩溪、龙津溪、马洋溪、仙都溪等连接着龙岩三县，于漳平汇聚后经漳州入海，水运交通便利，便于把各县的土特产和手工业品组织起来输送出口。清初龙溪知县陈天定的笔记《北溪纪胜》，记录了月港经由北溪辐射的贸易路线："大抵龙潭地处十字之中，直者为江，驾舟北入，可上宁洋……属溪（龙溪县）之廿五都。上由永安，北趋浦城，出仙霞。西赴邵（邵武府）、汀（汀州府）。"① 由此可见，北溪关系着漳州和月港的交通，并且延展到闽北、闽西北的广袤地区，地位非常重要。因此，这条道路虽然路险滩深，但商旅往来不绝，明代旅行家徐霞客在福建时曾走过这条路线，他的记录给我们清晰地展现了一位旅行者的路线和路程时间，也可从他对这条路上的

① ［清］陈天定：《北溪纪胜》，政协芗城区文史资料委员会编：《芗城文史资料》第16辑，2005年，第73页。

山形水势的描述中感受当时行路之难：

四月初一日　平明，舟始前，溪从山峡中悬流南下。十余里，一峰突而西，横绝溪间，水避而西，复从东折，势如建瓴意即水势忽而畅，曰石嘴滩。乱石丛立，中开一门，仅容舟。舟从门坠，高下丈余，余势屈曲，复高下数丈，较之黯淡诸滩，大小虽殊悬，险更倍之也。

众舟至此，俱鳞次以下。每下一舟，舟中人登岸，共以缆前后倒曳之，须时乃放。过此，山峡危逼，复嶂插天，曲折破壁而下，真如劈翠穿云也。三十里，过馆头，为漳平界。一峰又东突，流复环东西折，曰溜水滩。峰连嶂合，飞涛一缕，直舟从云汉，身挟龙湫矣。已而山势少开，二十余里，为石壁滩。其石自南而突，与流相扼，流不为却，捣击之势，险与石嘴、溜水而三也。下此，有溪自东北来合；再下，夹溪复至东北来合，溪流遂大，势亦平。又东二十里，则漳平县也。

宁洋之溪，悬溜迅急，十倍建溪。盖浦城至闽安入海，八百余里，宁洋至海澄入海，止三百余里，程愈迫则流愈急。况梨岭下至延平，不及五百里，而延平上至马岭，不及四百而峻，是二岭之高伯仲也。其高既均，而入海则减，雷轰入地之险，宜咏于此。

初二日　下华封舟。行数里，山势复合，重滩叠溜，若建溪之太平、黯淡者，不胜数也。六十里，抵华封，北溪至此皆从石脊悬泻，舟楫不能过，遂舍舟逾岭。凡水唯滥觞发源之始，不能浮槎竹筏。若既通，而下流反阻者，止黄河之三门集津，舟不能上下。然汉、唐挽漕水道，缆迹犹存；未若华封，自古及今，竟无问津之时。拟沿流穷其险处，而居人唯知逾岭，无能为导。

初三日　登岭，十里至岭巅，则溪水复自西来，下循山麓，俯瞰只一衣带水耳。又五里，则隤坠落然直下，又二里，抵溪。舟行八十里，至西溪。西南陆行三十里，即漳郡；顺流东南二十里，为江东渡，乃兴、泉东来驿道也；又顺流六十里，则出海澄入海焉。

初四日　舆行二十里，入漳之北门。访叔司理，则署印南靖，去郡三十里。遂雨中出南门，下夜船往南靖。

初五日　晓达南靖，以溯流迂曲也。溪自南平来，到南靖六十里，势于西溪同其浩荡，经漳郡南门，亦至海澄入海。不知漳之得名，两溪谁执牛耳也？①

明清时期商品经济的发展和海外贸易的繁荣，客观上需要加强沿海与内地的联系，明代龙岩连接宁洋和漳平官的路得到改善，万历元年（1573），龙岩县令黎绍冼凿开了龙岩到雁石到津头之间横亘的观音座石，使水运上溯到龙岩城区，龙岩成为内地江西、汀州、延平和建宁通漳州的重要枢纽，龙岩地理位置的重要性越来越体现出来，故而清初龙岩升县为州。九龙江上游的发展与下游月港及汀江流域的发展紧密联系，与汀江流域一道成为海洋贸易重要的产品基地。

第四节　山海交流对腹地文化与经济体系的塑造

海丝腹地通过水道与海洋联结，山海交流塑造了海丝腹地的

① ［明］徐宏祖著，刘虎如选注：《徐霞客游记》，崇文书局2014年版，第69—70页。

经济体系、市场面貌和城镇布局，也在流域内形成不同的文化区。

一、山川河流与边缘性：海丝腹地的经济区和文化区

美国人类学家施坚雅（G. William Skinner）的区域系统发展周期理论，将传统中国分为9个大区，每个大区都可以分为若干子区域。且大区内都有其中心和边缘区域。当某一个大区的经济发展处于上升期时，会对边缘地区的人口形成吸引力，人群自然地向中心迁移；反之，大区的经济处于下行期时，族群之间的关系紧张，尤其是本地人与移民之间的冲突加剧，导致人口的反向流动。根据这一理论，本书所指的海丝腹地应属于东南沿海及岭南大区，且闽西北的县份属于闽江流域子区域，闽中、闽南及粤东北等地则属于东南沿海的韩江流域子区域和岭南区域。但是，闽粤赣边的山区无论是相对于大区还是子区域，从自然地理和社会空间布局来说，都处于边缘的位置。[①] 这种三省交界之地的地理位置使它远离各省的社会政治经济中心，强化了其边缘性。

施坚雅的区域理论为理解海丝腹地的经济史和移民史提供了背景性的理论框架。海丝腹地在大区的交界处，经济发展兼具边缘性和外向性，有向中心区域趋近的特性，但海丝腹地重要的经济文化特征是边缘性。在本书所指的海丝腹地三地内部，受限于地理区隔，加之在历史上开发时间不同、行政区划不同、语言文化不同，因此，虽然三地在经济地位上有相似之处，但海丝腹地内部实际上从未形成过统一的、联系密切的经济区和文化区，而是根据各自不同的发展轨迹，形成范围较小的经济区和

① 余达忠：《从边缘到中心：近代以来客家观念的建构与客家发展空间的扩展》，《华南理工大学学报》，2016年第3期，第99—104页。

文化区。

河流对海丝腹地经济区的形成具有决定作用。古代的县城很多是沿河谷而设置的。河流在古代交通中具有重要的地位，处于可通航的河流流域的民众可以利用舟船之便。在山地丘陵地带的河流或许不能通航，但河流沿岸一般会形成可垦殖的山谷平地——它不仅是交通孔道，也是人口聚居区和经济活动的中心。同时，河流也是山区移民迁移的通道。移民的迁移路线往往是顺着河道向上游或下游进发。因此，一条河流的流域常常成为一个经济区，并自然形成一两个中心城市。[①]又由于流域内往往在方言和文化上较为相似，因此以流域形成的经济区，其相对独立性更能够得以维持。

海丝腹地处于“内地的边缘”[②] 的特性，在政治、经济、文化上都有影响。在经济上，这种边缘性可能会带来新生力量或新生因素。傅衣凌先生的研究表明，中国的山区经济在封建社会后期形成商品性的特征，在福建将乐、建宁、永定、连城等地出现山区商人。16 世纪之后，海丝腹地的经济发展与全球经济总体上升期的趋势一致，经济的驱动力和 17 世纪中叶王朝鼎革的推动力，加速了人群之间的流动和迁移，客观上促进了闽粤赣区域的经济发展。明中叶以后，汀龙、汀漳之间的经济联系愈加紧密。龙岩处于汀漳之间的交通要冲，成为客家与福佬之间的中间地带。龙岩进一步融入闽南经济圈。至清乾嘉时期，龙岩形成山区商人集团，昭示了明清海洋经济的巨大潜力和活力。

海丝腹地三地形成了各自的文化区。“文化区域的形成因素主

---

① 周振鹤、游汝杰：《方言与中国文化》，上海人民出版社 1986 年版，第 68 页。

② 鲁西奇：《内地的边缘：传统中国内部的“化外之区”》，《学术月刊》，2010 年第 5 期，第 121—128 页。

要是语言、信仰、生活习惯、社会风气的异同。”[①] 如汀江流域的客家文化就是在海丝腹地形成的独特文化区域。梁肇庭（Sow—Theng Leong）的研究发现，[②] 14—15 世纪，闽粤赣周边的 3 个大区同时处于经济下行期，在与周边大区相对隔绝的情况下，这里逐渐形成了一个相对稳定且具有共同文化特征的文化群，成为客家腹地。16 世纪后，东南沿海与岭南地区进入经济上行期，但客家腹地面临人口增长和人地矛盾，于是客家人向大区经济中心的周边地区迁移。17 世纪的自然灾害和明清鼎革带来的社会动乱，使大区经济发展再次进入下行期，此前移入的客家人与本地人之间关系日趋紧张，冲突加剧。18 世纪初，东南沿海与岭南地区的经济上行，客家人向东越过台湾海峡，向西向南进入广东增城、东莞及广西一带，向西北进入四川。19 世纪中期以后，广州的对外贸易中心地位被上海取代，岭南再次进入下行期。此时爆发的土、客械斗和太平天国运动，最终使客家文化从自在走向自为，客家的族群认同和客家文化精神逐渐构建起来。

二、面向海洋与转口贸易：海丝腹地共有的商业模式

海丝腹地三市自东而西联结浙赣粤三省，是中国海洋文明与内陆文明重要的交汇点，在长期的历史发展过程中，形成了独具特色的商业发展模式。

面向海洋的山区商业是海丝腹地商业模式的重要特征。如前

---

① 谭其骧：《历史人文地理研究发凡与举例》，《历史地理》第十辑，上海人民出版社 1992 年版，第 22 页。

② ［澳］梁肇庭著，王东、孙业山译：《中国历史上的移民与族群性：客家、棚民及其邻居们》，南天书局 2014 年版。

所述，以闽江、汀江、九龙江三大河为主要通道，海丝腹地主动融入海洋贸易体系，与我国沿海地区、东南亚乃至更远的外部世界实现了物资交换和人口流动，成为海洋经济的重要腹地。海丝腹地的山区商业特征，是发展商业性农业、手工业和矿产品加工业多种经营，作为产品的生产基地参与海洋贸易。客家人的经营活动具有这种显著特征。在闽粤赣边客家人传统聚居区，由于受到自然地理环境相对恶劣、社会开发程度较低等因素影响，从南宋后期开始，客家人就一直采取在多生态位上谋求生存的方式，尤其是大量种植山地经济作物和旱地作物作为稻作经济的有益补充。他们也在新兴的流域之地建立集市，从事小规模的商品交易。人口增长使得土地边际效益降低，产业的开拓成为大量人口的出路。开矿、挖金、炼铁、掘煤、种蓝、造纸以及与之相关的印染纺织、雕版印刷等行业，在不同的地区发展出来，又往往呈现出一地一业之特色，其典型者如四堡的马氏和邹氏在雕版印刷行业中所创造的成就，永定则以家族经营式的烟草行业支撑起土楼群，形成了具有鲜明地区特色的文化景观。

转口贸易繁荣这一特征，既是海丝腹地经济发展的结果，也是海丝腹地经济边缘性地位的体现。施坚雅的集市体系理论将经济中心地按照规模和等级加以区分，分为标准市场（standard market）、中间市场（intermediate market）、中心市场（central market）。这三者之间虽然有层次之分，但其发展是彼此影响且一体化的。其中，标准市场又叫基层市场，“它是农产品和手工业品向上流动进入市场体系中较高范围的起点，也是供农民消费的输入品向下流动的终点”[①]。中间市场是在商品和劳务向上、下两

① ［美］施坚雅著，史建云、徐秀丽译：《中国农村的市场与社会结构》，中国社会科学出版社1998年版，第5—7页。

方的垂直流动中都处于中间地位的市场层级。中心市场的层级更高，在市场流通网络中处于重要的战略性地位。中心市场在整个市场体系具备上传下达的功能——作为商品转运中心，在接收商品之后将它分散到下级市场中去，同时它将接收来自其下级市场的商品并向更高一级的市场输送。

不可否认的是，今所称海丝腹地的三地，特色物产实际上极为相似，如杉木，明代何乔远称“杉，建、延、汀、邵、福宁为多，是插而生者”[1]，杉木的主产区就在以海丝腹地为主的福建山区，其中，邵武府在明中叶之前建筑房屋多用松木，明万历时已经广泛种植杉木，与延、建的杉木市场形成了竞争关系。海丝腹地的其他商品如土纸、山货等情况亦有相似之处。因此，海丝腹地内部三地在相互之间不能形成经济互补的关系，内部缺乏交换贸易的动力机制，甚至还可能因产品相似度太高而形成潜在竞争。事实上，海丝腹地三地在历史上也从未形成过统一的市场体系，而是以各自的外向型的市场体系参与更大范围的市场活动。如前所述之杉木，明朝时，延、汀、邵、建四府纷纷发展外销渠道，或者通过木商以沿河道放排到福州出洋，乘往来于东南的兴化海船，运往江南一带不产杉木的地区售卖。其中，海丝腹地的市场无疑处于市场层级较低的位置。事实上，在海丝腹地的内部始终未能出现高于中心市场层级的经济中心，中心市场的数量也较为有限，更缺乏具有超越省界的有影响力的城市，为数更多的是满足农村家庭基本交易需求的标准市场和具有批发职能的中间市场。海丝腹地的各级市场极少能直接参与到海丝贸易的经济活动中，而是作为不同层级的贸易中转站，环环相扣，层层递进，如水网

① ［明］何乔远：《闽书》卷150《南产志》，福建人民出版社1995年版，第4452页。

一般将比海丝腹地更远离海洋的内陆市场、海丝腹地山区市场与海洋最终紧密联系在一起。但转口贸易的繁荣、地域性墟市数量的整体增加，说明该地的经济贸易活动覆盖率和交易量都有提升，也从侧面印证了当地村庄的开发情况。乡村集镇的发展，为其他经济区提供商品和劳务，成为连接经济中心地的销售渠道结构中的重要环节，流域中的市镇发展成为转口贸易的中转地，这也是海丝腹地重要的商业模式。

第三章

海丝路上的腹地货物与会馆

明清时期，海丝腹地的经商活动不如沿海普遍，但一些地区仍发展出一定程度的商贸经营活动，出现专业化从事某一行业的有共同地缘关系的商人群体。明朝后期，或由于自然条件恶劣无法提供足够的农产品，或由于物产较为丰富，工商业已经成为腹地人民谋生的重要手段之一，并出现地区性专营的趋势。海丝腹地商人的贸易活动与海上贸易的兴衰息息相关。当海上贸易活动正常开展时，腹地成为海上贸易重要的物资供应地；当海上贸易活动遇到阻碍时，山区商业也必然大受影响。明清鼎革之际，福建沿海震荡，腹地山区盗贼流寇横行，商贸活动大受其扰。例如汀州府连城县，“闽海之民逃亡也，不自连城而止也，而连城为甚。连城之民之逃亡也，亦不自今日始也，而今日为极。则以地不通商，无负贩之业；地亦有微产，而近今多阻故也。即如产纸业，海忽不航；纸售外洋获大利，售于江右仅值耳。产砖、碗一也，器粗，止售境内无利。又产木，粤中多盗，难行。区区耕石田，糊口维艰。”[①] 连

① ［明］张来凤《连城县逃亡纪序》，引自［清］杜士俊修纂：《连城县志（康熙版点校本）》卷8《艺文志》，方志出版社1997年版，第195页。

城县的情况在腹地并非特例。海丝腹地山区商人与沿海商人往来呼应，又可互换身份，甚至进入山贼海寇之列。这一现象与改朝换代之际腹地出现短期权力真空，正常商贸活动无法有序开展有关，亦从侧面反映出腹地商人对海上贸易的依赖程度。清代，国家海疆政策的变化影响着腹地山区商品贸易的发展节奏，海丝腹地商人与沿海商人相互呼应，密切协作，荣则同享，衰则共衰。

腹地山区商人在海丝路上从事商贸活动时，往往依托本地的农特产品，或为山海之间的贸易活动提供服务，因此，极易形成专门性、地缘性等特点，由此出现了一批具有鲜明地域特征的代表性贸易产品和商人群体。

第一节　海丝腹地的主要涉外贸易商品种类

一、瓷器

1. 闽江流域

闽江流域是外销瓷的重要生产基地。闽北制陶历史可达4000年以上，位于武夷山市兴田镇的葫芦山遗址所出土的新石器时代晚期和夏商时期窑炉遗址，呈现了福建史前窑业技术的肇始与发展状况。在浦城猫耳山，被称为“中国龙窑鼻祖”的窑炉第一次有了长条形的窑炉形态，大量烧制出的黑衣陶以其过硬品质和美观外表，在先民生产生活中被广为使用。在唐代，闽北已烧造青瓷，典型的有庵尾山窑、将口窑等。将口窑的青瓷标注有作坊主或窑匠姓名，已经传达出一种品牌意识。唐末五代时，闽北的“建盏”兴起，远销海外，“斗茶”习俗也伴兴而起。两宋时期，斗茶习俗在东亚地区颇为流行，黑釉盏大量销往日本、韩国等地。建阳水吉建窑产品有“入窑一色、出窑万彩”之称，是宋代黑釉瓷器的主要产地，产品以碗居多，俗称“建盏”，以兔毫纹黑釉（“兔毫盏”）独具特色，驰名中外。宋元时期，闽江流域的瓷器生产与外销均进入鼎盛时期，从福州出海的闽北代表性窑口有建溪流域的建窑、松溪流域的松溪窑等。闽江水路也是瓷器贸易的中转站。

南平茶洋窑址

瓷器一直是中国在国际市场具有强竞争力的商品，15 世纪以前，瓷器由阿拉伯人通过丝绸之路运抵欧洲，价格高昂。为满足欧洲市场需求，16 世纪开始，欧洲开拓了与东方市场的直接联系，大量采购瓷器。景德镇瓷器深受欢迎，在福建沿海出现景德镇瓷器的仿制品。且闽江水路是景德镇瓷器出海的重要通道，闽北因此成为景德镇瓷器的外销中转站。景德镇瓷器经福建外销路线有二。一是经陆路运抵江西铅山县河口镇，穿越武夷山进入崇安，沿闽江上游建溪而下，进入闽江；二是经陆路进入福建光泽、邵武，沿闽江上游富屯溪而下，进入闽江。2005年，一艘满载景德镇瓷器的清康熙年间航船在闽江口以南近海海域的名为“碗礁”的礁石处被发现，被命名为“碗礁一号”。根据它的沉船地点可以推测，它很可能是从赣东南进入闽江水系，再经闽江口出海。

2. 汀江与九龙江流域

在海丝腹地南部的汀州地区，瓷器虽然不是重要物产，但历史上也有瓷器外销的记载。漳平奇和洞是福建最早的新石器时代遗址。这里出土的陶器，烧制于1万至7000年前，包括罐、釜、盆、钵等。早期陶器质地以夹砂陶为主，多灰色，后期陶器纹饰种类增多，绳纹与刻画的方格纹、网格纹成为主流。距离奇和洞约150千米的明溪县城关乡南山遗址（距今6000至4300年），文化遗存丰富，共分为5个文化期。从第二期遗存开始，就出现了曲折纹、漩涡纹等印纹纹样的陶器；到第三至第四期，陶器的印纹种类逐渐丰富，包括回形加点纹、栅篱纹、方格纹、叶脉纹、席纹等。在长汀、龙岩、漳平等地考古先后发现有宋至清的古窑址。漳平永福窑生产的青白釉器名重一方，其特点是釉层稍薄，故易受沁而泛黄，器身多刻花装饰，胎体轻薄秀巧。所生产的产品不仅供应漳州府及周边市场，还通过九龙江远销日本和东南亚等地。1987年，文物工作者在长汀南山镇塘坑排挖掘出两座宋代窑址。两处瓷窑堆积层高、面积广，生产时间有数百年。长汀南山瓷窑出土的瓷器，多为盏、碗、罐、盘、杯、碟等日用器具，以及少量装饰用的工艺品。长汀南山瓷窑烧瓷技术发达，瓷胎细腻，器物纹饰以印花、划花为主。南山瓷窑附近有大量瓷土原料，森林茂密。窑址邻近汀江的主要支流之一南山河。从南山河行船

10千米后便进入汀江干流。南山瓷窑便是通过汀江运到潮州，继而出海外销。与三明同属客家地区的将乐万全窑生产的青釉瓷曾远销日本。宋代，联结汀水的潮州地区陶瓷业相当发达，可能是在江西和汀州的影响下发展起来的，但宋代潮州陶瓷的产销与汀州的关系，仍需要更多的文献和考古证据支持。

二、木材

腹地多山，木材资源丰富，尤以杉木为多。杉木是优良的建筑材料，主要产于延建汀邵及福宁州。杉木“插枝生者，方可大数围，为室奉，为棺椁之奉，胥取材焉。即以作器皿，亦韧久耐，胜于萌蘖之生。初栽插时，跨山弥谷，栉比相属，动辄数十里，十年后不止以谷量也”①。可见，杉木很适应腹地的自然地理环境，生长迅速，能够保证充足的采伐运卖需求，如建安杉木“岁中所伐以亿万计”②。

闽江流域拥有丰富优质的林木资源，其中不乏适合造船的优质木材，能够为海上贸易提供制造远洋海船的原材料。除了供应本地使用外，闽江流域的木材还大量输出。唐代福州造船工艺的大幅提升，与闽江上游优质木材的供应有关。自宋代起，福州、兴化、泉州、漳州等沿海各州的造船厂，依靠闽江上游的铁、松、杉、樟、藤、漆等优质原材料制造福船，由此福船成为我国海上贸易史上的重要远洋船型。郑和下西洋所需船舶多在福建制造，造船所需木材多从闽江上游的南平地区采伐。在南平市发现的郑

① ［清］杨澜：《临汀汇考》卷4《物产考》，光绪四年刻本。

② ［明］李默：《群玉楼稿》卷7《先考吏部府君行实》，四库全书存目丛书集部77册，齐鲁书社1997年版，第776页。

和钟说明了下西洋船队与南平腹地的密切联系。

建宁、汀州二府盛产林木，二府贩木商人因此被称为“建汀帮”。明末，福建腹地四府杉木已闻名于世，“福建延汀邵建四府，出产杉木，其地木商，将木沿溪放至洪塘、南台、宁波等处发卖，外载杉木，内装丝绵，驾海出洋。每赁兴化大海船一只，价至八十余两。其取利不赀”[①]。

郑和钟（郑和钟为船队第7次出航前在南平镇为祈求平安而铸造的，高83厘米、口径49厘米、厚2厘米、重77千克，钟为复釜葵口双龙柄钟纽，上面刻有“风调雨顺、国泰民安”等字；铜钟下部铭文写道：“大明宣德六年岁次辛亥仲夏吉日，太监郑和、王景弘等同官军人等，发心铸造铜钟一口，永远长生供养，祈保西洋回往平安吉祥如意者。”该钟原为南平市博物馆藏一级文物，后藏于国家博物馆，是纪念郑和下西洋极为难得的实物资料之一）

清代，福建山区木材贩运极为繁荣。尤其是清末，随着国内经济发展，对木材的需求量急剧上升，腹地的木商大为活跃。他们以福州为主要的中心市场和转卖市场，形成明确的行业分工。在林木产地，木客分为山客、采办人和木行经营者。山客是林户与采办人的中间人，熟悉当地林木市场，以促成买卖赚取佣金，部分山客兼营采办，将入山采买的木材转卖采办人，赚取差价。采办人亦称木客，他们深入腹地林区采购木材后，转运至福州贩卖。清

① ［清］计六奇：《明季北略》卷5《张延登请申海禁》，“台湾文献史料丛刊”本，大通书局1987年版，第239页。

末，上杭、建瓯等县都有木客逾百人，邵武六十余人，腹地其余产林各县也都有二三十人以上。[①] 除以上商客，另有部分木商经营木行，兼营当地贩售和采购转运之业，以采购转运福州为主。在福州，木商依据经营形式不同可以分为木贩和杉行经营者。木贩亦称火贩，专门从事收购。有些木商开办杉行，同时充当采办人、腹地木行与木贩、江浙庄客之间的代理人。依据发售地点不同，木贩有天（天津）、南（闽南漳泉各地）、福（转售木根给本地木作）、台（台湾）、长（长江流域各口岸）等帮。[②]

汀州山区森林茂密，盛产杉、松、樟等树木和其他杂木。汀州杉木质量好，当地出产的杉木又被称为“汀杉”，尤其是汀杉棺木远近驰名。汀州还盛产樟木，用于制作高档家具、门窗栋梁以及佛像。据统计，清末“仅长汀一县而言，杉木一项已达二三千屣之巨，至连城、武平木材之输出，年值亦各在百万元以上，而永定、上杭、平和各县亦各有巨量木材之输出；此外，从事木业经营之山户与木商等，为数亦至伙也”[③]。直到民国时期，这种情形仍未改变。据有关资料统计，长汀、上杭、连城、武平、永定五县中以武平一县产量最高，该县产木材曾达 40 万元，五县抗战

---

① 林枫、松丹龄：《山海互动——明清福建商人之经营取向》，福建省海洋与渔业厅、福建省炎黄文化研究会、福建省社会科学界联合会、福建社会科学院编：《海洋文化与福建发展：第二届海峡两岸海洋文化研讨会论文集》，福建省海洋与渔业厅、福建省炎黄文化研究会、福建省社会科学界联合会、福建社会科学院、福建省炎黄文化研究会，2011 年，第 131—136 页。

② 参见翁礼馨编《福建之木材》，福建省政府秘书处统计室 1940 年版。转引自林枫《山海互动——清代福建商人的经营取向》，福建省海洋与渔业厅、福建省炎黄文化研究会、福建省社会科学界联合会、福建社会科学院编：《海洋文化与福建发展：第二届海峡两岸海洋文化研讨会论文集》，福建省海洋与渔业厅、福建省炎黄文化研究会、福建省社会科学界联合会、福建社会科学院、福建省炎黄文化研究会，2011 年，第 131—136 页。

③ 《福建汀江流域之木材业》，《福建统计月刊》，1936，2（4）。

前产量达 90 余万株，价值 100 余万元。抗战后稍微减退，1939 年产量为 53.4 万余株，价值 53 万元左右。汀州客家木材商人利用春潮水涨之机在汀江放木排、竹排，放排工在各地林区小溪扎好木排、竹排流放，将竹木集中到汀江边的集散地。汀江沿岸的南寨、三洲、水口、羊牯等地是重要的竹木集散地。此后，木材商人将小排扎成大排，再流放到潮州、汕头，潮汕商人将收购来的木材通过海上转运到广州、佛山一带销售。竹木的出口，为潮州、广州、澳门、香港、菲律宾等地的造船业和建筑业提供了充足的原材料。[①]

流传于上杭县步云乡梨岭一带的木桐号子，是伐木工人在生产劳动中创造出来的号子音乐。步云乡地处梅花山自然保护区腹地，是九龙江、闽江、汀江上游之源，森林密布，向来是闽西重

梅花山木桐号子（蓝善祥摄）

① 葛文清：《汀江流域外向型客家经济演变初探》，《龙岩师专学报（社会科学版）》，1996 年第 2 期。

要林区。据当地族谱记载，乾隆时，此地商人已经营木材业，当地人砍伐木材后，将木材运到山下九龙江源头，经水路经过龙岩新罗万安、漳平、华安抵达漳州。伐木工人将木桐扛下山的过程既危险又辛苦，因此他们会唱起简单的木桐号子，“嘿……嘿……嘿……嘿也嗯嘿……嘿哎哟”，用来为队伍加油鼓劲。2021 年 12 月，梨岭木桐号子入选福建省非物质文化遗产代表性名录。

三、茶叶

明中叶之后，商品经济发展，明人“奢华”之风盛行，全国对茶叶消费的要求从数量到品质都有很大提升。闽江上游向来是茶叶的重要产区，至晚明时，茶业已经是福建的支柱产业之一。

武夷山是福建茶叶的重要产区。武夷山区废除贡茶制之后，民间种植者和经营者越来越多。明末，徐𤊹称：“环九曲之内，不下数百家，皆以种茶为业。岁所产数十万斤，水浮陆转，鬻之四方，而武夷之名甲海内矣。”[①] 这段文献说明晚明武夷山的茶业已有相当大的规模，从“水浮陆转”四字可知，武夷茶叶销售之地既面向内陆，也有通过水运（闽江）的外销。至清初，武夷山茶叶进入国际市场。清初，武夷山茶叶基本由山西客商至县采办，从福建崇安下梅镇，经江西河口镇，北上汉口，转运至河南、山西，一直拓展到蒙古国和西伯利亚平原，即万里茶道。此外，安徽和福建的茶叶经分水关由铅山河入赣江，越大庾岭达广州，从海路远销欧洲。清廷开放五口通商之后，则由下府、潮州、广州三帮至县采办，集中到福州出口，运至厦门者并不多。在鸦片战

---

① ［明］徐𤊹：《茶考》，出自［清］董天工：《武夷山志》卷 21《艺文志》，方志出版社 2007 年版，第 699 页。

浦城茶园

争之前，由于清政府的规定，武夷茶主要由广州出口。由于一口开放，广州行商垄断了茶叶贸易："昔年闽茶运粤，粤之十三行逐春收贮，次第出洋。以此诸番皆缺，茶价常贵。"少部分由厦门出口，抵达厦门的茶有工夫、花香白毫、珠兰茶和乌龙茶4种，以乌龙茶为多，其产地距离厦门的行程分别为安溪（4天）、宁洋（7天）、建宁地方北溪沿岸（6天）、龙岩州（7天）。太平天国起兵之后，福建通往广州的陆路交通中断，武夷茶改走闽江水路。自1854年以后茶叶由福州输出。晚清武夷茶贸易吸引了全世界的购茶船来到福州马尾港。据闽海关统计资料，1866年，进入福州马尾港的英国船有364艘次，载重175192吨；出口的英国船有366艘次，载重175422吨。来自其他国家的商船有美国15艘、法国3艘、普鲁士17艘、汉堡8艘、不来梅13艘、丹麦11艘，此外，还有挪威、瑞典、荷兰、汉诺威、夏威夷等港分别派一两艘商船来到马尾港。按闽海关的统计，1866 年进入福州马尾港的共有 451 艘商船，分属 15 个国家和港口。这些商船载重共达 197834 吨，其中以英国居多。咸丰九年（1859），福州港一度成为中国茶叶出口第一大港。

高品级茶叶搬运工①

低档次茶叶搬运工②

17 世纪，饮茶之风开始从欧洲宫廷开始向贵族、平民蔓延，欧洲市场对茶叶的需求量急剧增加，18 世纪初，茶叶取代丝绸成为中国最大宗的出口商品，中国外贸史中的这一重要转变被称为“丝茶互换”。茶叶贸易的国际影响力日增的主要原因是欧洲饮茶风尚的风靡与普及。至 19 世纪，喝茶在英国贵族日常生活中已必不可少，由此产生的生活方式日渐从社会上层向普罗大众传播，英国对茶叶的需求量越来越大。中国垄断了优质茶叶的出产，虽

① 1857 年福琼在英国出版《1853—1856 第三次中国冒险之旅》一书中的插图。引自［英］罗伯特·福琼著，敖雪岗译：《两访中国茶乡》，江苏人民出版社 2016 年版，第 322 页。

② 1857 年福琼在英国出版《1853—1856 第三次中国冒险之旅》一书中的插图。引自［英］罗伯特·福琼著，敖雪岗译：《两访中国茶乡》，江苏人民出版社 2016 年版，第 321 页。

然英国向中国输入羊毛、呢绒等工业制品，但不受青睐，为了扭转对华贸易逆差，英国开始向中国走私鸦片，换取白银以购买茶叶。19世纪中叶林则徐虎门销烟后，鸦片战争爆发，中英签署对华不平等条约，尽管如此，英国人依然担心茶叶贸易将会受影响，因此决定从中国盗取茶树和茶叶生产技术。

罗伯特·福琼（Robert Fortune）接受了这一任务。1839—1860年间，他曾4次入华，着长袍、留辫子，雇佣中国仆人，深入杭州、安徽、福建等多个茶叶产区探寻最好的茶种和种植、制茶技术，随后将茶苗和茶种经上海转运至印度进行培育。[①] 福琼将他在华寻访茶叶的过程记录下来，[②] 也从侧面记录下当时海丝腹地的茶叶产业情况。福琼也更正了一些西方人对茶叶的认识。1845年，当他第一次入华就发现，英国人认为红茶与绿茶出自不同的茶树品种的观念是错误的。福琼将在安徽松萝搜集的绿茶茶苗和茶种送到印度，但最终没有培育成功。为进一步考察红茶优质产区，1849年5月，他从宁波出发，由水路经今浙江兰溪、常山，江西玉山、河口、铅山，福建崇安等地，抵达了武夷山。他潜入武夷山红茶核心茶区，甚至抵达大红袍母树之下，共采集超过万颗种子。福琼从中国偷走茶树种子偷运出海，还带走了中国的技术工人。茶种在印度大吉岭地区种植成功，逐渐在世界茶叶贸易中占据主要位置；并且在这场茶叶的贸易战中，作为茶叶原产国的中国最终失去了主导地位。

徐晓望先生对闽北茶叶出口的地位评价极高，认为，中国传

---

① ［美］萨拉·罗斯著，孟驰译：《茶叶大盗：改变世界史的中国茶》，社会科学文献出版社2015年版。

② ［英］罗伯特·福琼著，敖雪岗译：《两访中国茶乡》，江苏人民出版社2020年版。

统海上丝绸之路有2000多年的历史。在这条贸易之路上，中国出口的商品有丝绸、瓷器、蔗糖、茶叶等商品。其中晚清福州口岸武夷茶的出口可视为中国海上丝绸之路贸易的高峰，对中国与世界经济产生巨大影响，也是近代中国洋务运动得以发展的后盾。由于福州茶业的昌盛，每年流进福州购茶的白银从数百万到上千万元不等。例如，1865年从香港等地流入福州的白银达6987837元，1866年为10606943元。从1855年至1885年的30年里，每年数百万银圆的出超，使福建成为全国资金富余的区域之一。清政府在福州设置耗资巨大的马尾船政，其经费主要由福建省自行承担。晚清官府在台湾的建设，其资金也多来自福建。福建的财政收入，则主要仰赖茶税。

四、烟草

烟草，又从音译为“淡巴菰”，原产于美洲。西班牙吞并吕宋后，烟草于明万历年间从吕宋传至福建漳州，与漳州邻近的永定迅速开始种植烟草，使“永定晒烟独著于天下，本省各处及各省虽有晒烟，制成丝色味皆不及”[①]。烟草推广到全省各地，又以腹地山区种植和经营者最多，至康熙年间，龙岩等地已经出现“烟盛而粟衰”的景象。龙岩适中商人也以经营烟叶闻名，从烟叶经营中积攒了大量财富，建造了适中方形土楼群。

明嘉靖三十年（1551），汀江航道再次整治，可以上溯到长汀县水口，汀江自水口到永定之峰市的航道全线贯通，永定峰市成为闽西、粤东航运的货物中转站、集散地。清乾隆年间（1736—

① ［清］方履篯修，巫宜福纂：道光《永定县志》卷16《风俗志》，厦门大学出版社2012年版，第279页。

1795)，“永以膏田种烟者多”[1]。“商之远贩吴、楚、滇、蜀，不乏寄旅；金丰、丰田、太平之民，渡海入诸蕃，如游门庭。”[2] 1926 年前，永定条丝烟每年出口五六万箱，销往漳州、厦门、台湾、广州、香港、澳门、南京、上海、武汉乃至全国大部分城市，以及东南亚各国。

土楼群

永定条丝烟运销路线有 3 条：

其一，由永定高头运往漳州南靖曲江，转运至南靖县城至漳州、厦门港口出海，航运至港澳台地区和东南亚各国。

其二，由永定高陂、坎市、抚市、湖雷沿永定河而下，经仙

① ［清］伍炜修，王见川纂：乾隆《永定县志》卷 3《土产》，厦门大学出版社 2012 年版，第 83 页。

② ［清］方履篯修，巫宜福纂：道光《永定县志》卷 16《风俗》，厦门大学出版社 2012 年版，第 279 页。

师乡芦下坝，陆运到闽粤交界的石市（广东大埔境内），沿汀江、韩江顺流而下至广东潮州、汕头，再由汕头港口出海，转至广州、柳州、昆明、重庆等地，或航运至港澳台地区和东南亚各国。

永定条丝烟据传曾获“烟魁”称号

其三，沿永定河经峰市镇逆汀江而上，至上杭、长汀，而后通过陆运、船运至九江、南昌、武汉、长沙、重庆、成都、上海、南京等国内重要商贸城市。

清代以后，永定人开设的条丝烟庄、商行逐渐发展到中国南方广大城市、港澳台地区以及东南亚各国。据不完全统计，清代永定县内的烟庄、烟行有 121 个，永定人在中国南方的 14 个省份 39 个城市开设烟庄数百家，分布在港澳台、东南亚各国的烟庄、烟行也为数不少。

表 3-1　永定县条丝烟（烟刀）庄及商号分布表

序号	地点	烟庄或商号
1	上海	怡和成、天生德、永隆昌、苏德康、松万茂、万有谦、万昌
2	广州	黄福隆、卢万安、阙德隆
3	南京	万清泉、戴德昌、龙兴贵
4	武汉	苏德茂、苏德兴、卢恒茂、三益庄

续表

序号	地点	烟庄或商号
5	长沙	怡水龙、怡茂源
6	杭州	大有鼎
7	苏州	万顺仁
8	扬州	太丰、太昌义
9	厦门	德昌隆、泰怡祥

永定烟加工作坊、烟行的经营方式由商会或烟帮制定，从生产到销售，一环扣一环，十分严密。商会是全县商人的社会团体，会长由公推产生。烟帮则是生产企业和销售业的行业组织，加入烟帮的人员多为老板的宗亲。

永定条丝烟经营带来极为可观的经济效益，也影响了当地的社会风貌，特别是永定土楼的大规模建造，如永定抚市镇的永隆昌楼、高陂镇的遗经楼、古竹的棣辉楼、洪山乡的大夫第等，都与条丝烟带来的经济繁荣有关。

五、纸品

海丝腹地的山区竹木茂盛，自古就是优质的纸品产区。

1. 闽江流域

闽江流域是福建纸的重要产区。唐代，闽北生产的纸制作精良。明代，“闽中延平属邑，新笋出土经尺者，皆伐之，暴为明笋（笋干），岁千万斤，贩行天下，其利无算；又制为纸，利皆以万计”①。明代，闽北土纸还销售到越南等地。在越南与明朝廷确立

① ［清］祝文郁修，李世熊纂：康熙《宁化县志》卷 2《土产志》，福建人民出版社 1989 年版，第 75 页。

宗藩关系后，越南为积极学习中国文化，对书籍和纸张的需求量大增，但是越南受本土条件所限，不具备独立造纸的能力，于是闽江流域的纸商主导了北部湾沿海的纸业市场，他们源源不断地将闽产竹纸销往北部湾沿海区域，促进了当地的文教风化。

至近代，土纸也是闽北手工业的中坚，闽江上、中游地区20多县都产纸，尤以邵武、顺昌、南平、建阳等地为多，形成完整的销售体系。近代闽北纸业经营者有所谓槽户、纸贩、纸栈、庄客、过塘行、纸行、行客、承友等名称。[①] 纸品除了在本地及邻近市场销售之外，还借助闽江干支流水道向外销售。土纸沿闽江抵达福州，福州因此成为全省最大的纸品中心市场。除本地、本省消费之外，土纸在福州集散后继续向外转运，向北销往华北、东北的沿海各口岸，向东向南销往日本、安南（今越南）及南洋诸岛，以满足当地华人华侨和爱好中华文化人士的需要。闽江上游的明溪主产五色纸，民国《明溪县志》记载："五色纸为明溪（即归化）出产大宗，系行销湖广、广东、江西、福州各地。运往湖广销售者有汉口帮，运往福州销售者有榕城帮。两帮皆利市三倍，从前巨商富室，多由此发迹。在嘉道以前，设厂制造，出产甚富。业五色纸之店铺凡二百余家。迄咸同以后，生产锐减。现营此业者寥若晨星。锡纸亦为明溪出产大宗，行销江西、邵武、泰宁、福州等处。皆由女工造成，女人借此营生者达数千家。以行销江西为最大，每年有赣客数十家派员驻县，采办出口。"[②] 清流所产的长行、玉扣、大广、高连纸，除了运往邻近的宁化、长汀、连城等县销售外，还行销永安、福州、江西、汉口、潮州、

① 吴邦才主编：《闽商发展史·南平卷》，厦门大学出版社2016年版，第137页。

② 王维梁，刘孜治修纂：民国《明溪县志》卷15《杂录》，厦门大学出版社2008年版，第498页。

香港、越南等地。[①]

2. 汀江与九龙江流域

纸品是汀江流域外销的重要物资。连城主要生产质地优良的漂染纸，长汀生产的玉扣纸、毛边纸，上杭、武平主要出产迷信用的海纸，漳平生产连四纸、大边纸。明清时期是汀州造纸业的全盛时期，纸是各县向外输出的重要商品。史载“汀境竹山，繁林翳荟，蔽日参天。制纸远贩，其利兼赢”[②]。自宋代以来，汀州就是手工造纸的重要基地。明清时期，除供应本地销售之外，汀州土纸几乎垄断了广东土纸市场，还远销东南亚地区。昔日广东及东南亚华人社区所用的玉扣纸，都认准汀州出产红色印章标记。据 1939 年统计，长汀县有造纸作坊 620 个，遍布全县 100 多个村庄，年产土纸 3190 吨。至 1946 年，这一数据仍然保持相同水准。[③] 除了出售本地土纸之外，汀江纸商还收购转销宁化、清流、上杭、连城、将乐等地土纸，通过汀江航运将土纸运到潮汕，海运至广州，再经海路外销到港澳地区及东南亚各国。

为更好地经营纸业，汀州客商在潮州、广州等地开设纸行，形成了汀州纸业商帮。清雍正十一年（1733），长汀、连城两县纸商在广东佛山建莲峰会馆，“销行内地四乡、外埠及广、肇各属”[④]。乾隆二十八年（1763），汀州和龙岩在潮州的商人共同倡建“汀龙会馆”，以纸业经营为主。连城生产的中高连纸、玉扣、

---

① 林善庆修，王琼纂：民国《清流县志》卷 13《实业志》，上海书店 2000 年版，第 350 页。

② ［清］赵成修，赵宁静纂：乾隆《上杭县志》卷 1《风俗》，乾隆十八年（1753）刻本。

③ 福建省长汀县地方志编纂委员会编：《长汀县志·土纸》，三联书店 1993 年版，第 255 页。

④ 冼宝干编纂，佛山市图书馆整理：《民国佛山忠义乡志》（校注本），岳麓书社 2017 年版，第 224 页。

玉版、漂贡纸等还远销安南（越南）、暹罗（泰国）、缅甸、菲律宾等国，销往国内外的各种纸产品达7.8万担，每担值光洋60元，总值468万余银圆。[①] 据统计，1939年汀江流域五县产纸达31.6万余担，产值450.6万元，均占全省量值三分之一以上。[②] 据《长汀县志》记载，清末民国时，汀州客商在外开设了数十家纸行，其中较为著名者包括：

潮州：长安行（许蔚营）、荣丰行（童子揖）、长丰行（李鸿楷）等十多家。

汕头：建安行、连兴行、公兴行等十多家。

广州：长兴行（李惕生）、公安行（罗左衡）、德和行（陈旭和）、永丰行（陈伯醇）、安乐庄（陈伯醇、蓝其伟）、建昌隆（童少青）等数家。

佛山：长连行、长兴行、建兴行等数家。

香港：汀州行（郑云松）、南连昌等数家。[③]

除以上大商埠之外，汀州纸商还在广东韶关、惠州、老隆、梅县，江西的赣州、吉安、南昌等地开设纸行。据1935年统计，汀州城的纸行有101家，1945年时发展到125家。

除了当地纸商外出经营外，外地商人亦来到闽西设立纸庄，如乾隆四十五年（1780），广东行商黄洋华、朱广菊等来到连城土纸产地，先后在姑田、莒溪设立泰安、鸿安、义生、永昌等纸庄，收购土纸，运回广东佛山、香港、澳门等地销售。[④]

---

① 周雪香：《明清闽粤边客家地区的社会经济变迁》，福建人民出版社2007年版，第246页。

② 福建省政府建设厅编：《福建经济概况》，1947年，第116—123页。

③ 福建省长汀县地方志编纂委员会编：《长汀县志·土纸》，三联书店1993年版，第255页。

④ 周雪香：《清代汀州两江流域区域经济比较》，《赣南师范学院学报》，2012年第1期。

不同等级的汀州土纸，销路也有所不同。书籍、账簿、账本印刷用纸，用汀产玉扣纸 1、2、3 号高级纸，其特点是纸质细嫩、色泽洁白、质地坚韧，书写后不会渗墨；手卷烟的烟纸，大多用汀产玉扣纸 4、5 号，其特点是纸质坚韧，含在口中不易湿断；色纸、识字课本、描红簿用纸，用汀产玉扣纸 6 号，属于中级质量土纸，这类纸主要用于红白喜事和普及性书籍课本，每年需求量极大；包装用纸，主要用汀产土纸中的 7、8 号——是玉扣纸中的低级纸，纸质粗糙、颜色偏黄，但是有韧性且无毒，因此一般用作药房、百货、布匹等行业的包装纸。此外还有毛边纸，虽然由其制作的印刷品保存年限不及玉扣纸，但胜在价格低廉、轻便易携带，因此也深受欢迎，主要用于练习毛笔字，或染成各种色纸。这类土纸也是销量极大的种类之一。① 汀州客家纸业商帮几乎垄断了广东土纸市场，故而罗香林在《客家研究导论》中就已谈到福建客家地区所产纸在华南地区的广泛销售情况。自宋代开始至民国年间，汀州客家纸业商人编织了一张严密的土纸销售网络，并将此网络纳入海上贸易。

龙岩是九龙江上游地区最为重要的造纸中心，县志载："岩邑天产颇富，其可制造之原料甚多……今工业品之销售于北溪。湖邦、龙门、大小池、适中等社出品，则运售于西溪。西溪多粗料，北溪则兼运白料。白料纸质极良，销路远及于南洋。虽年计售不及百万，而贫民资以为生。其乡出纸者，虽妇孺皆有生计，则甚矣，工业之觅宜振兴也。"②

---

① 毛星：《建国前长汀商业贸易鳞爪》，中国人民政治协商会议福建省长汀县文史委员会文史资料编辑室《长汀文史资料第 12 辑》，1987 年，第 34—39 页。

② 马龢鸣修，杜翰生等纂：民国《龙岩县志》卷 17《实业志》，"中国方志丛书"，据民国九年铅印本影印，成文出版社 1967 年版，第 186 页。

六、书籍

1. 建本

南宋时，建阳跻身全国三大刻书中心之列，被称为“书林”。建阳刻书不仅促进了福建文化教育事业的繁荣，也辐射八闽，影响全国，并融入了海上丝绸之路的贸易线。明嘉靖《建阳县志》卷四《货产》记载：“货之属：书籍、花毯、布、纸……碗窑、黑窑。”书籍排在首位，可见建本在建阳经济贸易活动中的重要地位。

明代，建阳崇化里书坊市是建阳最大的集市。明弘治十二年（1499）的书坊火灾，烧毁大量书版，对书坊业造成沉重打击。晚明时，因应书籍市场经济发展的需要，许多书版重新刊刻发行，总数比弘治年间大幅增加。至明末，书坊市的商业化程度更甚，在明代主要刻书业中心中，建阳以数量取胜，“书坊之书盛天下”[①]，天下客商如织。但谢肇淛对建阳书坊业有所批评，他说：“建阳有书坊出书最多，而板纸最为滥恶，盖徒为射利计，非以传世也。”[②] 他认为建阳所出书质量不高，是因为书商急于求成，因此使用劣质材料刻书以求快速获利。但从这条记载中也可以感受到书坊商人对书籍市场的敏感度和书坊业激烈的商业竞争氛围。

宋元明时期，建本图书走向海外。宋末元初建阳学者熊禾说“书籍高丽日本通……万里车书通上国”[③]，指出了建本传播到日

---

① ［明］何乔远：《闽书》卷38《风俗志》，福建人民出版社1995年版，第943页。

② ［明］谢肇淛：《五杂俎》卷13《事部一》，上海书店出版社2001年版，第266页。

③ ［元］熊禾：《勿轩集》卷4，“景印文渊阁四库全书”第1188册，台湾商务印书馆1986年版，第804—805页。

本、高丽等周边国家的情况。

据熊禾所处的时代可知，建本传入日本的时间不会迟于宋末，大致在南宋中叶。清代杨守敬有诗："读罢七经开宝笈，传来足利阐儒宗。"[①] 大致概述了东传日本的汉籍主要为佛家及儒家经典。从目前的资料看，东传汉籍中有不少建阳刻印本，如宋建安黄善夫刻印的 120 卷《汉书》、宋建宁府黄三八郎书铺刊本《广韵》、元朝翠岩精舍刊本《重修玉篇》等。日本还翻印了不少建阳刊本，日本后水尾天皇在元和七年（1621）将宋绍兴二十三年（1153）建阳刊本《皇宋事实类苑》用铜版活字印刷赐予幕府公卿，称为"元和敕版"。宽政年间，日本医官复刻福建元代建阳刘承文刊本《新刊续添是斋百一选方》。孙楷第在《中国通俗小说书目》中，记载了他在日本所见的元代建安（今福建建阳）虞氏书堂出版的通俗小说 5 种，时间大致在元至治年间（1321—1323）。"福建本几遍天下"就是对麻沙本（建本）图书的最高赞誉。从明中叶至清初，福建籍商人在中日贸易中居于重要位置，建本的对日输出达到一个高峰。在中日贸易产品中，除传统的丝织品、药材之外，福建的书籍也是重点。从明末至有清一代，在国内市场上的建本中，大量是满足当时普通人需要的小说、戏曲等通俗读物以及类书、医书等实用读物，因此流传到日本的建本很多也是此类小说、戏曲、类书、医书等通俗读物。《水浒传》《三国演义》《西游记》《西厢记》等故事的传播，也使得日本在文化上与中华文化联系更加密切。三国故事、《西游记》故事至今仍是在日本社会深受欢迎的故事。入清后，建阳刻书业逐渐衰微，但仍有建本图书运抵日本长崎，其中既有朱熹和王阳明的学说，也有《天工开物》等介

① ［清］杨守敬：《藏书绝句》，古典文学出版社 1957 年版，第 15 页。

绍中华生产技术的书籍，对日本幕府时代的教育界、知识界乃至大众日常生活产生了极大的影响。

高丽人安珦及其弟子权溥推动了汉文化及朱子学在朝鲜的传播。元至元二十六年（1289），高丽使臣安珦从大元带回朝鲜的书籍中，包括《四书集注》《朱文公文集》《朱子语类》等朱子学重要著作，《四书集注》后由权溥在朝鲜刊行。明朝时，朝鲜使团往返大明的朝拜活动使得汉籍源源不断传入朝鲜。如明成祖就曾赐给朝鲜使团包括《诸臣奏议》《大学衍义》《春秋会通》《真西山读书记》《朱子成书》等在内的一批建本汉籍。除典籍之外，小说也是流入朝鲜书籍中的大类。明代，建阳作为古典小说出版重镇，不少建本小说因此传入朝鲜，如建本的《校正古本大字音释三国志通俗演义》《武穆王精忠传》《新刻全像五显灵官大帝华光天王传》《包龙图判百家公案》等。这些小说讲述的是中国经典故事，它们的传播，在丰富民众娱乐生活之余也起到了传播中华文化的作用。

明嘉靖万历之后，来华传教士充当了中西图书交流的中介。他们通过携带、寄送等方式，将中国图书传播到西方世界，其中也包括建本，虽然数量有限，但难能可贵的是保存了一些在中国大陆已经失传的孤本。据方彦寿考证，这些孤本保存在法国、德国、比利时、奥地利、西班牙、美国等国的图书馆，以及哈佛大学等高等院校，包括明余绍崖自新斋刻本《新刊韩朋十义记》，明富沙刘荣吾藜光堂刻本《全相三国志传》，明嘉靖建阳刻本《道南书院录》，清扬州阮氏复刊宋建安余氏勤有堂本《新编古列女传》，明叶文桥南阳堂刻本《荔枝记》，明嘉靖叶逢春刻本《三国志传》，明正德熊宗立刻本《类编伤寒活人书括指掌图论》，明郑尚玄刻本《订补全书备考》，明天启建阳余氏萃庆堂刻本《四种争奇》，明弘治建阳种德堂刻本《中庸章句》《中庸或问》，明麻沙植云所刻本《玉堂鉴纲》等。[①]

从宋至明，建阳麻沙镇都是重要的书坊刻书之地。有学者认为，明代后期，华中和华南的书业已形成以建阳、苏州、杭州、南京为中心的统一市场。建阳之所以能成为宋代以来的印刷中心，一是当地有丰富的制作书籍所需的自然资源，二是当地有充足的劳动力，因此，建本的印制成本远远低于全国其他地区。但这并不意味着建本如一些批评者所认为的价廉质低。大量史料证明，建本种类繁多，包括经史、医书、日用类书、蒙学读本、戏曲歌谣集、历史小说等，不仅对全国的普通读者市场产生深远影响，也借船出海，影响到日本和韩国等东亚国家。[②]

2. 四堡雕版印刷

四堡位于今连城县四堡镇，地处闽西连城、长汀、宁化、清流四县边缘，是跨越县份的泛区域村落群概念。四堡附近山区有丰富的木材和较为成熟的纸业，为四堡印刷业的发展准备了基本条件。从明万历起，四堡已开始经营雕版刻书业。历经100多年的发展，在清乾嘉道年间进入鼎盛时期。19世纪初，当地在原有13家书坊的基础上又增加新书坊46家。[③] 清代，连城四堡、浒湾（江西）、汉口和北京并称为四大印刷基地。[④] 四堡书商主导了中

---

① 方彦寿：《刻书中心建阳对外传播的基本走向及其影响》，《中国出版史研究》，2019年第3期，第7—21页。

② ［美］贾晋珠著，邱葵等译：《谋利而印：11至17世纪福建建阳的商业出版者》，福建人民出版社2019年版，第4页，第187—188页。

③ ［美］包筠雅著，刘永华等译：《文化贸易：清代至民国时期的四堡书籍交易》，北京大学出版社2015年版，第86页。

④ 邹日升：《中国四大雕版印刷基地之一：四堡》，《连城文史资料》第4辑，连城县政协文史资料委员会1985年，第102页。

连城造纸作坊

国南方的图书出版和销售，有“垄断江南，行销全国”之说。[1]

四堡书商实行家族经营模式，当地的邹氏、马氏宗族形成了自己的家族商业网络。四堡书商开辟的商路和主要经营地点在福建、江苏、浙江、湖北、湖南、江西、广东和广西境内，以这些区域的腹地府城、县城、集镇和乡村为主。自清初起，每年元宵节过后，四堡开设书市，迎接来自广东、江西、浙江、广西、湖南等省份以及本省各地的书商。这些省份也是邹氏、马氏书商组织族人前往贩书的主要目的地。他们或开设固定的书肆书摊，或走街串巷肩挑贩卖，或从事批发行业，还可以与买家签订期货合同，通过多样化的经营方式和跨地域的经营方向，四堡书商最终

① 邹日升：《中国四大雕版印刷基地之一：四堡》，《连城文史资料》第 4 辑，连城县政协文史资料委员会 1985 年，第 102 页。

四堡刻书陈列馆

在中国南方建立起庞大且细密的书籍销售网络。四堡的书贩和书籍还进入海外贸易网络，远销越南及爪哇、暹罗等南洋多地。

四堡所印书籍种类繁多，根据包筠雅对族谱、账册及现存书版的统计，四堡刻书主要可以分为教育类书籍、指南类书籍和文艺类书籍三类。教育类书籍指蒙学、杂字、幼学、诗选以及四书五经等，如《四书集注》等儒家经典及《弟子规》等幼学书籍；指南类书籍指医书、药书、通书、实用类书、善书、家礼等民众日常生活中的实用书籍，如《千金翼方》《人家日用》等；文艺类书籍包括戏曲剧本、小说、诗集、书画集、歌册等，如《文心雕龙》《楚辞》等，甚至一些明清禁书如《金瓶梅》亦有刊本。同时，四堡书商的销售网络与明清客家移民路线之间具有相关性，其销售区域多在靠近城市的腹地，也是客家人的主要聚居地区。

雕版印书流程

除上述通行书籍之外，四堡书商特别刻印了供客家人使用的书籍，如马林兰堂的《使用杂字文》、武平人林宝树编纂的《一年使用杂字》等。这些书籍以客家方言写就，浅白易懂，因此在客家地区流传甚广。

连城四堡邹氏以雕版印书为主业，[①] 从明中叶至清初，受限于朝廷的海禁政策，四堡书商的活动范围一度局限于国内市场。17 世纪后期到 18 世纪初，南洋作为中西贸易中转地而迅速繁荣。在英国和荷兰围绕着武夷茶所开展的商业竞争中，荷兰人最终掌握了主导权，巴城（今雅加达）也崛起为重要的海上贸易中心。

① 陈支平、郑振满：《清代闽西四堡族商研究》，《中国经济史研究》，1988 年第 2 期，第 93—109 页。

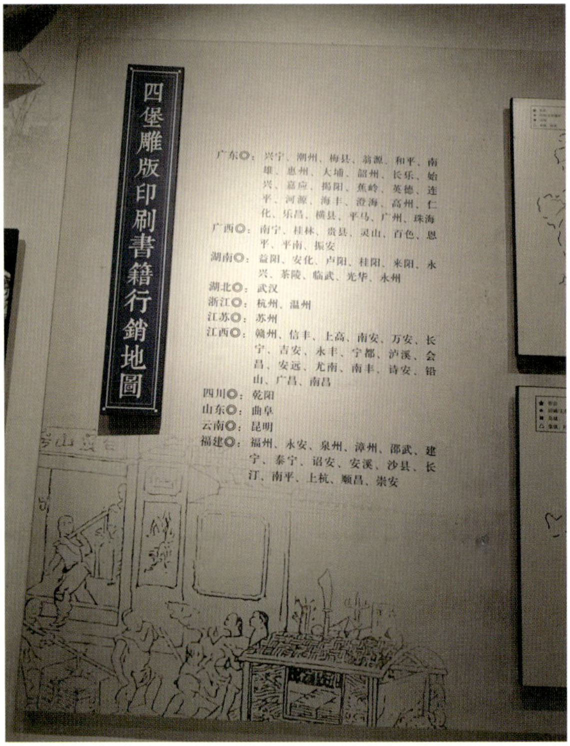

四堡印刷书籍国内行销地图

中国四堡雕版印书陈列馆收藏展示的古雕版

1684年九月初一，清政府颁发“开海贸易”谕旨。1689年，中国与巴城之间进入间接贸易时期。荷兰东印度公司依靠中国帆船往来于闽粤和巴城之间，以完成进出口贸易。这些主客观条件都为福建商人参与海上贸易提供了机会。在这一大趋势下，17世纪末至18世纪初，四堡族商也将市场向海外拓展。康熙三十三年（1694），四堡邹氏十七世裔孙邹信国（字炬臣）、邹敬国（字威臣）率先开拓了暹罗市场。[①] 除此之外，邹世忠前往吧国[②]（巴达维亚城及其周边，约为今雅加达），同行者还有其叔辈和族弟。康熙三十九年（1700），邹章国（字斐臣）、信国、世忠（字观辉）、宗发（字世白、兴祖）等人贩书出海前往吧国。章国甚至迎娶异国女子为妻，生二子，俱留吧国。同辈族人多有前往南洋谋生者，邹章国的故事证明邹氏族商已开始融入当地社会。到了十八世邹世忠一辈，已能更好地融入当地社会，据族谱载，（世忠）奔波于“暹巴诸岛屿”，虽然当地“语言服食迥异中原”，但世忠凭着才干和品格，在长期相处中获得了当地人的尊重。“彼邦人，亲公爱国，遂与公同声气，称莫逆”。[③]

由于受到晚清太平天国运动的冲击，加之石印和铅印技术的相继出现，四堡无力跟随新技术的发展而引进机械化印刷所必需的技术与设备。在科举时代，四堡雕版印刷的主要产品是科举应试书籍，但随着1905年科举制度废除，新式学校兴起，四堡在新式教材和读物的出版市场中败下阵来。因此，在清末民初，处于地理意义和文化意义双重边缘的四堡，不可避免地走向没落。外地分店开始脱离本家书坊的束缚，转型成为书铺或新式

① 福建省汀州连城四堡雾阁六修邹氏族谱委员会编：《范阳邹氏族谱（敦本堂）》卷3《萍踪拾粹·历年纪要》，1996年修。

②③ 长汀四堡龙足《范阳邹氏五修族谱》卷33《世忠邹公行略》，1947年修。

出版机构的零售商。最后几家印书店勉强维持至1942年前，终告落幕。

第二节 遍及沿海的腹地会馆

在转口贸易活动中，会馆和商帮是重要的商业组织。会馆是地缘组织，应传统社会某些阶段中的实际商业或社会需要而产生，具有积极的社会和经济功能。[①] 商帮是在经济活动中形成的商人群体，一般由同籍或同行组成。会馆的实体建筑多由同籍官商出资购买与建造。商人常常依托会馆作为驻点从事商业活动，商帮随之形成。明清时期，各地商帮在海上丝绸之路关键港口城市和内陆城市设立会馆。正如同治年间在潮州的汀龙商人所称："会馆之设，有四善焉。以联乡谊明有亲也，以崇神祀明以有敬也，往来有主以明礼也，期会有时以明信也。"[②] 会馆不仅便利商人在他乡发展贸易活动，也对客商联络感情、强化认同、推行教化、促进良性竞争发挥了重要作用。海丝腹地的商人也在不断向外拓展，国内各地都有他们的足迹。此外，作为贸易中转站，其他省籍和乡籍的商人也纷纷在海丝腹地建立会馆。

在江南地区，明后期起，随着地区商品经济的发展，它也成为全国各地商帮竞逐的赛场，海丝腹地商人也激流勇进。明代嘉靖、万历年间，江南地区是福建所有商品转运北方的中转站。入

① ［美］何炳棣：《中国会馆史论》，中华书局2017年版，第1页。

② ［清］唐史标：《潮州汀龙会馆志》，妈祖文献整理与研究丛刊第2辑第3册，海峡文艺出版社2017年版，第115—242页。

清以后，包括海丝腹地商人在内的福建商人在江南的经营活动极为活跃。在明清时期最繁华富庶的江南城市苏州，来自海丝腹地的商人形成了邵武商帮、延建商帮和汀州商帮。邵武商帮和汀州商帮在康熙年间已建立起会馆。延建商帮则在乾隆年间集资购地建设会馆。清康熙年间开海之后，上海迅速崛起为贯通南北的商品交流枢纽。来自闽江上游建宁府、汀州府的商人组成建汀商帮，主要从事纸、棕、靛青的贸易活动。近代以来，木材成为建汀商帮经营的主要行业。此外，建汀商帮也涉足烟草、药材等行业。清嘉庆、道光年间，建汀会馆成立。海丝腹地的商人也出现在杭州、南京等地，从事木材业和纸业等行业，但总体人数相对于其他地区福建商人来说较少。

除了江南之外，在潮州、福州等海丝腹地商人长期经营的贸易中心市场，明清时期也陆续建立了海丝腹地商人会馆。其中，汀籍商人是腹地山区商人中的翘楚，在国内不少城市设立了会馆。汀州、龙岩商人在潮州开设栈行，作为汀州、龙岩土产外销和盐、糖回销的集散地。为维护商帮礼仪，雍正年间，汀属纸商开设莲峰会馆，所营纸业来自“福建汀州各属山场，用竹笋制成，阳年盛，阴年衰。有玉扣、山贝、官边、贡信、手本、高帘等名目，销行内地四乡、外埠及广肇各属”[①]。乾隆年间，汀州、龙岩商人合建汀龙会馆，在会馆内部分立为纲，各纲分别捐助会馆，参与会馆祭祀，分设祀产。[②] 这一制度兼顾了整体利益与彼此竞争，使汀龙商人在潮州商贸活动中站稳了脚跟。

---

① 民国《佛山忠义乡志》卷6《实业》，转引自《明清佛山碑刻文献经济资料》，广东人民出版社 1987 年版，第 350 页。

② ［清］唐史标：《潮州汀龙会馆志》，“妈祖文献整理与研究丛刊”第2辑第3册，海峡文艺出版社 2017 年版，第 115—242 页。

表 3-2　汀州会馆一览

名　称	所在地	创建时间	服务对象
汀龙会馆	潮州	清乾隆二十八年（1763）	汀州籍、龙岩籍商人
建汀会馆	上海	清道光二十九年（1849）	建宁籍、汀州籍土纸商人
汀州会馆	嘉兴乍浦	清雍正四年（1726）	汀州籍靛青商人
淡水汀州会馆（鄞山寺）	台湾淡水	清道光二年（1822）	汀州籍乡亲
汀州会馆	温州	清末	汀州籍商人
汀州会馆	福州台江		汀州籍土纸、靛青商人
汀州会馆	福州鼓楼南门	清乾隆年间	汀州籍士子、商人
汀州会馆	福州鼓楼塔巷	清初	汀州籍士子、商人

清乾隆二十八年（1763），汀州和龙岩籍商人在潮州开元街之西创办汀龙会馆。据《潮州汀龙会馆志》称："汀龙二州密弥毗连，据闽之上游，下与潮属为邻，且鄞汀一水南流通潮郡，舟楫往来，众皆称便。"[①] 民国初年，汀龙会馆内创办了汀龙旅潮小学，专门招收汀州及龙岩籍商户子女入学。民国二十四年（1935），汀龙旅潮小学发展到 8 个班级，300 多位学生。汀龙与潮州商贸之热络可见一斑。

上海建汀会馆是由福建建宁籍和汀州籍商人所建。明清时期，上海是全国土纸的集散中心，闽北的建宁和闽西的汀州的土纸行销沪上，主要有毛边、玉扣、海纸等种类。

嘉兴乍浦位于杭州湾北岸，是杭嘉湖平原的出海口，具有"肩挑沪杭，背负太湖"的优势。宋元时期，乍浦港兴，与乍浦通商贸易的有广东、福建、台湾等省份，日本、琉球、安南、暹罗、爪哇、吕宋、文郎、马神等国家和地区。明清时，汀州商人来到

① ［清］唐史标：《潮州汀龙会馆志》，"妈祖文献整理与研究丛刊"第 2 辑第 3 册，海峡文艺出版社 2017 年版，第 115—242 页。

乍浦从事商贸活动。乍浦的汀州会馆位于嘉兴乍浦南门外总管弄，又称为鄞江会馆，会馆内奉祀天妃。乾隆十四年（1749），汀州商人何元瑞等复建此馆，由于在嘉兴的汀州商人大多专营靛青贸易，因此该会馆又俗称乍浦靛青会馆，成为杭嘉平原上唯一的闽籍同乡会。会馆后由温州的汀州同乡继承。

台湾淡水汀州会馆是全台湾仅存的一座闽西客家古刹，奉祀的主神为客家保护神定光佛。清道光二年（1822），汀州人张鸣岗出钱出力，建设寺庙以奉祀定光佛，并以福建永定县的鄞山寺命名。建成后，提供给初来淡水垦殖和经商的汀州乡亲栖身居住，故又称为汀州会馆。

福州是福建的政治中心，也是中国东南沿海的重要贸易港口和海上丝绸之路的门户。明清时期，汀州商人将土纸、靛青、粮食等商品销往福州，再从福州港口通过海上丝绸之路销往国内其他城市和海外市场。大批汀州商人汇聚福州，建设了 3 所汀州会馆。其中，台江汀州会馆最早是长汀、上杭经营土纸和靛青的商人组织的“纸靛纲”，后由“纸靛纲”扩充为“四县纲”，进而为汀州会馆。鼓楼南门的汀州会馆则是长汀秀才来福州应试和客商来榕经商的住所。鼓楼塔巷的汀州会馆始建于清初，在乾嘉年间及民国初年均有修葺。

会馆有利于同籍商人的互助互利，有助于商帮的形成与团结。整体而言，海丝腹地三地的商帮多以本籍商人为主开设会馆，也有以邻近府州商人或同业商人为主建设会馆，形成如延建、建汀、汀龙等商帮。会馆也有助于邻近乡籍商人的团结。苏州汀州会馆建于清康熙四十七年（1708），原是上杭纸业商人所建。19 世纪中叶，在太平天国运动中会馆被毁，产业丧失。后由上杭籍官员罗少耕出面主持追产和会馆重建。然而，此时上杭纸业已进入衰落期，依靠纸业商人重建会馆已不可行。罗少耕便扩大籍贯的范围，不再限于上杭县客商，而将汀州府各县客商都视为同乡。此时永定县烟草业处于兴盛期，在苏州经营者众多。经两县商人商议，决定联合重建会馆，光绪十三年（1887）新会馆建成后仍以汀州会馆命名。苏州汀州会馆从清初至清末的发展历史说明，由于商业发展的波动性，在会馆组织中居主导地位的商人并不固定为某一乡籍或某一行业，但会馆作为商帮的商业组织的地位始终非常重要。

第四章

海上丝路发展对山区经济的反馈

海上丝绸之路开辟以来，福建沿海地区的港口在对外商贸往来中发挥了重要的作用。一方面，闽西、闽北内陆腹地的丰富物产通过沿海港口输出海外，促进了腹地经济的发展；另一方面，来自海外的物产经港口输入后运往腹地，影响了腹地产业结构和民众日常生活。此外，通过海洋与海外国家和地区进行商业贸易，需要有一定的胆识和智慧，向海谋生的海洋精神也影响了腹地文化的发展。

第一节　港口发展拉动腹地经济繁荣

一、唐宋元时期沿海港口发展对腹地经济的影响

唐朝天宝年间，因通往西域的陆上丝绸之路中断了，对外贸

易的主要渠道依靠海上丝绸之路，地处东南沿海的福州成为海外贸易的重要港口。唐末五代王审知治闽期间，开辟乌猪港和甘棠港为福州内、外港，积极招徕海中“蛮夷商贾”发展海外贸易，奠定了福州港居于南北海运枢纽的贸易格局。[①] 此后，福州与海外通商贸易的范围逐渐扩大，在中南半岛和马来群岛的已有航线基础上又开辟了3条新的航线。第一条是由福州港向北航行，经东海、黄海到达日本、新罗国（今朝鲜半岛地区）等地；第二条是由福州港向南航行，经南海到达印度、大食国（今阿拉伯地区）等地；第三条是从福州经温州、台州、明州到达登莱的朝贡航线。王延曦时，在福州设立了专门管理海外贸易的机构——市舶司。宋哲宗元祐二年（1087），泉州设立市舶司，泉州港发展迅速，取代了福州港的地位。宋代泉州主要海上交通航线有6条：①泉州—万里石圹（西沙群岛）—占城；②泉州—占城—三佛齐（苏门答腊、阇婆、爪哇）—渤尼（加里曼丹）；③泉州—南海—三佛齐—马六甲—印度—波斯湾；④泉州—印度—波斯湾—亚丁湾—弼琶啰（索马里）—层拔（桑给巴尔）；⑤泉州—麻逸（民都洛）—三屿（卡拉绵、巴拉望、布桑加）；⑥泉州—明州—高丽—日本。[②] 元朝统治者重视海外贸易，因此泉州港得到了进一步的发展，成为当时世界贸易大港。

宋元时期，社会发展较稳定，对外经济与文化交流频繁，福建海外贸易在这一时期的发展也十分活跃。泉州和福州港在宋元时期成为对外贸易的重要出口港，闽北的茶叶、布匹、土纸、瓷器等物产经由这两个港口销往海外。海外贸易发展促进了腹地商

---

① 谢在华：《论福州在古代“海上丝绸之路”中的重要地位》，《福建史志》，2015年第2期，第18页。

② 黄天柱：《泉州港与古代丝瓷之路》，《理论参考》，2016年第2期，第64页。

贸集市的发展和经济的繁荣。宋元时期，饮茶成为当时的一种风尚，闽北是重要的产茶区，建州的北苑龙凤团茶成为当时闻名遐迩的贡茶上品。闽北茶叶因品质佳而大量输出，经闽江运抵福州港，再由福州、泉州港销往日本、高丽、马来半岛诸国。闽北陶瓷业在宋元时期达到鼎盛，建盏享誉中外，经福州、泉州港大量销往日本、朝鲜、东南亚等国家和地区。此外，宋代，闽北盛产的绢、绫、纱、布、麻、纸及印刷的书也久负盛名，大量通过沿海的福州、泉州港销往海外。宋元时期，因海外贸易的发展，闽北水陆交通要道上形成了众多的墟市和商贸重镇。有些商品繁盛的市镇因人口聚集和经济繁荣进而发展成为新的县，例如，政和县就是在北宋时由镇、税场和“析县”建立的新县。[2] 位于南浦溪、崇阳溪和松溪三溪汇合处的建瓯，因北苑茶、建锦、建盏的输出而成为重要的商品集散地和商贸中心。元代，闽北海外贸易依然活跃，意大利人马

兴起于宋元时期的浦城前洋古商街[1]

① 图片来源：吴邦才主编：《闽商发展史·南平卷》，厦门大学出版社 2016 年版，第 62 页。

② 吴邦才主编：《闽商发展史·南平卷》，厦门大学出版社 2016 年版，第 61 页。

可·波罗在他的游记中写道："到了那雄大繁华的建宁府，人民以经商及手工业为主，产丝甚多……经过许多城镇，那里有许多商人和工匠，还有许多商品和大量的丝"。[①]

二、明清至民国时期沿海港口发展对腹地经济的影响

明朝初期实行严格的海禁政策，泉州港只能与琉球开展贸易。明成化十年（1474），福建市舶司由泉州迁往福州，泉州港在海外贸易中的地位逐渐削弱。清代，泉州港的业务逐渐被厦门港所取代，泉州港进一步衰落。福州港在明代中叶后成为福建重要的对外贸易港，不仅与琉球的贸易往来频繁，而且与海外各国的商品交易也十分活跃。明代中叶以来，闽北各地的茶叶、大米、杉木、纸等物产经闽江运抵福州，再经福州出海，销往日本、东南亚、欧洲等地。闽北向海外输出的土特产品中，茶叶的输出量增长最快，成为闽北最大宗的出口商品。据《清代通史》记载，"明末崇祯十三年，红茶始由荷兰转至英伦"[②]。明末清初，福州港海外贸易的活跃又进一步推动了闽北腹地经济发展，涌现出了一大批著名的商人和商号。例如，顺昌同顺星毛边纸、建阳余氏勤有堂书坊。乾隆二十二年（1757）撤销闽海关后，福州港的对外贸易受到限制。闽北茶叶只能通过陆路运抵广州，从广州口岸输出。五口通商后，随着福州口岸的开埠，闽北地区的土特产品再次经闽江，由福州口岸向外输出。咸丰至光绪初年，闽北的茶叶、土纸、木材等土特产品的外销数量增长明显。作为建溪流域商品集散中心的建瓯又出现了商业繁荣景象，全县商行在全盛时期达到

① 吴邦才主编：《闽商发展史·南平卷》，厦门大学出版社2016年版，第62页。
② 萧一山：《清代通史》卷2，商务印书馆2019年版，第847页。

3000多家；而原本较荒凉的洋口镇也因输出特产的大量集散而兴盛，成为富屯溪流域的重要商贸中心。由于鸦片战争后大量洋布、洋烟、洋火等外来物产的进口，闽北的农业和手工业生产受到较大的冲击，尤其是茶叶出口减少后，闽北工商业进一步衰落。

宋元时期，闽西汀江流域的土纸、木材等物产主要沿汀江运抵潮州，再经潮汕地区出口到东南亚一带，而从海外进口的商品也溯汀江而上，运抵汀州。明朝初年实行海禁，漳州月港因私人海上贸易兴盛而逐渐崛起；明代中叶，月港曾有“小苏州”之称。明成化十四年（1478）永定设县后，汀州与漳州之间通过永定的交通路线得到较大改善，再加上九龙江航道的贯通，使得汀州与漳州沿海地区的联系更加密切。漳州私人海上贸易的繁荣刺激了闽西山区经济作物的种植、加工及出口，促进了商品性农业经济的发展。九龙江与韩江、汀江流域水陆交通的改善，使汀、漳、潮州三地的商贸往来更加频繁，地处汀、漳交界的龙岩也成为沿海与内陆商品贸易的重要集散地。清朝初期，月港逐渐被厦门港所取代。厦门港在宋元时期是泉州港的外围辅助港。清政府统一台湾后，康熙二十三年（1684）闽海关设立，厦门为其正口，成为“凡海船越省及往外洋贸易者，出入官司征税”之地；嘉庆元年（1796），厦门成为“通九译之番邦”“远近贸易之都会”，与厦门往来的东西洋国家和地区达30多个。[①] 清代至民国时期，闽西地区经厦门港出口的商品中，土纸、烟丝、茶叶占主导地位。清道光二十二年（1842）后，长汀生产的玉扣、毛边等土纸经水陆运抵漳州，再由厦门港大量出口外销，年产值达银圆200余万元。

① 郑廼辉、高香凤、江铃：《历史上福建港口的茶贸之路》，《福建茶业》，2015年第6期，第51页。

连城土纸在清末时发展达到鼎盛，色泽洁白、可作卷烟纸的大连纸大量销往东南亚地区；宣纸远销日本；玉版纸、漂贡纸远销菲律宾吕宋岛等地。[①] 连城外销土纸的主要运输路线有两条：一条是经永定峰市运抵潮汕，由潮汕转销越南、泰国、菲律宾等地；另一条是经漳平、浦南到漳州，再经厦门销往日本、东南亚地区。五口通商后，长汀玉扣纸也大量销往新加坡、马来西亚、印度尼西亚、暹罗、菲律宾等国家。[②③] 沿海港口的发展和开埠促进了闽西土纸的出口外销，土纸出口又推动了闽西造纸业的繁荣，涌现了众多商号，如连城的义泰号、桂兰号、祥兴号等。清乾隆至光绪年间，永定条丝烟大量运销全国及南洋地区，其中销往南洋地区的条丝烟主要由陆路运到漳州，再经厦门转销台湾及南洋各地。民国十五年（1926）以前，永定每年出口的条丝烟达五六万箱（1562.5～1875 吨），价值 200 余万元。[④] 此外，清康熙至道光年间，宁洋县生产的茶叶曾有一段时期经潮州、厦门转销海外。清同治光绪年间，龙岩县生产的乌龙茶曾大量经潮州、厦门转销东南亚地区。海外贸易的发展也促进了汀江流域、九龙江流域水陆交通节点的经济发展和墟市繁荣。例如，明嘉靖年间，长汀城内有 3 条街、4 个市，城外有 11 条街；清代，上杭县城内聚集了纸行、木材行、京果行等众多转运商行；民国初年，上杭城区汀江沿岸店铺达 700 多家；永定摺滩街全长仅 220 米，但两旁开设的纸、烟、布匹、百货等商铺多达 80 余间。清朝初期，厦门开港后，永定峰市的转口贸易发展迅速，清末民初，峰市街上从事转

---

① 蔡立雄主编：《闽西商史》，厦门大学出版社 2014 年版，第 103 页。

② 周雪香：《明清闽粤边客家地区的商品流通与城乡市场》，《中国经济史研究》，2007 年第 2 期，第 95 页。

③ 黄马金主编：《长汀纸史》，中国轻工业出版社 1992 年版，第 35 页。

④ 蔡立雄主编：《闽西商史》，厦门大学出版社 2014 年版，第 108 页。

口贸易即“过载行”的“行店”达320多间，7个木船靠岸码头每天共停泊近200艘船，峰市商捐局年收入15457银圆，相当于上杭县的68.7%。[①②] 由此可见峰市街当年的繁荣景象。

第二节 海外物产改变腹地经济结构

汉代陆上和海上丝绸之路开辟后，中国与西域、南海诸国、印度半岛等地的商贸交流逐渐增加。隋唐时期，对外交流更加频繁，大量农作物沿着丝绸之路输入中国。例如，波斯的胡椒、波斯枣，朝鲜的牛马麻、人参，地中海地区的莴苣，印度的刀豆，尼泊尔的菠菜等陆续被引进中国。宋元明清以来，又引进了占城稻、番薯、玉米、花生、马铃薯、柑橘、烟草等多种外来农作物。鸦片战争后，大量洋货进入中国，对国内工农业生产带来不小冲击。民国时期还先后引进了猪、牛、羊等品种，与当地传统品种进行杂交。海外物产的引进，一方面丰富了国内产品的种类，另一方面，也对产业结构产生较大的影响。

一、清以前海外物产的输入及其影响

唐末五代以来，福建从海外输入的物产主要有两类，一是南洋诸国进贡的以香料、珍珠、药材等为代表的奢侈品；二是民间

① 周雪香：《明清闽粤边客家地区的商品流通与城乡市场》，《中国经济史研究》，2007年第2期，第100页。

② 蔡立雄主编：《闽西商史》，厦门大学出版社2014年版，第116页。

商人从南洋、东洋等地进口的货物。进贡的进口商品主要供皇室使用，对普通民众的生活基本无影响。宋元以来，随着国家经济重心南移，福建的海外贸易非常活跃，泉州港成为当时重要的对外贸易港。福建商人将陶瓷等装船运往南洋、阿拉伯等地，返程时将当地所产的香料、药材、琥珀等物产运回福建。宋代经泉州港进口的商品有沉香、檀香、龙涎香、苏合香、丁香、胡椒及珠贝、玳瑁、犀牛角、象牙、玛瑙、珊瑚、镔铁、金银制品等，品种达 300 多种。[①] 宋元时期进口的洋货大部分由富裕阶层享用，部分流入国内市场销售。南宋时，泉州商人在都城杭州贩卖沉香、龙脑、香布、苏木等外来商品[②]，“洋货”的输入促进了进口商品加工业的发展，“京城内外有专以打造金箔及铺翠销金为业者，不下数百家。列之市肆，藏之，盖通贩往来者往往至数千人”[③]。明朝初期，以朝贡贸易为主，民间的对外贸易受到较严格的限制，福建沿海地区的走私贸易较活跃。海外诸国以朝贡方式输入的物产主要有香料、药材、手工业制品、珍奇物等。明代隆庆年间，对外贸易政策逐渐恢复，且实现了太平洋东部贸易航线（漳州月港等地—菲律宾、日本等）与太平洋西部贸易航线（菲律宾—墨西哥）的接驳，成就了横跨太平洋的“大帆船贸易”[④]。“大帆船贸易”航线的开辟促使福建沿海地区的很多商人又继续开展海外贸易活动，输出中国物产的同时输入了大量美洲地区的物种。自

---

① 黄天柱：《泉州港与古代丝瓷之路》，《理论参考》，2016 年第 2 期，第 64 页。

② ［宋］洪迈撰，何卓点校：《夷坚志》第 1 册《夷坚丁志》卷 6，中华书局 1982 年版，第 588 页。

③ ［清］徐松辑：《宋会要辑稿》，第 166 册，《刑法二》，中华书局 1957 年版，第 6565 页。

④ 周榜师：《鸦片战争以前“海上丝绸之路”与福建的贸易》，《理论与当代》，2020 年第 5 期，第 24 页。

宋元至明代中叶，许多外来农作物由福建商人带回，而后在福建内陆地区推广种植，改变了山区的农业生产结构。

1. 占城稻

水稻自古以来是福建地区的主要粮食作物，各县地方志对“稻之属”都有记载。据史料记载，唐代以来，福建泉州商人就有往占城、安南开展贸易的传统。因此，占城稻有可能是由这些商人引入福建沿海地区，再传入内陆地区。从历史古籍对占城稻的记载来看，有“占禾”“旱稻”“占稻”“百日稻”“占城稻”等多种称谓，但较普遍的称呼为占城稻，即以其原产地占城国而命名。① 古时占城国指的是现在越南中南部地区，当地稻米品种优良，性早莳、耐旱、谷粒细且生长周期较短。据《宋史·食货志》记载，宋真宗曾因“江、淮、两浙稍旱即水田不登，遣使就福建取占城稻三万斛”。由此可见，北宋初期，福建地区已开始植占城稻，且种植粗具规模。由于占城稻耐旱且成熟时间短，因此自传入福建沿海地区后，便开始在泉州、漳州、兴化（今莆田）、福州等地推广种植。此后，占城稻逐渐由沿海地区向福建内陆山区推广。闽西、闽北地区山多田少，占城稻耐旱的特性使其易于在山区干涸之地播种。由于水稻的产量普遍高于粟、麦、豆等杂粮，为了扩大播种面积，闽西地区百姓将低矮丘陵地区开垦成农田，种植占城稻。闽西、闽北山区自引入占城稻后，稻谷的播种面积较之前大幅增加。粮食产量的增加在一定程度上促进了闽西、闽北地区人口的增长。宋代闽西地区人口增长迅速，与唐代元和年间相比，北宋元丰年间的户数增加了200多倍。明代又引进了籼稻，该品种有早、晚两熟之分，闽西、闽北地区的气候和土壤都

① 朱星宇：《北宋占城稻问题探析》，《辽宁行政学院学报》，2008年第1期，第83页。

适合种植。闽北地区在明清时期成为福建的粮仓，富余的粮食被加工成米酒，推动了酿酒业的发展。

2. 甘薯

甘薯，又名红薯、地瓜、番薯，原产于南美洲的墨西哥、哥伦比亚等地区。15 世纪哥伦布到达美洲新大陆后，将原产于南美洲的甘薯等物种带回西班牙，此后再传入吕宋岛、马来半岛等地。明朝万历二十二年（1594），福建长乐县侨商陈振龙及其子陈经伦将甘薯从吕宋岛经泉州带回，献给当时福建总督金学曾。晋江县安海镇灵水村是闽南地区最早开始种植甘薯的地方。[①]《闽小记》记载："万历中，闽人得之外国，瘠土砂砾之地，皆可以种。初种于漳郡，渐及泉州，渐及莆，近则长乐福清皆种之。盖度闽海而南，有吕宋国。国度海而西，为西洋，多产金银，行银如中国行钱。西洋诸国金银皆转载于此以通商。故闽人多贾吕宋焉。其国有朱薯，被野连山而是，不待种植，彝人率取食之。其茎叶蔓生，如瓜蒌、黄精、山药、山蓣之属，而润泽可食。或煮，或磨为粉。其根如山药、山蓣，如蹲鸱者。其皮薄而朱，可去皮，亦可熟食之，亦可生食，亦可酿为酒。生食如食葛，熟食色如蜜，其味如熟荸荠，生贮之有蜜气，香闻室中。"[②] 由此可见，明代传入福建时，当时人们误以为甘薯原产自吕宋，但是对甘薯的评价极高。甘薯耐旱，产量高，可充当粮食，晒干可贮存，生熟都可食用，且甘薯叶可以做饲料喂猪，根可以酿酒。因此，在闽南沿海地区广泛种植后便推广至闽西、闽北地区。在大旱之年，闽西、闽北

---

① 黄水看：《略考历代从泉州进出口的农作物》，《福建农业科技》，1980 年第 3 期，第 31 页。

② ［明］周亮工：《闽小记》卷 3，《中国方志丛书》，据清乾隆本影印，成文出版社 1967 年版，第 12 页。

地区粮食作物歉收时，甘薯甚至成为主要的粮食，每亩地可以收获三四千斤，种植二三亩甘薯就可以解决近百人的温饱问题。当年收获的甘薯如果未食用完，可以在冬至时切片晒干贮存，待到第二年青黄不接时再食用。明清以来，闽西地区的甘薯种植非常广泛，例如，龙岩州的甘薯有红、白两种，味甘，可以代替粮食；① 宁洋、漳平县的甘薯种植也很普遍，“今番薯可代谷粮，民赖以不饥”②。因此，对于田地少、稻谷种植有限的山区而言，甘薯的种植解决了百姓基本的生存问题。

3. 花生

关于花生的原产地有两种说法，一说是来自非洲；另一说是来自南美洲西印度群岛。明朝万历年间，福建商人从海外将花生引入泉州，而后在福建地区及广东沿海地区开始推广种植。③ 清初王凤九所著的《汇书》记载：“近时有一种名‘落花生’者，茎叶俱类豆，其花亦似豆而色黄，枝上不结实，其花落地，即结实于土中，奇物也，实亦似豆荚而稍坚硬，炒熟食之，作松子之味，此种皆自闽中来。”④ 花生属于旱地作物，具有较高的营养价值，但由于其无法作为主食，因此由福建沿海向其他地方传播的速度较甘薯慢。花生传入福建沿海后，逐渐向闽西、闽北内陆推广，尤其是闽西地区的龙岩县开始大范围种植花生。龙岩县至民国初

① ［清］彭衍堂修，陈文衡纂：道光《龙岩州志》卷 8《土产志》，清道光十五年修、光绪十六年重刊本。

② ［清］蔡世钹修，林得震等纂：道光《漳平县志》《中国地方志集成·福建府县志辑》，上海书店出版社 2000 年版。

③ 黄水看：《略考历代从泉州进出口的农作物》，《福建农业科技》，1980 年第 3 期，第 31 页。

④ 吴海：《传承与嬗变：明至民国时期赣闽粤边区商路、货流与区域社会变迁》，江西师范大学硕士学位论文，2015 年，第 49 页。

年，“田产以谷蔬为要品，麦次之，番薯、落花生又次之，间种棉蔗，而产额不多”①。由此可见，花生在当时的龙岩是仅次于谷物、蔬菜的重要农作物。从明代以来，龙岩的大池、雁石、苏坂、东肖等乡镇就一直有种植花生。花生加工和外销，成为当地重要的农业特色产业。龙岩花生已经成为闽西地区代表性的特产之一。

4. 烟草

烟草原产于美洲，哥伦布到达美洲后发现当地土著人盛行吸烟，1588 年前后烟草传至西班牙、葡萄牙，而后由葡萄牙传入法国、英国等欧洲国家。1605 年由葡萄牙传入土耳其、印度，再传至日本长崎。烟草传至吕宋、日本后，于明代由福建商人将其带入闽南地区。烟草自引入后，首先在漳州府种植，当地百姓多将烟草种植于稻田中。此后，由闽南沿海逐渐推广至闽西、闽北地区及广东潮汕一带。由于烟草具有较高的经济价值，自传入中国后，很快在全国多地推广种植。清乾隆年间陆耀曾撰《烟谱》，称“士大夫无不嗜烟，乃至妇人孺子亦皆手执一管。酒食可缺也，而烟绝不可缺。宾主酬酢，先以此物为敬”②，由此可见当时盛行吸食烟草之风。

烟草自漳州传入闽西后，很快在各地传播。据《宁洋县志》载，烟草“俗名芬，崇祯初年始种之，今颇大盛”③，由此可见，明末烟草已经在闽西山区开始种植。至清代，闽西各县都广泛种

① 马龢鸣修，杜翰生等纂：民国《龙岩县志》卷 17《实业志・农业》，“中国方志丛书”，据民国九年铅印本影印，成文出版社 1967 年版，第 186 页。

② 吴海：《传承与嬗变：明至民国时期赣闽粤边区商路、货流与区域社会变迁》，江西师范大学硕士学位论文，2015 年，第 54 页。

③ ［清］董钟骥修，陈天枢纂：光绪《宁洋县志》卷 2《舆地志・物产》，“中国方志丛书”，成文出版社 1967 年版。

植。上杭“可种之地甚少，人情射利，弃本逐末，向皆以良田种烟”[①]。永定县“山多田少，种烟之利数倍于禾稻，唯此土产货于他省，财用资焉”[②]。长汀县“民亦皆效尤。迩年以来，八邑之膏腴田土，种烟者十之三四”[③]。宁化县“人竟莳之”。龙岩县的情况也类似，“其（烟草）与农夫争土分物者已十之五矣”[④]。福建种植的烟草因品质佳，享有“福烟独著天下”的美誉，而永定的土壤和气候尤其适宜种植烟草，成为闽西烟叶种植中心。永定所产的条丝烟则是福烟中的上品，外销市场广阔，“全县没有一家人不种烟叶的”，因为“种烟的利息，比较任何农作物利息为厚”[⑤]，当地民众因种植烟草获得了丰厚的利润。清道光年间的《永定县志》记载：“膏田地种菸（烟）利倍于谷，十居其四，国朝充饷后，地效其灵，菸产独佳，永民多借此以致厚实焉。”[⑥] 清朝末年至民国时期，随着外国卷烟大量输入中国，纸烟开始流行，闽西各地的烟丝销售受到较大冲击，烟草种植也随之减少。

明朝万历年间，闽北浦城一带从闽南地区引入烟种，而后延平、邵武和建宁等地也陆续开始种植烟草。浦城种植、加工的烟丝因色泽金黄、味道醇厚，被称为“社烟”或“黄烟”，其中品质

---

① ［清］赵成修，赵宁静纂：乾隆《上杭县志》卷1《物产》乾隆十八年（1753）刻本。

② ［清］方履篯修，巫宜福纂：道光《永定县志》卷10《物产志》，厦门大学出版社2012年版，第204页。

③ ［清］王廷抡：《临汀考言》卷6《谘访利弊八条议》，“景印文渊阁四库全书”，北京出版社2000年版。

④ 蔡立雄主编：《闽西商史》，厦门大学出版社2014年版，第101页。

⑤ 游海华：《清末至民国时期赣闽粤边区农业变迁与转型》，《史学月刊》，2005年第6期，第103页。

⑥ ［清］方履篯修，巫宜福纂：道光《永定县志》卷16《风俗志》，厦门大学出版社2012年版，第279页。

最佳者则称为“金丝”。乾隆年间，浦城所产的“金丝”烟被列为贡品；嘉庆年间，浦城的烟草种植面积进一步扩大。由于烟草种植获利颇丰，种植 1 亩烟草获得的收入可以抵种田 10 亩，再加上清道光、咸丰年间茶叶竞争激烈，闽北地区许多茶农纷纷放弃茶叶，改种植烟草。①

除了上述几种农作物以外，经福建沿海地区引入的农作物还有棉花、南瓜、茄子、凤梨、番木瓜、柠檬、甘蓝、槟榔芋、杧果、番石榴、番茄等。宋代，福建商人从南洋带回了番鸭和火鸡。这些外来物产的传入，对福建内陆山区的农业生产和人民生活都产生了重要的影响。高产耐旱的粮食作物有助于解决山区人口增长带来的缺粮问题；花生、烟草等经济作物的传入使民众获得了较好的经济效益，促进了商品经济的发展；蔬菜、水果的传入丰富了食物种类。

二、清至民国时期海外物产输入及其影响

1. 棉布与棉纱

1843 年 11 月 2 日，厦门正式开埠，此后大量来自英美的洋货涌入厦门。1846—1847 年间，从厦门港进口的洋货以英美的纺织品和英属殖民地印度的棉纱为主。据英国驻厦门领事馆雷顿（T. H Layton）报告，1846 年厦门进口洋货主要有棉纱 1772 包，呢绒 272 匹，白洋布 25537 匹，本色布 21870 匹，斜纹布 5280 匹，印花布和染色布等 2529 匹；1847 年，上述各项洋货分别增加到棉纱 2073 包，呢绒 4809 匹，白洋布 32618 匹，本色布 35509

---

① 吴邦才主编：《闽商发展史·南平卷》，厦门大学出版社 2016 年版，第 81 页。

匹，斜纹布10848匹，印花布和染色布等3987匹。[①] 厦门开埠初期，来自英国的进口棉布、棉纱数量虽然呈上升趋势，但是在厦门的销量并不好，曾出现较严重的滞销现象。1844年7月3日福州正式开埠。同年9月，一艘装载洋布等货物的美国商船驶入福州港，但停泊了一个多月，都无人前往购买，最后只好降价出售。至1850年，其间偶有英国商人将货船开至福州港，但购买洋布的人非常少，以至于英国政府曾多次要求清政府开放其他口岸与福州港调换，但未能遂愿。[②] 因此，厦门、福州开埠的初期，洋货在国内市场的销售情况并不佳，直到19世纪60年代初期，福州、厦门港的茶叶出口贸易增多以后，各类洋货的进口贸易才明显增长。棉布和棉纱的进口在闽江流域进口洋货中占据重要地位。《闽海关年度贸易报告（1865年）》里记载了福州口岸1861—1865年进口的棉布价值，具体如表4-1所示。

表4-1　1861—1865年福州口岸进口的棉布价值　　单位：元

年份	原色棉布	白色棉布	原色标布	美国斜纹布	条纹绒布	剪绒布	骆驼绒	合计
1861	58720	13127	127335	78030	22978	12771	24462	337423
1862	120233	23401	277009	23944	80484	26020	44787	595878
1863	299222	48941	114919	121	111581	66500	60849	702133
1864	207430	76745	217459	112	97900	51058	56034	706738
1865	178448	38358	60081	960	66452	18456	62611	425366

资料来源：《闽海关年度贸易报告（1865年）》，池贤仁主编：《近代福州及闽东地区社会经济概况》，华艺出版社1992年版，第2—3页。

由表4-1可知，1861—1865年福州口岸的棉布进口量增长较

① 戴一峰：《五口通商时期的福建对外贸易》，《福建论坛》（文史哲版），1988年第1期，第54页。

② 戴一峰：《五口通商时期的福建对外贸易》，《福建论坛》（文史哲版），1988年第1期，第55页。

快。此后，棉纱的进口增长速度超过棉布，成为增长最快的进口商品，主要原因是进口的棉纱便宜，采用洋纱织布比自己用棉花纺纱织布更合算。[①] 为了减少福建省对进口棉布的依赖，制造劳动阶层适用的棉布，1888 年，福州成立了织布局，使用操作简单的木制织布机，生产出两种不同品质的布匹，“一种质量好，门宽 15 寸，长 22.6 尺，一块布卖 40 分钱；另一种较粗糙，长只有 20.6 尺，一块布卖 35 分钱，这两种布匹的颜色和质地与进口的本色布极其相似”[②]。因此，用进口棉纱和木制织布机织的棉布在福建省内占据了一定的市场，外国棉布的进口量呈不断下降趋势。据《闽海关十年报告（1892—1901）》记载，从 1892 年开始，从福州口岸进口的印度和日本的洋纱数量增长迅速，但是对市布的需求量大为减少。随着洋布、洋纱的输入，闽西、闽北内陆地区的苎麻和棉花的种植逐渐减少。民国时期，闽西地区“种棉绝少，苎间种之，然不多也”[③]。此外，由于进口的蓝靛一斤能顶本土蓝靛 10 斤，使用效率高得多。清末民国时期，随着洋靛的大量输入，闽西、闽北地区生产的土蓝靛出现滞销，使得蓝靛种植趋于萎缩。因此，进口棉布、棉纱的大量输入对福建内陆地区的棉麻、蓝靛种植带来了较大的冲击，同时也改变了福建省内棉纺织品的生产和制造方式。

2. 煤油

五口通商后，从福州、厦门口岸进口的煤油主要来自俄国、美国、苏门答腊等地。在煤油输入福建以前，当地的民众多用桐

---

① 林仁川：《福建对外贸易与海关史》，鹭江出版社 1991 年版，第 206 页。

② 《闽海关十年报告（1892—1901）》，池贤仁主编：《近代福州及闽东地区社会经济概况》，华艺出版社 1992 年版，第 375 页。

③ 游海华：《清末至民国时期赣闽粤边区农业变迁与转型》，《史学月刊》，2005 年第 6 期，第 104 页。

油、松油及菜油来照明。由于煤油便宜且燃烧亮度较高，因此，自煤油输入后，沿海及内陆腹地的百姓多使用煤油，传统的桐油等逐渐退出了市场。福州、厦门开埠初期，以闽北建瓯县为例，“桐油以桐子制油，出自石砾山者，多结实而且多油。二十年前，输出以数万担计，今不及十之一二。盖自煤油传入，种桐者少”①。永泰县“油有桐、茶、芝麻三种，近洋油盛行，榨油之桐只十存一二矣”②。19 世纪 80 年代中期曾因使用煤油引发多起火灾，清廷以布告形式禁止民众用煤油，但因煤油性价比高，且后来经过进一步加工和提炼，安全性提高了，民众又再次选择用煤油点灯。煤油的广泛使用使得其输入量不断增加，1892 年进口美国煤油 43730 加仑，到 1893 年增加到 514300 加仑，同期俄国煤油进口量从 213050 加仑增加到 1147500 加仑。③ 民国时期，随着工厂使用机器设备，煤油从点灯的用途逐渐扩大到工厂机器能源使用中。闽西、闽北内陆的碾米厂、木材加工厂中逐渐用煤油作为机器的动力源。例如，民国十四年（1925）创办的建瓯大丰碾米厂的碾米机器就是以煤油作为主要动力源。④ 此外，随着煤油灯的普及，闽江流域还出现了玻璃工厂，专门生产煤油灯罩。⑤ 因此，煤油的输入和普及在一定程度上对福建内陆腹地产业发展起到了推动

---

① 詹宣猷修，蔡振坚等纂：民国《建瓯县志》卷 25《实业志》，民国十八年铅印本，第 8 页。

② 董秉清等修，王绍沂纂：民国《永泰县志》卷 7《实业志》，民国十一年铅印本，第 7 页。

③ 水海刚：《口岸贸易与腹地社会：区域视野下的近代闽江流域发展研究》，厦门大学出版社 2019 年版，第 118 页。

④ 詹宣猷修，蔡振坚等纂：民国《建瓯县志》卷 25《实业志》，民国十八年铅印本，第 13 页。

⑤ 《闽海关十年报告（1902—1911）》，池贤仁主编：《近代福州及闽东地区社会经济概况》，华艺出版社 1992 年版，第 413 页。

作用。

3. 糖

福建沿海和闽北地区虽然是产糖区，但从清末开始，福州、厦门口岸输入的糖逐渐增多，其中爪哇的白糖和香港的精糖输入最多。进口的洋糖品质佳且便宜，导致用土法制作的蔗糖无法与进口洋糖竞争。例如，闽北政和县是重要的产糖区，但由于制糖者没有掌握新式化学方法，只能用土法生产红糖，而品质洁白、味甜的白糖多来自进口。民国时期，由于制糖技术陈旧，沿海和闽北地区的土糖无法与洋糖竞争，使得大批制糖户停产歇业，甘蔗种植面积减少。闽西地区甘蔗种植少，所需的糖自古以来从沿海漳州、潮州、汕头地区输入。随着进口洋糖的增加，闽西地区输入的糖也主要来自进口。因此，洋糖的大量进口加速了福建产糖区制糖业的衰落。

4. 火柴

自五口通商后，火柴在福州、厦门口岸的输入量增长迅速，主要原因是本土无法制造，而火柴又是生活必需品。最开始的火柴主要来自欧洲地区，至光绪年间，来自日本的火柴进口量逐渐增多。根据《闽海关十年报告》记载，1892—1901年间，从日本进口的火柴约占火柴总进口量的75%，而欧洲火柴仅占15%左右。民国时期，长乐人林弥锯在福州开设康记小型火柴作坊后，因火柴更便宜且质量好，民众对进口火柴的需求逐渐减少。1933年前后，日本侨商在福州开设的火柴厂停业，林弥锯收购了日本火柴厂的设备和厂房，扩大了火柴生产规模，更名为建华火柴厂。1938年，该火柴厂迁入南平，并陆续在沙县、龙岩、光泽、江西赣州等地设立分厂。清末至民国期间，福建地区的火柴经历了从大量进口到自主生产的转变。从这个转变来看，火柴的输入也促进了福建地区民族工业的发展。

5. 鸦片

五口通商前，外商输往福建的鸦片主要从泉州进口。福州、厦门开埠后，满载鸦片的船只则直接运抵福州、厦门。在输入的各类洋货中，鸦片的价值最大。开埠初期，清廷虽然名义上禁止鸦片买卖，但由于多数官员自己吸食鸦片，且能从鸦片贸易中获利，因此鸦片的进口量一直较大。据外商记载，1863 年末，从外国输入福州口岸的商品总值超过 1050 万元，其中鸦片的价值是 500 万元。① 1885 年《烟台条约续增专条》签订后，鸦片输入合法化。鸦片在进口时，每箱缴纳正税 30 两、厘金 80 两后，由华商凭单运往内地销售，中途不必再缴纳任何捐税，自此以后，鸦片大量涌入闽江流域。② 鸦片合法输入后，处于闽江上游的闽北、闽西等内陆地区吸食鸦片的民众逐渐增多。吸食鸦片不仅对民众的身心健康带来巨大伤害，而且消耗了民众大量钱财。此后，反对鸦片输入、禁止吸食鸦片的活动不断涌现，在福州还成立了专门的禁烟协会。各类禁烟运动取得了一定的成效，自 1910 年开始，鸦片进口的数量逐渐减少。

清末至民国时期，除了上述进口商品外，福建地区还输入了外国小麦、面粉、服装等。这些进口的洋货对福建沿海及内陆地区百姓的生产、生活都带来了较大的影响。

① 林星：《近代福建城市发展研究（1843—1949 年）——以福州、厦门为中心》，厦门大学博士学位论文，2004 年，第 40 页。

② 水海刚：《口岸贸易与腹地社会：区域视野下的近代闽江流域发展研究》，厦门大学出版社 2019 年版，第 127 页。

第三节　山海贸易推动腹地社会近代化、现代化发展

随着厦门、福州口岸的开埠，伴随洋货输入福建的是资本主义的生产方式、思想文化、教育模式等，对福建沿海及内陆腹地的社会变迁产生了重大的影响。

一、新式工业的发展

清同治至光绪初年，闽北优质茶叶、木材的出口，吸引了不少西方资本前来投资建厂，使用现代化机器进行茶叶和木材加工，推动了闽北新式工业的发展。最早引进机器制茶的是俄国商人，1872年，俄商在福州创办了第一家砖茶厂，将闽北输出的茶叶在福州加工成砖茶，便于长距离运输和保存。同治十二年（1873）至光绪二年（1876），俄国商人在南平和建瓯的南雅、太平、三门建有机制砖茶厂7个，“仅光绪十一年（1885）就产砖茶达3595.6吨”[①]。1875年，为了与俄国商人竞争，福建一些民族资本家也仿效俄国商人，分别在延平府的西芹和建瓯城内各创办了一家机制砖茶厂，但是由于俄商资本实力雄厚，主导了砖茶出口市场，“西芹的砖茶厂因不能与俄国商人竞争，翌年停闭；不久，设在建宁府城的砖茶厂也因故迁至三门”[②]。民族资本首次在闽北

① 吴邦才主编：《闽商发展史·南平卷》，厦门大学出版社2016年版，第140页。

② 孙毓堂：《中国近代工业史资料》第1辑（1840—1895）上册，科学出版社1957年版，第59页。

"试水"近代新式工业，虽然遭遇挫折，但尝试革新的精神值得肯定，也为后来者积累了宝贵的经验。光绪十七年（1891），建瓯的一些茶商从国外购进了现代化的制茶机器，拟在建瓯创办机器焙茶厂，为当地加工茶叶。[①] 由于当地茶农一般买不起昂贵的机器，但又渴望将茶焙得更佳，当使用机器焙茶比手工便宜时，茶农们都倾向于用机器。由此可见，口岸开埠后，随着西方资本的引入，闽北传统制茶方式逐渐被新式制茶方式替代。但是自民国初期开始，由于福建茶叶输出减少，闽北机器制茶发展缓慢。

闽北木材资源丰富，畅销日本、东南亚地区。清光绪二十五年（1899），英国商人在建瓯设立了祥泰木行，在闽北沿溪一带设行采伐松木，并在福州开设机器锯木厂。[②] 此后，由于木材加工利润丰厚，英商天祥洋行、德商禅臣洋行、日商建兴洋行等多家外商陆续在福州开设机器锯木厂，将闽北木材运抵福州港后就地锯板，制造洋油箱和茶箱。民国时期，外商在闽北当地开设了松木、杉木加工厂，将砍伐的木材就地加工后再输出。

近代闽北土纸的外销量较大，随着新式工业的兴起，闽江流域逐渐出现用机械制纸的造纸厂。民国时期，闽东北地区出现了制造全过程均采用新式机械的造纸工场，例如永安的唤泰造纸厂、沙县的茂泰造纸厂、水口的福泰造纸厂等。[③]

口岸开放、山海贸易的发展促使一些外国传教士进入福建内陆地区。民国五年（1916），顺昌洋口镇基督教牧师托人买来 25 千瓦煤油发电机 1 台，专供教堂、中美学校和公普医院的照明，

① 孙毓堂：《中国近代工业史资料》第 1 辑（1840—1895）下册，科学出版社 1957 年版，第 1016 页。

② 吴邦才主编：《闽商发展史·南平卷》，厦门大学出版社 2016 年版，第 140 页。

③ ［日］东亚问题研究会编：《南中国产业要览》，三省堂 1939 年版，第 140 页。

开闽北火力发电照明先河。[①] 受外来传教士煤油发电的影响和启发，闽北一些民族资本家也尝试建立火电厂。民国九年（1920），以郑伯初为代表的资本家开始筹资在建瓯创办火电厂，于民国十一年（1922）正式对外供电。建瓯火电厂创办成功后不久，闽北富商又在南平、建阳、顺昌、崇安、光泽、邵武等地陆续建立火电厂。民国十六年（1927），南平人纪廷洪筹资从海外购进了水力发电设备，租赁南平夏道镇的刘家水碓，建立了闽北第一家水力发电站。上述这些火电厂和水电站的建设有力推动了闽北电气工业的发展。此外，闽北地区还出现了制糖厂、火柴厂、碾米厂、造船厂等机器工业。近代新式工业的兴起主要集中于大宗土特产产业，虽然性质上多为初级加工业，但在推动工业现代化进程中依然发挥了重要的基础作用。

民国时期，闽西地区的新式工业发展较落后，采用现代化机械设备的工厂主要有碾米厂、电灯厂、水力发电厂、化工厂、卷烟厂等。例如，1916 年在漳平创办的碾米厂、1924 年在龙岩创办的光华电灯公司、1925 年在上杭创办的福曜电灯公司、1943 年在龙岩创办的巨轮水力发电厂、1947 年在龙岩创办的三友卷烟厂等。闽西地区近代机器工业企业以中小型居多，缺少大型工业企业，主要原因在于商人积累的商业资本有限，无法购进昂贵的大型机械设备和扩大生产规模。

二、新式教育的兴起

鸦片战争失败后，中国逐渐沦为半殖民地半封建社会，兴办

① 吴邦才主编：《闽商发展史·南平卷》，厦门大学出版社 2016 年版，第 142 页。

新式教育成为国家振兴的重要途径之一。洋务运动以来，清廷开办了许多新式工业技术学堂，用于培养机器工业人才。这些新式工业技术学堂成为近代职业教育的开端。清末新政时期在福州开设了多所实业学堂。民国时期，这些实业学堂进一步发展成为职业学校并向闽北内陆地区延伸。随着厦门、福州口岸开埠通商，西方传教士陆续进入福建沿海地区，广泛开设教会学校，借以传播基督教，且以福州、厦门为基地迅速向闽北、闽西内陆地区渗透。

1. 政府开设的职业学校

同治五年（1866），清廷在福州马尾创办了福建船政学堂。该学堂亦称为“求是堂艺局”，是第一次鸦片战争后清廷洋务派创设的中国近代第一所科技专门学校，成为近代职业教育的先端。[①] 光绪二十六年（1900）至三十四年（1908）间，清廷在福州陆续开设了蚕务学堂、护士学校、英华书院、女子职业学堂、中等商业学堂、中等工业学堂等众多职业学堂。民国时期，在保留清末实业学堂的基础上，成立了一些新的职业学校，教育部对实业学校的教学指导是“以教授农工商业必需之知识技能为目的”。福州新增了一批护士学校、商业学校、女子职业学校。此外，闽北地区在民国时期也陆续出现了一批职业学校。例如，1914 年在南平县创办了第一和第二工艺传习所，聘请专业技师传授藤竹家具、木家具制造、油漆喷涂工艺及仿制胰皂技艺，工艺传习所毕业生们制造的产品中不少还有外销。1916 年，为了将技艺进一步推广，第一工艺传习所迁移至建瓯，便于当地学生就地学习，1919 年该传习所更名为建瓯县立工艺传习所。又因洋布大量输入，当

① 水海刚：《口岸贸易与腹地社会：区域视野下的近代闽江流域发展研究》，厦门大学出版社 2019 年版，第 227 页。

地传统纺织业受其影响，濒于荒废，1914 年在南平天官岭设立纺织局，筹资办学，以期重振国内棉布丝绸纺织业。因闽北地区掌握植树造林知识的人才稀少，1918 年在建安邑城创办了建安道立甲种森林学校，聘请留洋的林业大学毕业生担任主任教员，培养林业种植专业人才。此外，1916 年在沙县创办了县立第一高小附蚕业实习学校，1921 年创办了建瓯县公立蚕业实习所，传授养蚕技艺。1920 年还创办了崇安县立乙种农业学校、建瓯公立乙种商业学校，以期培养更多掌握专业技术的实业人才。闽西连城的手工造纸技艺精湛，宣纸、玉版纸等畅销海内外，造纸业成为连城的支柱产业之一。1942 年，福建省教育厅在连城姑田创办了省立连城高级工业职业学校，利用产纸基地，培养造纸专业技术人才。[①]民国时期新式职业学校的学科设置大多与当地的产业发展相结合，按照“视地方需要”的标准来设置课程，具有较强的实用性。

2. 教会学校

清道光二十二年（1842），美国传教士将基督教传入福建。19 世纪中期到 20 世纪初，基督教势力在福建沿海及内陆地区迅速发展。为了更好地宣教布道，各大基督教会纷纷在福建兴办教会学校。以闽西客家地区为例，当地基督教传教士们一开始采取游行布道的方式来宣传教义，但是收效甚微，主要原因是固定的听众甚少，且由于闽西地区经济发展落后，入学率低，导致民众识字率低，无法阅读《圣经》。因此，为了增加信徒、培养华人传教员、扩大基督教传播范围，各大基督教差会[②]纷纷开设教会学校，对贫穷子弟免除学费。在闽西客家地区创办教会学校的差会主要有伦敦会、长老会、浸信会。表 4-2 至表 4-4 分别为这 3 个主

① 邓金坤：《连城宣纸》，经济科学出版社 2008 年版，第 8 页。

② 差会：西方来华传播基督教的组织简称，亦称为西差会、宣教会、宣道会等。

要差会创办的学校。

表 4-2 基督教伦敦会在闽西创办的教会学校情况

学校名称	成立时间	备　　注
笃村小学	1892 年	河田堂会内附设笃村小学，1901 年迁至长汀建设校舍
华英女校	1909 年	华英女校后来与崇正小学合并称为乐育小学
亚盛顿医学校	1909 年	
中西学校	1909 年	
崇正小学	1913 年	创办于河田堂会，校舍在教堂右侧
龙头坊初小	1917 年	由龙头坊堂会创办
树风小学	1917 年	巫存宗在清流城关创办
捷三小学	1919 年	连城四堡堂会创办，1927 年改为德三小学，1930 年停办
培德小学	1920 年	在长汀古城创办，1929 年停办
明德小学	1923 年	在龙岩虎岭创办，专收男生，后与鼎新女子学校合并
保和学校	1925 年	由龙头坊堂会创办
神道学院	1934 年	创办人为赖察理医生
童坊中心小学	1939 年	由伦敦会童坊堂会改建
培德女中	1947 年	在龙岩城关中街创办，专设初中班，培养女子为教会服务

资料来源：卢平：《基督教与闽西客家社会》，福建师范大学硕士学位论文，2002 年，第 28—29 页。

表 4-3 基督教长老会在闽西创办的教会学校情况

学校名称	成立时间	备　　注
育德小学	1899 年	在永定城关教堂内创办，1941 年停办，转为妇女短期识字班
福音小学	1906 年	在上杭教堂附设福音初级小学，设初小四年制，1929 年停办
培华中学	1921 年	在上杭甘泉巷陈家祠创办，后迁至西门孔巷口，设初中 3 个班
明德女校	1921 年	在上杭城关周家祠创办，1928 年停办
盲童学校	1921 年	在上杭西门黄家祠创办，传授盲文及编织工艺等课程

资料来源：卢平：《基督教与闽西客家社会》，福建师范大学硕士学位论文，2002 年，第 30 页。

表 4-4 基督教浸信会在闽西创办的教会学校情况

学校名称	成立时间	备　注
美华小学	1912 年	在上杭县城亭四街、亭五街创办，1929 年停办
美华女校	1916 年	在上杭县城东门潭头的"美华园"内创办，1929 年停办
美华中学	1919 年	在上杭县城亭四街、亭五街创办，1929 年被毁
振东女校	1920 年	在永定合溪创办，1929 年停办
振东中学	1920 年	在永定合溪创办，1929 年停办
崇文小学	1922 年	在永定虎岗分堂会内创办，1929 年停办
圣经学校	1917 年	在上杭"美华园"内创办。1919 年在"美华园"内创办了蚕业学校、工艺学习所，1929 年被毁

资料来源：卢平：《基督教与闽西客家社会》，福建师范大学硕士学位论文，2002 年，第 31 页。

从表 4-2 至表 4-4 可以看出，基督教各差会在闽西地区创办的教会学校主要分为三类，一是小学，二是中学（含职业学校），三是神学院校及特殊学校，其中以小学和中学为主。虽然基督教会创办学校的初衷是加快基督教思想在福建的传播，但是客观上看，这些教会学校对闽西地区民众文化水平的提高及新式教育内容的推广还是起到了积极的作用。教会学校除了教授基本的中西文化课，有些还教授英语、数学、医学、格致等新兴学科，为闽西地区培养了一批知识青年。例如，新中国医疗卫生事业的奠基人之一的傅连暲医生，青年时期毕业于亚盛顿医学校，后被聘为汀州福音医院医生。教会学校开设的课程及推广的一些教育模式对闽西地区现代化教育的兴起起到了积极的作用。

三、新式医院的兴建

除了兴建学校，基督教教会组织自 19 世纪 80 年代开始逐渐意识到开展医疗活动对发展传教事业有重要的辅助作用，于是向福建增派传教医生，兴办教会医院。基督教各差会在福建兴办的教会医院呈现从沿海向内地，从中心城市向小城镇拓展的特征。五口通商后，传教士们主要集中在福州、厦门、泉州等沿海地区兴建教会医院，19 世纪末至 20 世纪初期，逐渐扩展至内陆的闽北、闽西地区。1866 年，美国美以美教会的传教士薛承恩（Dr. Nathan Sites）来到南平，将基督教传入南平。基督教中华圣公会是最早在闽北开展医疗服务和宣教布道的差会组织。1888 年，中华圣公会的叶先声（Dr. J. Rigg）在建宁率先创办了叶先声医院。1890 年英籍传教士鹿峥嵘到建阳传教，在建阳城内北关外购得地基，创办了基督教“天福堂”，兼设医馆。1921 年，美部会在邵武北门功德街创办圣教医院。[①] 1904 年，美国美以美教会在南平紫云岗普通寺对面修建了 Alden Speare 医院。该医院由美国人苏雅各担任院长，由美国医生、教会医生和护士提供西医诊疗服务，配备的主要医疗设备有 X 光机、显微镜、理疗及化验设备，均由美国纽约教会捐赠。1935 年，该所教会医院创办了医专班和护士班，为当地培养了一批医护人员。1941 年，该医院因教会改组，更名为中华基督教南平卫理医院。1949 年由人民政府接管。1951 年 9 月，医院更名为南平专区医院。

1902 年，基督教长老会派胡德牧帅（James Wasson）、赖察理医生（Charlee Blair）到长汀传教。[②] 基督教初入长汀时，有些传教士借其势力和特权欺压良民，使得民众对基督教产生明显排斥。后来，随着传教士们改变布道之法，开展免费看诊和施药活动，民众对其态度渐有转变。1904 年，基督教伦敦会在长汀开始

①② 周典恩：《福建基督教新教教会医院沿革之初探》，《海交史研究》，2005 年第 1 期，第 97 页。

兴建教会医院；1908 年建成亚盛顿医馆，在为民众看诊的同时，还招收学员，传授医学知识。1926 年，亚盛顿医馆更名为福音医院；1931 年该医院成为中央苏区的红军医院。该医院的医疗设备和药品大多从英国进口，按照西方现代化医院的模式，拥有独立手术室、化验室、男女病房、消毒锅炉，建立了医生、护士及医学馆学生的住房、礼拜堂、传道士住房、膳厅、厨房；开设内科、外科、妇科门诊、急救室。另外，1917 年，英国医生丰约翰(Dr. Mcphun)、丁增庇在上杭县开设了一所福音医院。[①]

福建内陆各地教会医院的兴建，虽然初衷是为了让民众更乐意接受基督教的思想，扩充信徒规模，但客观上还是为闽西、闽北现代化医学的兴起奠定了必要的基础。新中国成立前，福建内陆地区的医疗卫生资源极其有限，设备简陋，人民生活环境恶劣，教会医院的建立不仅对当地民众的身心健康起到了一定的保障作用，而且将西方先进的医学知识、公共卫生知识及现代化的医院管理方法传入福建内陆，有效地推动了闽西、闽北近代化卫生事业的发展。

第四节　山海交流塑造腹地文化的海洋品格

一、福建海洋文化的产生及特点

福建地处东南沿海，山多平地少，海域广阔且拥有丰富的水

① 中国人民政治协商会议福建省上杭县委员会文史资料编辑组：《上杭文史资料》第 5 辑，1986 年，第 73 页。

产资源，海岸线漫长曲折，因此形成了诸多天然良港。闽越先民们充分利用海洋资源发展生产，满足物质生存需要，进而在实际生产生活中都与海洋保持着非常密切的联系，逐渐产生了富有特色的海洋文化。新石器时代前期的壳丘头文化遗址出土了大量堆积的贝壳及软体动物甲壳，表明闽越先民在当时已经能够在浅海或滩涂地带采集与捕捞贝类来获取食物。这些实践活动已具有了海洋性特征，是福建海洋文化的萌芽。秦汉三国时期是福建海洋文化的孕育期。这一时期，闽越先民已经掌握了建造和驾驭舟船的本领，并开始了一定规模的海船建造及海洋航行，为后续海洋文化的全面发展奠定了必要的基础。闽北成为三国时期吴国的重要造船基地，为吴国输送了一大批具有丰富航海经验的船员。唐王朝重视海外贸易，福州港对外交通及贸易发展迅速。五代王审知治闽时期，格外重视海外贸易，在福州北部开辟甘棠港，开通了福州至日本、印度、大食及三佛齐等国的航线。宋元时期，福建不仅成为当时海船的建造中心，而且能够使用指南针和“牵星术”来掌握航线，由此可以开展远洋航行。福建泉州、福州、漳州各港发展迅速，其中泉州港因海外贸易规模宏大，成为当时的世界贸易大港。泉州吸引了来自世界各地的商贾，荟萃了多样化的文化，而多种海洋文化相互交融又促进了福建海洋文化的发展。参与海外贸易的福建商人在宋元时期迅速崛起，海商们成批出海，活动范围遍及亚洲诸国，商品交易种类繁多且交易频繁。明清时期严格的海禁政策极大地约束了沿海地区与海外的交流。漳州海商在明代勇于突破海禁封锁，进行海上走私贸易，促进了漳州月港的繁荣。明清两代的福建海洋文化也因海禁政策受到了较大的制约。

与内陆文化相比，海洋文化崇尚力量，富有更大的冒险性、开拓性、创造性、开放性和外向性。福建海洋文化不仅源远流长，而且内容丰富，具有4个主要特点：物质层面上的创造性、行为层面上的冒险性、制度层面上的效用性和观念层面上的崇拜性。[①②] 创造性主要体现在福建船舶制造工艺上的创新和进步，为适应远洋航行和提升货物装载空间，不断改进船型、船舱，使用榫接、填缝等技术提高船身的牢固度。相对于陆地，海洋具有更多的未知和不确定性，福建山多田少的境况促使闽商们只能向海谋生，而面对茫茫大海，必须有足够的勇气去冒险开拓，才能在与大海相搏中获得生存机会，由此孕育出敢闯、敢拼的海洋品格。制度层面上的效用性主要是指福建海商们共同遵守经商规则，在从事海外贸易的过程中重视实利和实效，只有这样才能不断扩大海外活动范围，并将贸易做长久。观念上的崇拜性主要是指对妈祖的信仰。

二、福建内陆腹地文化的海洋品格

闽西、闽北地区虽然地处福建内陆腹地，但与沿海地区联系紧密，使得闽西、闽北地区处于内陆文化与海洋文化的融合地带。靠山面海的特殊地理环境孕育了内陆腹地文化的海洋品格，闽西、闽北商人也成为山海交流过程中陆地与海洋文化融合的践行者。

1. 商品意识

商品意识主要指商品交换意识，包括商品与商品的交换和商

① 叶志坚：《试论福建海洋文化的产生、轨迹与特征》，《福建省首届海洋文化学术研讨会论文集》，2007年10月12日，第23—24页。

② 福建省炎黄文化研究会、中国人民政治协商会议福州市委员会编：《福建海洋文化研究》，海峡文艺出版社2009年版，第39页。

品与货币的交换意识。福建沿海地区田少，粮食产量少，渔民主要依靠出海打鱼和晒制海盐作为物质生活基础，然后用鱼、盐与内陆或其他地区的居民换取粮食、布匹等生活必需品。因此，沿海渔民很早就产生了商品交换的意识。商品交换意识的产生和发展推动了闽北手工业、商业的发展及货币的使用。闽北是闽江之源，古闽族人在上古时期就掌握了舟船制造技术，因此，在三国时期成为吴国的造船基地。唐代在建州设置永丰监，建瓯开始铸造钱币，钱币的使用和流通加速了商品交换。唐末五代以来，闽北的陶瓷业、制茶业、丝织业、造纸业、矿冶业等手工业发展迅速。宋元时期出口了大量的陶瓷、建锦、茶叶、土纸等物产。明清时期，闽北的商品经济进一步发展，以武夷茶为代表的茶叶贸易十分活跃，商品经济的发展推动了当铺、银楼、钱庄等民间金融服务业的兴起。闽西地区是汀江、九龙江的发源地，地处闽、粤、赣三省交通要冲，依托汀江、九龙江水系连接沿海，沟通海外。闽西商人同样在山海交流过程中深受相互交融的腹地与海洋文化的影响。宋代，汀州与潮州、赣州之间已有商贸往来。潮州盛产的食盐经汀江运销至汀州，除供应汀州外，剩余的经汀州转销至赣州，而赣州盛产的稻米也经汀州运销至潮州沿海地区。汀州成为盐粮贸易的重要中转点。明清时期，闽西地区盛产的木材、土纸、烟草等大量出口至海外，贸易的繁荣有力地促进了闽西地区经济的发展。

2. 冒险拼搏意识

冒险拼搏意识主要是指面对恶劣的自然环境能够不退缩，敢于去冒险，通过努力拼搏改变自己的命运。客家先民从中原迁入赣州，再入闽西、粤东，最后至东南沿海、台湾，乃至东南亚地区。这样一条自北向南迁徙的路线也是陆地文化向海洋文化延伸的演变路线。由腹地通向东南沿海的通道是客家人走出来的，凭着不惧困难、勇于开创和拼搏精神，客家人打通了山海交流的重要通道，其中一条是从赣南石城进入宁化、长汀，然后沿汀江顺流而下，进入韩江，可达粤东、粤北一带，最后抵达沿海潮州、漳州等地。另一条是自赣南翻越南岭，经武平、上杭，再过焦岭，可达潮州、汕头地区。该条古道是中原汉人向南迁徙，到达沿海地区的重要路线。明清以来，客家人源源不断地从腹地奔向东南沿海及南洋地区，走出了一条艰辛的迁徙路、商贸路、交往路，打通了腹地与沿海的交流通道。① 客家人在向沿海迁徙的过程中主动吸纳海洋文化，将中原文化、陆地文化与海洋文化不断融合，使得客家人身上拥有明显的山海文化特质。19 世纪上半叶以来，东南亚马来半岛中北部的锡矿开始大规模发掘，吸引了一批批客家人迁徙至此。"下南洋"成为我国历史上持续时间最长的人口迁徙之一，在闽、粤客家地区俗称为"过番"②。客家山歌中流传的许多"过番谣"都与当年客家人"下南洋"闯荡谋生有关。迁徙东南亚地区的客家人敢闯敢拼，不仅为东南亚地区采矿业做出了重要的贡献，也成为东南亚地区经济社会发展的主力军，对侨居国和祖籍国都做出了巨大的贡献。此外，闽西、闽北境内山多路险，溪流湍急，古时有"闽道更比蜀道难"之说，因此闽西、闽北人必须有"逢山开路、遇水搭桥"的勇气和拼搏精神，不怕翻山越岭、徒步跋涉的商旅之苦，才能创造商业贸易的繁荣。闽西、闽北商人们敢于冒险，勇于拼搏，把山珍资源贩运出海，同时又

---

① 俞如先：《客家人从"心向中原"到"面向海洋"的历史转变与原因探析》，《闽商文化研究》，2018 年第 2 期，第 57 页。

② 冷剑波：《作为一种"生活方式"的"过番"——近代粤东客家人播迁马来亚考》，《地方文化研究》，2019 年第 4 期，第 84 页。

把海外的先进技术和文化引进来，在山海交流的历史进程中自然而然地塑造了腹地文化的海洋品格。

3. 开放包容意识

开放包容意识主要指闽西、闽北内陆腹地人们对海洋文化基本秉持开放、包容的态度。明代中叶以后，随着太平洋东岸美洲航线的开辟，福建沿海对外贸易的活动范围从东南亚地区逐渐扩展至美洲。泉州、漳州等沿海地区，陆续引入了美洲的玉米、马铃薯（洋芋）、番薯、烟草、番茄等农作物品种，此后，这些外来的农作物又逐渐在闽西、闽北内陆腹地推广开来，有些还成为当地重要的出口产业。五口通商以后，基督教传教士宣教布道的活动范围从福建沿海地区逐渐向闽西、闽北内陆地区扩展。对于外来的宗教文化，闽西、闽北腹地民众并没有完全排斥，而是采取相对开放、包容的态度。当传教士们在闽西、闽北地区兴办医院、兴建学校，一边服务当地民众，一边进行宣教布道时，当地不少民众成了基督教教徒。闽西、闽北腹地文化与外来基督教文化在交融和碰撞中，实现了相互尊重、包容与和谐。此外，内陆腹地的一些饮食文化也具有海洋文化的色彩，例如客家菜品中搭配了众多海鲜配料。永定龙潭扣肉的配料中就添加了墨鱼、大虾米等。宋代以来，闽西、闽北商人们以开放的胸襟面向沿海，勇于开拓，打通内陆与沿海的商贸通道，将内陆盛产的陶瓷、茶叶、土纸、烟丝、丝织品等丰富的物产通过沿海港口运销海外，促进了海上商贸的繁荣。在长期的山海贸易往来中，闽西、闽北商人们将中原文明、陆地文化与海洋文化有机地融合起来，形成了具有浓厚海洋性特征的腹地文化系统。

第五章

海丝腹地的交通与商贸

福建地区由于缺少驴、骡、马等驮畜，且境内山峦起伏，民国以前基本未修建公路，陆路交通运输主要依靠人力肩挑。民国至新中国成立前夕，全省仍有 18 个县境内没有修建公路，28 个县虽然修建了公路，但事实上不能通车，全省通车的公路里程仅有 945 千米。[①] 福建境内有闽江、九龙江、汀江、晋江等水系，沿江流域的交通以水陆联运为主。闽北地区在鸦片战争前的陆路交通主要依靠邮驿制度，人力肩挑是主要的运输方式，驮畜运输非常少；水路运输主要依靠闽江及其支流来完成，木帆船是当时的主要运输工具。民国时期，随着造船技术的进步，闽北地区水路运输工具从以木帆船为主逐渐转向以轮船和汽船为主。1934 年开始大规模修建公路，公路运输交通网不断扩大。闽西地区境内也是多山少田，陆路交通也主要以人力为主，畜力为辅；水运主要依赖汀江，但是上杭以下的河道险滩较多，航运条件较差。土特产品的出口和商品进口主要经闽北和粤东等地，受交通运输条件的限制，1949 年之前，森林和矿产资源一直未获得大规模的开采。

① 福建省地图编纂委员会：《福建地图集》（普通地图），1963 年版，第 23—24 页。

第一节　内河航运与商贸路线

一、闽江航运与商贸路线

闽江水系发源于闽赣交界的建宁县均口镇，自西向东流入东海，主流上源为流经永安、沙县的沙溪；沙溪与流经邵武、顺昌的富屯溪相汇后成为干流，习惯上称为西溪；与流经建阳、建瓯的建溪（又称东溪）在南平双剑潭汇合，南平以下河段称为闽江。由源头至南平双剑潭习惯上称为上游，南平以下主要流经古田、闽清、闽侯、福州、连江，由长门口入东海。

闽江在联系上下游地区经济贸易往来和人员交流方面发挥着重要的作用。对于内陆地区来说，闽江是该区与外界进行经贸联系的主要通道之一；对于沿海地区来说，闽江是港口向内陆腹地延伸的必要途径。据史料记载，在闽北地区未修建公路之前，闽江上游沿江各地货物出口及进口，70%以上都需要通过闽江及其支流转口或运输。[①] 闽江全程近600千米，上游有120多条支流，流域面积约占福建省面积的一半，具有“短而壮”且直接面海的地理优势。

1. 闽江航道概况

沙溪、富屯溪和建溪是闽江上游的三大支流，也是闽西北地

① 《福建省之公路建设》，“闽政丛刊”，1939年，第11页。

闽江南平市区西溪与建溪汇合处（双剑潭）：闽江起点[①]

区货物水运输出的重要航道。沙溪发源于建宁县严峰山，向东流经宁化、清流、归化（今指明溪）、永安，而后折向东北，流经三明市、沙县。南平上游 20 千米处为沙溪口，沙溪在此与富屯溪汇合。沙溪口距离永安 120 千米，舟运便利，可通行中型民船。永安上游分为二流，其中九龙溪通宁化，130 千米水程，可通小舟；南溪通小陶，60 千米水程，可通行小舟。[②] 沙溪航道是汀州府宁化、清流、归化三县通往福州的重要水路，也是联系赣东南与闽

① 本课题组于 2019 年 8 月 14 日在南平市延平区拍摄得到。

② 水海刚：《口岸贸易与腹地社会：区域视野下的近代闽江流域发展研究》，厦门大学出版社 2019 年版，第 63 页。

江下游的重要纽带。据说，唐宋以前，宁化与清流交界处的九龙十八滩水浅石多，舟楫均不能通过。元朝末年，时任福建参知政事陈友定组织民工凿石去除障碍后，舟船才得以通行。[①] 此后，汀州府所辖的闽江上游三县及赣东南地区的粮食可以通过沙溪运往闽江下游及福州等地。嘉靖《汀州府志》载："宁化县前大溪顺流至清流县六十里，中有七孤龙，逶迤七曲，舟师惮之……亦三板小舟，比长汀者稍大，顺流不半日至清流。"[②] 归化县境内沙溪的支流明溪，"水自归化县前合众流至沙溪始大，可通小舟，自溪历岩前至沙溪口三十里，会九龙大河，下延平，入福州"。这表明归化县境内货物也可以通过水路通达福州。

富屯溪属于格子状水系，上游源头有北溪和西溪两条支流，其中北溪发源于光泽县东北部的岱坪村北大岐山，西溪发源于邵武桂林巫山之南的茶化隘。西溪是富屯溪的主要源头，两溪交汇于光泽县城下，光泽下游可通行小型民船。富屯溪主要流经顺昌、邵武、光泽等地，到沙溪口与沙溪汇合。光泽至顺昌洋口镇间有160千米水程，从光泽至洋口航行需要3～4日，溯航需要7～10日；洋口距离福州有270千米水程，从洋口至福州航行需要3～4日，溯航则需8～9日。[③] 据史料记载，明朝时期富屯溪水运航道繁忙，邵武府盛产的土特产品多经富屯溪运往延平和福州。明弘治十五年（1502），邵武府共有大小民船498艘。[④] 因此，自明清

① ［明］陈桂芳修纂，清流县志编纂委员会整理：嘉靖《清流县志》卷2《山川》，福建人民出版社1992年版，第22—23页。

② ［明］邵有道纂修：嘉靖《汀州府志》卷1《地理志》，"天一阁明代方志选刊续编"，上海书店2014年版，第99页。

③ ［日］赤松佑之编：《中国各省经济事情》第十六编：福建省，日本国际协会1936年版，第71—72页。

④ ［明］邢址修，陈让纂：嘉靖《邵武府志》卷5《版籍》，"天一阁藏明代方志选刊"，上海古籍书店1982年版，第235页。

以来，富屯溪航道成为沟通邵武府各县与闽江中下游地区的重要纽带，也是闽赣省际通道的重要组成部分。

建溪是闽江上游三大支流中水流量最大的一支，崇阳溪、南浦溪和松溪是建溪的三大主源，主要流经建安、瓯宁、浦城、崇安、建阳、松溪等县。崇阳溪、南浦溪和松溪汇合后，自北向南流至延平，与西溪汇合后注入闽江。南宋时期，仙霞岭有 10 千米的路段用石头修砌了 3060 个台阶后，陡峭的山路才平坦了些。[①] 此后，从福州沿闽江溯流而上，经建溪到达浦城，再翻越仙霞岭，入衢州，最后可达都城临安。

闽江干流指自建溪与西溪汇合处至入海口的闽江中下游河段，流经南平、尤溪、古田、闽清、闽县、侯官、长乐、连江等县。南平至古田水口段为闽江中游，水口以下则为闽江下游，中游的支流主要有古田溪和尤溪，下游的支流主要有大樟溪和梅溪。唐代，南平至福州的闽江中下游航线不仅是省内重要的内河航线，而且还是福州连接长安的一段重要驿路。盛唐时，从福州至建州开始设立驿站，每 15 千米设置一个驿站。驿站分为陆驿和水驿。沿途以水驿为主，遇险滩急流时，则走陆驿。闽江中下游河段中，从南平至水口剑溪河段因多滩石，通行较困难，水口至福州河段约 100 千米水路，滩石明显减少，可通行大型民船；闽清附近在民国时期曾通行小型蒸汽船。据不完全统计，清末民初在闽江流域航行的民船至少有 3000 艘，具体如表 5-1 所示。

---

① ［明］陈桂芳修纂，清流县志编纂委员会整理：嘉靖《清流县志》卷 2《山川》，福建人民出版社 1992 年版，第 22 页。

表 5-1　清末民初闽江流域航行的民船数量统计表

地点	停泊船只		往来船只	
	类型或载重量	数量（艘）	类型或载重量	数量（艘）
福州	民船	2000	洋驳	100 以上
			小驳	70～80
			舟夹板	70～80
南平	二十至五十担	300		
洋口	民船	500		
永安	二十至二百担	40		
水口	麻雀船	30		
	福州船	10		
	鸡公船、刀子船	10		
白沙	二十至五十担	10 以上		
沙口	一二十担	数十		
顺昌—邵武			二三十担	20
顺昌—将乐			二三十担	20
建瓯—松溪			二三十担	20
南平—建瓯			二三十担	20
洋口—邵武			鸡公船、麻雀船	数百
福州—洋口			三十至五百担	20 以上
沙县—梓口坊			一二十担	16

资料来源：戴一峰：《近代闽江航运业初探》，《中国社会经济史研究》，1986 年第 3 期，第 108 页。

各种船在闽江上的航行速度与水流速度、水流方向、船舶大小、水手的数量及经验等都有关系。通常情况下，顺流下行所需航行时间较少，溯流上行所需航行时间较长。例如，从浦城沿建溪下行至福州，四至五日便可到达；而从福州上行，按水路 390 千米计算，每日航行路程只有 20 多千米。[①] 民国时期闽江流域主要内河航道的通航能力如表 5-2 所示。

表 5-2　民国时期闽江流域主要内河航道通航情况

水系	河段	里程（里）	丰水期载重量	航行时间
建溪	政和溯松溪而上	20	二三十担以下	
	西津至建瓯	130		上行五日，下行二日
	建瓯至浦城	320	20～50 担	上行九日，下行三日
	建瓯至建阳	120	大号帆船一两万斤	上行八日，下行三日
	建阳至崇安	90	小船	
	建瓯至延平	125	大船	上行二日，下行一日
富屯溪	光泽以上		仅通木筏	
	洋口至光泽	320		上行十日，下行减半
	洋口至将乐			上行三日，下行一日
	洋口至拿口			上行三日，下行二日
	洋口至顺昌	30		上行六时，下行二时
	洋口至邵武	240		上行七日，下行三日
	洋口至福州	570		上行九日，下行四日
	洋口至建宁			上行七日，下行四日
沙溪	永安至沙县	340	30～50 担	
	沙县至沙溪口		500 担至万余斤	
	沙县至福州	520	500 担至万余斤	下行四日，上行九日
尤溪	尤溪至江口	200	帆船	

① 赖威远辑：《示我周行》，上海图书馆藏抄本，第 34 页。

续表

水系	河段	里程（里）	丰水期载重量	航行时间
闽江干流	南平至水口	200	大船	上行三日大船七八日
	水口至福州	200	小轮亦可行	上行三日，下行二日
	福州至闽江口	34	轮船至罗星塔，其他船只畅通无阻	

资料来源：林玉茹、姜修宪、周子峰、王湛：《中国近代经济地理·闽台近代经济地理》，华东师范大学出版社2016年版，第150页。

从表5-2可以看出，民国时期闽江流域主要内河航道通行的船只各异，其中建瓯至南平河段、南平至水口河段可通行大船，南平以上其余河段都无法通行大船。总体而言，闽江干流的江面较宽阔，险滩较少，通航能力较强。

2. 闽江流域水路商贸路线

（1）商品输出路线

在唐代以前，闽江水道一直是闽江流域货物向外输出和向内输入的重要通道。自延平区双剑潭溯富屯溪而上可达光泽县杉关岭，出杉关可入江西黎川；溯建溪而上可达仙霞岭，翻越仙霞岭可抵浙江衢州；沿江顺水而下可达福州，经福州港可出海。因此，闽江一直被视为福建的“黄金水道”。从西晋“衣冠南渡”开始，闽北就利用这一黄金水道贩卖茶盐干鲜果；江上货运以“大肚船”“了鸟船”为主，也兼有长梢木排，支流及其分支流则多行“鸡公船”和竹排，以作小型贩运。[①] 至唐朝初年，闽江干流及支流上的商船已成一定的规模，以上游富屯溪为例，邵武一带的货物不仅可以经富屯溪上溯至光泽，出杉关后向赣东和浙南地区输出，还可以经富屯溪下行至顺昌，再到延平，最后到达福州。在唐文

① 吴邦才主编：《闽商发展史·南平卷》，厦门大学出版社2016年版，第10页。

宗太和八年（834）曾下诏书鼓励内陆与福建沿海、岭南地区进行自由贸易，不得双重征税。该政策的实施极大地促进了中原地区与福建沿海的商贸往来。建瓯因地处崇阳溪、南浦溪和松溪的交汇处，扼守水运咽喉，成为连接闽北及内陆腹地与闽江口的重要商品集散地。闽北盛产的粮食、瓷器及木材等物产均通过建溪，沿闽江顺流而下至福州，再由闽江口出海。因此，建瓯的水运逐渐兴盛起来，码头数量也逐渐增多。据史料记载，建瓯曾有“城八码头、乡八码头”之说。

宋代和元代是我国海外贸易大发展的时代，闽北地区在宋元时期社会稳定，经济发展较好，陶瓷业、茶业、造纸与刻书业、纺织业、冶炼业等各业兴盛。闽北对外运输的水路商道以建阳为中心，主要有两条线：其一是从建阳经崇阳溪至建瓯；其二是从水吉经南浦溪至建瓯，然后沿建溪至南平，沿闽江中下游至福州，由福州港经海运至泉州港，由泉州港出海至南洋诸国，或者由福州港出海至朝鲜、日本等国。

1976 年在韩国新安海域发现了一艘元代沉船。船内出土的黑釉瓷器，已考证是宋代建窑的产品。据叶文程、林忠干研究，建盏在宋元时期外销到日本的航线主要有三条：一是从福州至琉球群岛，再到日本；二是从泉州至澎湖列岛，再到日本；三是从宁波至日本或由福州、泉州至宁波，再由宁波到日本。[①]此外，茶洋镇的青瓷、白瓷、铅釉瓷等各类瓷器在宋元时期也曾大量出口至朝鲜、日本、印度尼西亚、菲律宾及澎湖列岛等国家和地区。《岛夷志略》记载了福建各种瓷器在元代外销的国家和地区，具体如表 5-3 所示。

① 吴邦才主编：《闽商发展史·南平卷》，厦门大学出版社 2016 年版，第 62 页。

表 5-3　福建瓷器在元代外销情况

输往国家或地区	陶瓷器种类	输往国家或地区	陶瓷器种类
三岛	青白花瓷	彭坑	瓷器
苏禄	瓷器	文涎	乌瓶、青瓷器
占城	青瓷花碗	千里马	粗碗
无枝拔	青白处州瓷器、瓦窑	须文那	大小水罐
日丽	青瓷器、粗碗	遐来勿	青瓷、粗碗
麻里鲁	瓷器、盘、水坛、大瓮	龙牙犀角	青白花碗
丁家鼎	青白花碗	苏门傍	大小水埕
戎	青白花碗、瓷壶、瓶	班卒	瓷器
罗卫	青白碗	蒲奔	青瓷器、粗碗、大小水埕
罗斛	青器	旧港	处瓷、大小水埕、瓮
东冲古剌	青白花碗、大小水埕	文老古	青瓷器、埕器
苏洛鬲	青白花碗、水埕	龙牙门	处瓷器
针路	大小埕	灵山	粗碗
淡邈	粗碗、青器	花面	粗碗、青处器

资料来源：吴邦才主编：《闽商发展史·南平卷》，厦门大学出版社 2016 年版，第 63—64 页。

从表 5-3 可以看出，元代从福建向海外销售的瓷器种类以青瓷为主，器形多样。这些瓷器除了闽北生产的外，还有部分是赣、浙等省生产的。此外，在南亚、西亚和非洲等地也曾发现闽北在宋元时期输出的瓷器。由此可见，宋元时期是闽北陶瓷业发展的鼎盛时期。

明朝自洪武年起就开始实行严格的海禁，禁止出海贸易，直到隆庆元年（1567）才解除海禁。海上贸易逐渐恢复后，从浦城到福州的闽江航道又开始繁忙起来。

明朝中期以后，福建沿海地区的福州、兴化、泉州及漳州四府的农民多种甘蔗等经济作物，稻谷等粮食作物种植少，再加上人口增长较快，因此这些地方成为缺粮地区。邵武、建宁及延平地区盛产稻谷，这些地区的余粮大多沿闽江销往福州，再由福州销往沿海的兴化、泉州及漳州等地。浦城盛产的大米沿南浦溪顺流入建溪，至南平，再经闽江中下游运往福州；邵武府盛产的大米主要沿富屯溪、金溪，至沙溪口，再入闽江，运抵福州。邵武拿口镇、建瓯、南平都是重要的大米贸易集散地。清廷统一台湾后，缺少粮食的台湾因大批官兵进驻，粮食供给更加不足，闽北开始与台湾进行粮食贸易。闽北大米换台湾煤等物资的易货贸易形式一直持续到中华人民共和国成立前。

闽北地区自古以来有造林种树的优良传统，因此竹木资源非常丰富，“建杉”是闽北重点出口的大宗商品之一。明朝解除海禁后，闽北木材贸易逐渐增多，至清乾隆年间，以建杉为代表的闽北木材销路扩大至东南亚地区。闽北外销的木材主要有两种运输方式：一是由木帆船装载，经富屯溪、建溪及闽江运抵福州；其二是将木材用篾、竹卯等固定编成木排，经富屯溪、沙溪、建溪及闽江采用人工摇橹的方式顺流而下到福州，再由福州经海运输往江浙、台湾、广东等地及南洋诸国。隶属于汀州府的宁化、清流、归化三县的木材大多沿沙溪而下，再经闽江中下游运抵福州。清代，福州是全国三大木材集散地之一。此外，闽北的笋、竹在清代出口外销也较多，运销路线与木材基本相同。

闽北的造纸业始于唐，经历宋元的发展，明清时外销的数量逐渐增加。闽北各县都有生产竹纸，但“出顺昌者尤佳”。[①] 明朝

① ［明］黄仲昭修纂：《八闽通志》卷25《食货·物产》，福建人民出版社1990年版，第550页。

郑和下西洋后，以顺昌毛边纸、建阳玉扣纸为代表的闽北土纸外销量增长较快。其运销路线仍然以水路为主。邵武、顺昌、光泽所产的纸主要沿富屯溪而下闽江。建阳纸主要经建溪入闽江。将乐、明溪、清流所产的纸主要沿沙溪入闽江，然后运抵福州，由福州再销往江浙、两广、两湖地区及日本、印度尼西亚、菲律宾等国家。清流所产的长行、玉扣、大广、高连纸沿水路运抵福州后，还远销潮州、香港、越南等地。①

清朝初年，闽北武夷山一带创制出了红茶，味道醇和，颇符合欧洲人的口味，因此，自康熙初年开始，欧洲商人便派商船来华购买武夷红茶。清初闽北茶叶出口外销主要经建溪、闽江水运至福州，再由福州经水运运至厦门，从厦门装船出口到欧洲。鸦片战争后，随着厦门、福州口岸的开埠，闽北茶叶再次经闽江运至福州、厦门两港，再出口外销至东南亚、欧美等地。武夷茶叶从星村镇经水运顺流至福州，最快仅需 4 天，但经陆路到江西河口，再到广州，全程需要 45 天。因此，经福州港出口可以大大节约运输成本和运输时间，使得洋商能提早将其运至欧洲，赢得更好的商机。19 世纪末，随着印度、锡兰等英属殖民地茶叶的大量引种及茶叶贸易的兴起，洋商纷纷转向印度、锡兰购买红茶，经福州口岸出口至欧美的茶叶量逐渐减少。自此，福州港茶叶贸易逐渐走向没落，闽北茶叶种植面积大量减少，甚至出现许多荒废的茶园。

除了上述商品，闽北的烟草、蓝靛、泽泻、香菇等物产在明清时期产销也较广。据《光泽县志·乡土志略》记载，光绪三十

---

① 林善庆修、王琼纂：民国《清流县志》，《中国地方志集成·福建府县志辑（38）》，上海书店 2000 年版，第 350 页。

年（1904）前，光泽全县出产蓝靛20余万斤，由水路运销福州者约10万斤。[①] 明清时期，闽北的陶瓷业发展较缓慢，输出的数量和品质都逊色于宋元时期。清末五口通商后至民国初期，闽北输出的上述物产仍较多。1930—1949年，闽北地区因战乱困扰，工农业生产受较大影响，对外输出不稳定。

（2）商品输入路线

闽北地区输入的商品主要有食盐、海产品、布匹、京果、日杂货等，水路运输路线大多沿闽江溯流而上，至南平后再沿建溪、沙溪、富屯溪等溪流溯流而上，运至闽北各县，其中有一部分由挑夫翻越仙霞岭，运至浙江南部一带销售。据史料记载，明嘉靖年间，富屯溪上小木船往来频繁，每天往返的木帆船有一两百艘，墟期日则高达三五百艘，大批农副产品、木材、毛竹等经富屯溪顺流而下，运销福州及沿海各地；回程溯流而上，装载食盐、海味、渔货、布匹、百货等，转运至顺昌、邵武、光泽、将乐、泰宁、建宁等县。[②] 至清初，富屯溪上往返的船只更是高达千余艘，乾隆、嘉庆年间商船往来更加频繁。明清时期，闽北的粮食经闽江下行运至福州，食盐则从福州溯闽江上行，这种盐粮贸易一直持续到鸦片战争前夕。五口通商后，随着福州港开埠，武夷茶大量出口海外，闽北农民大量种植茶叶，稻谷的产量锐减，导致浦城等地变成缺粮区。此后，江浙一带及东南亚国家生产的粮食陆续通过海路运至福州，再经闽江溯流而上至闽北各县。

---

① 吴邦才主编：《闽商发展史·南平卷》，厦门大学出版社2016年版，第81页。
② 吴邦才主编：《闽商发展史·南平卷》，厦门大学出版社2016年版，第107页。

二、汀江内河航运与商贸路线

1. 汀江航道概况

汀江是福建省第三大河流、闽西最大的河流，同时还是福建省唯一的跨省河流。汀江发源于武夷山南段东南一侧的宁化县治平乡境内的木马山北坡，自北向南流经闽西地区的长汀、武平、上杭、永定四县，在永定县峰市镇出福建，进入广东省大埔县，在三河坝与梅江汇合后称为韩江。因此，汀江属于韩江水系，汀江流域的支流主要有濯田河、桃澜溪、旧县河（首段称连南河）、黄潭河、永定河、金丰溪等。①②③ 汀江流域沿岸山峦起伏陡峻，长汀至上杭间的河道较宽阔，航行便利，但是上杭以下的河道险滩多、水流急，因此，历史上汀江的航道经历过多次开辟和完善。

唐朝设置汀州后，长汀的经济发展较慢，人口增长也缓慢，工商业基本处于较原始状态。可以说，南宋以前，闽西地区的人口都较稀少且分散，经济发展规模小，再加上境内山岭纵横，陆路交通条件差、水路交通不畅，因此，与外界的交流不便，以自给自足的生产模式为主。当时的食盐由朝廷统销，由于汀州地区不生产盐，闽西地区食福盐。福盐主要来自闽东沿海，沿闽江溯流而上至南剑州（今南平市延平区），再换装船从沙溪溯流至归化

① 何美峰：《汀江中上游鱼类多样性及其影响因子》，《福建农业学报》，2016年第31卷第6期，第567页。

② 张杰、张正栋、万露文、杨传训、叶晨：《气候变化和人类活动对汀江径流量变化的贡献》，《华南师范大学学报》（自然科学版），2017年第49卷第6期，第85页。

③ ［法］劳格文主编：《客家传统社会》，中华书局2005年版，第56页。

县（今三明市明溪县）境内，然后由人力肩挑走陆路至汀州。因运输路途遥远，多次转运的损耗大，盐价较高，且质量不佳，百姓多有怨声。南宋开始，汀江航道逐渐得到开发。南宋嘉定六年（1213），时任汀州知府赵崇模开辟了上杭至永定峰市的汀江航道；南宋端平三年（1236），长汀知县宋慈又进一步开辟了长汀至回龙间的汀江航道；明嘉靖三十年（1551），汀州知府陈洪范有效治理了回龙险滩，使得长汀至上杭，再至永定峰市间的航道得以开通。[①] 由于峰市下段棉花滩滩险水急，峰市至广东大埔境内有一段约 5.5 千米的河段暗礁密布，无论大小船只均难以通过，因此，自汀州运至潮州等地的货物必须在峰市下船，转人力肩挑走 5 千米路再装船继续沿韩江走水运。元代初期，随着潮州在东南沿海区域经济中心地位的上升，为了深入腹地，更好地连接赣、闽、粤三省，元至元二十一年（1284），广东道宣慰使月的迷失开辟了从隆兴（今江西省南昌市），经抚州（今江西省抚州市临川区），入邵武（今福建省邵武市），下汀州（今福建省长汀县），然后顺汀江直下潮州（今广东省潮州市）的驿道，全程约 800 千米，共设立驿站 17 处。[②] 此后，明清两代对该条驿道又加以修整和完善：明成化六年（1470）增设平西驿（位于上杭县南面），成化十年（1474）增设蓝屋驿（位于上杭与长汀交界的汀江回龙段），明弘治年间增设三洲驿（位于长汀县南面）；清代增设永定驿。南宋汀江航道的开辟和通航，加上元代隆兴至潮州驿道的开通，极大地促进了闽西与粤东地区的经济联系。明清时期，汀江航道的进一步完善则加强了赣、闽、粤三省的人员和货物的交流。自汀州

---

① 蔡立雄主编：《闽西商史》，厦门大学出版社 2014 年版，第 32 页。

② 颜广文：《元代隆兴至潮州新驿道的开辟及对赣闽粤三省省界开发的影响》，《中国边疆史地研究》，1998 年第 2 期，第 11 页。

沿汀江下潮州，经汕头港出海，是闽西山区最近且便捷的出海通道。汀州在明清时期也成为闽粤赣边的经济贸易中心。至民国时期，汀江水系主要有 3 条主要航道，通航的船只以民船为主，具体如表 5-4 所示。

表 5-4　民国时期汀江水系可通航里程与船只

水道名称	通航船只	起讫地点	约计里程	备　　考
汀　江	民船	长汀至峰市	260 千米	包括水澜溪、黄潭溪
旧县河	民船	上杭至朋口	60 千米	汀江支流
永定溪	民船	坎市至石下坝	50 千米	汀江支流

资料来源：朱代杰、季天佑：《福建经济概况》，福建省政府建设厅，1947 年，第 198 页。

永定峰市是汀江航运的必经地，峰市因而成为汀江下游最大的码头和闽粤赣三省货物中转韩江的唯一口岸，抗战时期享有“小香港”的美誉。

2. 汀江流域水路商贸路线

闽西地处山区，境内山峦层叠，汀江流域河网较密，历代统治者对道路交通开发不够重视，因此，汀江及其支流就成为天然的水运网。汀江流域地处闽粤赣三省交界处，地理位置优越：往南经汀江、韩江可与潮汕地区相连，并可以利用汕头港出海；往西经陆路可达瑞金，沿赣江而上连接长江沿岸及中原地区；往东经沙溪、建溪连接闽江，经福州港出海。汀江流域各县的商贸活动最主要的是与闽粤沿海的“山海交换”及赣南地区的“盐粮贸易”，其中尤以与韩江三角洲的联系最为密切。[①] 据史料记载：

① 周雪香：《清代汀州两江流域区域经济比较》，《赣南师范学院学报》，2012 年第 1 期，第 84 页。

“县境连江接广，客贩络绎，而懋迁化居，米盐为要。”[①]

（1）商品输出路线

闽西地区是福建外销青瓷器的生产地之一。宋代，闽西各地有许多陶器窑、砖瓦窑和缸窑。[②]据记载，宋元时期，闽西地区生产的陶瓷就开始通过汕头港、泉州港等港口外销东南亚国家。美国学者李汝宽曾写了一篇论文，提到福建出口的一个陶瓷果盘，鉴定道：“1127年，广东汕头出口，产地是福建汀州，直径39厘米，圈足径16.5厘米，高7厘米。”作者还指出，意大利人马可·波罗的《东方见闻录》中提到了汀州所产的青色瓷器物美价廉。[③]汀州产的瓷器是沿汀江、韩江，运至汕头，再向海外出口。有学者在长汀县南山镇发现了一条宋元时期的龙窑，长达八九十米，堆积层厚达2米，所采集到的许多青瓷残片的外壁花纹与菲律宾、印度尼西亚等东南亚国家出土的瓷片相似，而这些样式的产品在当地及周边区域却较少发现，或可推断长汀南山镇龙窑就是当时供应外销的主要烧造窑场。[④]此外，宋元时期，闽西地区盛产的陶瓷、油茶、木材、纸等也沿汀江、韩江运抵潮州，部分经潮州运至泉州，再出海外销马来西亚、印度尼西亚、菲律宾等东南亚国家及日本。

明代中后期开始，海禁政策逐渐解除，随着闽西山区手工业和工商业的发展，山区经济的商品化倾向逐渐加强。汀江流域盛产的木材、烟丝、纸、蓝靛及书籍等是明代中期以来闽西地区的

---

① ［清］刘国光修：光绪《长汀县志》，“中国方志丛书”第87号，成文出版社1967年版，第483页。

② 蔡立雄主编：《闽西商史》，厦门大学出版社2014年版，第79页。

③ 黄挺、杜经国：《宋至清闽粤赣边的交通及其经济联系》，《汕头大学学报》（人文科学版），1995年第2期，第81页。

④ 李敏：《闽西客家古陶瓷的外销考析》，《雕塑》，2016年第5期，第56页。

重要外销商品。长汀、上杭等汀江流域各县每年都出口大宗杉木，据《临汀汇考》卷4《物产》记载，每年当杉木成材，可砍伐时，潮州商人就会到长汀按山论价，运至汀江沿岸码头，编成木排，顺汀江漂流而下运抵潮州，汀江沿岸村庄居民因此致富。明清至民国时期，木材的生产和外销也十分兴盛。据载，民国初期，武平每年木材外销可达四五十万元，后因潮汕地区失陷，外销受限，但是武平每年经潮州出口的木材仍有20万元。汀江流域的木材主要依靠汀江和韩江水路运往潮汕地区，具体运输路线有两条。第一条是依靠汀江大河，分别从长汀县城、濯田、新泉、回龙4个主要码头起运，经上杭县城或者丰稔市运抵永定峰市，再由峰市经石下坝到达大埔三河坝，然后运抵潮州，由潮州再运至汕头；第二条是武平出口的木材经小河输出，经武所、下坝、焦岭，运至梅州松口镇，再运抵潮州，然后由汕头向北分销到台湾、宁波、上海、青岛、天津等地，向南运销到广州、香港、菲律宾、印度尼西亚等地。① 汀江流域出口的木材为上述木材输入地提供了大量建筑和造船的原材料，也为汀江流域各县带来了大量财富，同时促进了汀江流域百姓与沿海、东南亚地区的经贸往来及人员流动。

汀江流域各县山区的苗竹资源丰富，这些苗竹是制造各类纸的重要原料。明清时期，汀江流域各县生产的纸大多通过汀江和韩江运往潮州地区，再由潮州销往广州、佛山、香港及东南亚地区。潮州也因此成为汀州土纸的重要集散地。此外，一些广东行商还亲自到连城设立纸庄，直接收购土纸，然后通过汀江水路运往潮汕地区，进而远销越南、泰国、缅甸等东南亚国家和地区。

---

① 刘正刚：《汀江流域与韩江三角洲的经济发展》，《中国社会经济史研究》，1995年第2期，第80页。

明清时期，烟草也是连城、上杭、永定等县重要的出口商品，潮州府城加工“潮烟”的原材料主要来自永定和大埔所产的烟叶。永定的烟叶主要由峰市肩挑到大埔三河坝，然后装船运往潮州。据《永定县志》记载，永定所产的条丝烟在民国时期还远销南洋群岛，运输路线也是由永定运往潮州，再由潮州出海，运抵南洋诸国。

闽西书籍印刷以连城四堡雕版印刷为代表。据说，清代四堡印刷的书籍主要通过 3 条路线对外销售，其中有两条是沿汀江水路运输的。其一是由四堡西行至长汀，沿汀江乘舟南下，入上杭、潮州、汕头，再经海运入珠江，进广州，散入粤西各地，或者沿珠江上溯至广西梧州、贵县、灵山、横县、南宁、百色，直抵云南各地；其二是经朋口溪入韩江至粤东潮汕地区，再由汕头出海销往东南亚国家。①

清代闽西地区人口增长较快，该区由于山多田少，所种植的谷物满足不了民众的需求，因此需要进口。与汀州相邻的赣南地区稻谷产量颇丰，自南宋以来就有粜米至汀州的历史。明清时期，汀州与赣南两地之间的盐粮贸易往来仍然频繁。汀州商人从赣南购入的粮食，除了供应汀州府各县，还贩运至梅州和潮州地区，运输路线也是沿汀江至永定峰市，再运至大埔三河坝，然后顺韩江运抵潮州。鸦片战争后，厦门对外开埠，闽西地区被纳入以厦门为中心的贸易圈，因此，原来由汀江经韩江运抵潮州的木材、纸、烟等物产，有一部分由汕头经海运到达厦门，再经厦门港出海销售；由厦门港进口的货物也由此线逆流而上。② 明清时期，

① 蔡立雄主编：《闽西商史》，厦门大学出版社 2014 年版，第 65 页。

② 林玉茹、姜修宪、周子峰、王湛：《中国近代经济地理·闽台近代经济地理》，华东师范大学出版社 2016 年版，第 187 页。

汀江流域各县沿这条水路对外出口的商品还有蓝靛、陶瓷等。

（2）商品输入路线

闽西地区境内多山，远离海洋，食盐历来无法自给，需要大量进口。元代从隆兴至潮州的驿道开辟以后，潮州所盛产的各类土特产品，例如海盐、鱼类、稻谷、瓷器、布匹、米酒等，大多溯韩江北上至广东大埔，然后由大埔转小段陆运至永定峰市，再经峰市溯汀江北上至汀州，部分再贩运至赣南地区。相对于福盐，潮盐的运输成本更低，品质更佳，百姓更喜爱食潮盐。此外，还有大量的私盐也经韩江至汀州，再转贩至赣州。明朝初期，食盐依然榷卖，潮汕地区的居民多从事渔业和盐业贸易，而梅州、汀州及赣州等地的食盐大多由此区供应。据《天下郡国利病书》载，潮州地区的食盐外销，其中一条重要贸易路线是沿“潮—汀—赣”的商路，从“东界等场买盐”，在广济桥缴纳税金后，经韩江运到梅州大埔县的三河坝卸船，人力肩挑再装船，溯汀江北上，运至汀州，再越过长汀与瑞金的交界处，进入瑞金、会昌、石城等地。[①] 宋元以来，闽西地区进口的商品除了食盐外，还有棉花、布匹、糖、药材、海产品等，大量从沿海地区进口的货物也沿韩江、汀江溯流而上至汀州。明清时期，闽西商人“走广东”也大多沿此路，潮州和汕头成为汀州及赣南各地货物进出口的重要集散地。

三、九龙江航运与商贸路线

1. 九龙江航道概况

九龙江是福建省第二大河流，主要由北溪、西溪和南溪汇合，

① 黄挺、杜经国：《宋至清闽粤赣边的交通及其经济联系》，《汕头大学学报》（人文科学版），1995 年第 2 期，第 79 页。

一路向东流，经厦门流入台湾海峡；其中北溪发源于玳瑁山中心地带的连城曲溪乡黄胜村，西溪发源于龙岩市适中镇南面的适方山，南溪发源于漳州平和县三坪分水岭。闽西境内的龙川河和霍溪汇合于苏坂的合溪，是北溪的正源，而北溪又是九龙江的主要干流。霍溪，又称万安溪，贯穿龙岩西北部，自溪口起可通大木船和竹筏，流经龙岩万安林区，沿九龙江顺流而下可抵漳州，经石码可至厦门港。西溪适合航运的河段主要在漳州境内。

表 5-5　民国时期九龙江水系可通航里程与船只

水道名称	通航船只	起讫地点	约计里程（千米）	备　　考
西溪	汽船	海澄至龙溪	35	
	民船	南靖至船场	55	包括管溪
北溪	民船	石码至宁洋/龙岩	280	包括龙津、感化、九鹤、雁石等溪流

资料来源：朱代杰、季天佑：《福建经济概况》，福建省政府建设厅，1947 年，第 197 页。

从表 5-5 可以看出，至民国时期，九龙江流域已形成的水运航道主要有西溪和北溪，其中西溪段通行条件较好，可通汽船。北溪航道较长，从漳州石码至宁洋和龙岩可通民船，且通行里程近 280 千米，成为龙岩连接漳州的重要水路。

2. 九龙江水路商贸路线

九龙江流域霍溪和龙川河流经的区域相对比较平坦，无太多险滩急流，因此，闽西地区运往漳州的货物部分是经霍溪和龙川河运输的，尤其是霍溪一带的商品多以溪口为起运点，经霍溪、九龙江顺流而下至漳州浦南、石码等地，再经漳州、厦门出海。万安溪口墟是闽西地区纸和木材运往福建沿海的重要水运集散地，外销的木材大多扎成木排，沿霍溪、九龙江漂流至漳州。隆庆开海，月港因而成为沿海重要的商品集散地。明代中叶以后，由于漳州沿海地区私人海上贸易的繁荣及龙岩处于连接汀漳的交通要冲地位，九龙江流域上下游之间的货物航运往来更加活跃。清代，连城盛产的土纸外销路线主要有 3 条，其中一条就是由产地经人力肩挑至溪口，经霍溪水路运至漳平，然后沿九龙江中下游至浦南，再至漳州，由漳州转销厦门、泉州等地。五口通商后，厦门港成为福建沿海重要的对外口岸。借助九龙江的水运优势，商人们将闽西地区盛产的货物和内陆运至龙岩的货物经霍溪水运至龙岩万安，然后经华安运至漳州石码、海澄码头，再运抵厦门，出口海外；而从厦门进口的各种洋货也经九龙江上溯至宁洋、龙岩等地。

第二节 陆路交通与商贸路线

一、闽北地区的陆路交通与商贸路线

1. 闽北地区的陆路交通

(1) 汉至唐时期闽北的陆路交通概况

西汉时，从中原到江西，经梅岭甘家隘进入闽西建宁后，再经陆路到达邵武西南角的黄土寨，由此可通达闽北的建阳。《读史方舆纪要》记载：“黄土寨府西南四十里，亦曰黄土关，有黄土岭，路通江西广昌、南丰二县，亦戍守处。”① 闽越王余善以浦城

① ［清］顾祖禹：《读史方舆纪要》卷 97，上海书店出版社 1998 年版，第 640 页。

为大本营，构筑六城以反抗汉武帝。前110年，汉武帝派中尉王温舒率领第三路军进攻建阳的大潭城，以突破余善的防御。由于梅岭甘家隘与黄土寨之间早有通路，因此，王温舒从梅岭甘家隘进入闽西建宁后，经黄土寨到达邵武，再入建阳。第四路军由越侯戈船、下濑两位将军率领，经若邪，从浙江乐清进入浦城，这表明由浙入闽的通道在此时已打通。

据《新唐书·地理志》记载，闽越王余善反汉时，曾在白沙、武林及梅岭杀掉了西汉3个校尉；闽越当时可以从白沙、武林到达古都长安。按照西汉时的地名，白沙、武林在江西波阳县境内。另外根据王琛《邵武府志》卷十三《关隘》记载，“杉关，在（光泽）县西北七十里杉岭上，西去江西建昌府（治今南城县）一百二十里，为闽豫往来通道”①。由此可见，汉朝时闽北与中原河南等地已开辟了通道，闽越可通长安。

唐广明元年（880）在光泽县大禾山铁牛岭建立铁牛关，从光泽出此关，可入江西资溪。因铁牛关内外峭壁挺立，地形险要，素为闽赣北面通道的“咽喉之地”。根据唐朝李吉甫编撰的《元和郡县图志》卷二九《江南道五》记载，唐朝元和年间的建州有“八到”，描述了建州通往不同方向的道路及里程。这“八到”具体为：“西北至上都长安四千六百九十五里，西北至东都洛阳三千八百三十五里，正南略偏东六百里至福州，西北至信州（江西省上饶市）五百四十里，西南至汀州水路一千五百里，东北至处州（浙江省丽水市）水路九百里，西北至抚州八百三十里，正西北略

---

① 林汀水：《福建古代陆路交通干线的开辟与变化》，《历史地理》，2006年第21辑，第225页。

偏东七百里至衢州。”[①] 由此可见，除了建州与汀州、处州之间有水路可通，其他6个地方都可由陆路通达，表明闽北地区的对外交通较之前有了明显的改善。

《读史方舆纪要》卷九七建宁府崇安县分水关云：“县西北分水岭上，接江西铅山为界，为江闽之襟要，五代至宋，皆置寨于此。”又引旧志：“（分水关）商旅出入，恒为孔道。”[②] 五代时期，福建入贡大梁，可先沿闽江溯流上建溪，再沿着建溪谷地的路线，经陆路到达崇安分水关，由分水关出境，再经江西铅山、上饶和浙江衢州，北上至池州，再进入大梁的都城开封；或者由光泽的铁牛关出闽，入赣以后经波阳渡长江，再经舒城、庐州（今合肥）、寿县至大梁都城开封。

（2）宋元明清时期闽北的陆路交通概况

《旧唐书·僖宗纪》载：“黄巢之众再攻江西，陷虔、吉、饶、信等州，自宣州渡江，由浙东欲趋福建，以无舟船，乃开山洞五百里，由陆趋建州，遂陷闽中诸州。”[③] 由此可见，唐朝末年，黄巢率领起义军入闽的另一条路线是从浙江省衢州南面翻越仙霞岭，且沿途开辟了一些山路，打通了仙霞岭入浦城的通道，然后到达建州，与另一路经梅岭甘家隘进入闽西建宁再到建阳的部队会合。由于黄巢部队当时开辟仙霞岭路时未能认真修筑，这段路在此后很长一段时间都处于荒弃状态。南宋绍兴初年，朝廷招募民工将仙霞岭路改为石砌，此后才逐渐通行。明清时期，闽北物产丰富，

① 王娜：《汉至元时期闽北陆路交通探究》，福建师范大学硕士学位论文，2014年，第23页。

② 林汀水：《福建古代陆路交通干线的开辟与变化》，《历史地理》，2006年第21辑，第225页。

③ 林汀水：《福建古代陆路交通干线的开辟与变化》，《历史地理》，2006年第21辑，第227页。

官商由此路往来于闽浙日趋频繁，但当时仙霞岭路段较陡峭，通行较费力。因此，清朝嘉庆年间由富商出资对其加以修缮，“鸠工平基址，度高卑，去迫狭”①。自此以后，经仙霞岭往来闽浙的通行才变得更加便利。南宋时期，除仙霞岭路外，经崇安分水关出闽，也可入浙，但是这条路去都城临安要比仙霞岭路远300多千米。元朝时期，由于崇安分水关路多有山寇出没，通行较不顺畅，仙霞岭路则成为闽北连接浙赣的重要通道。据1981年《浦城县地名录》载，仙霞岭路有两个分支：其中一支是东北行，过边界的王村，由安民关北上；另外一支是西北行，过边界的上筋竹村，直达江山的下筋竹村，北出浙赣。两条分支路都是宋元明清时期人们上京应试所走的道路。②

元朝非常重视驿道和驿站的建设。为了使闽北至福州的交通更加便利，在闽江流域的崇安、浦城、建瓯、南平、古田、闽清、闽侯等地设置了多个驿站。由赣入闽北的杉关道路在西汉时已开通，自唐以来设置了杉关马驿、杭川水驿、樵川水马驿等，由光泽可通崇安、浦城，再北上江浙。元朝时又增设了林墩马驿、拿口水马驿、水口驿等，使邵武府境内通往闽北其他地区的交通更加便利。至清朝末年，闽江上下游河段均设有众多水陆并用的驿站。例如，南平至浦城段的大安驿（今崇安县西北）、长平水驿（今崇安县境内）、崇安驿（今武夷山市）、兴田驿（今崇安县东南）、建溪驿（今建阳市城西）、太平驿（今建瓯市南太平）、大横驿（今南平市东北）；南平至光泽杉关段的剑浦驿（今南平市东）、王台驿（今南平市西）、双峰驿（今顺昌县境内）、富屯驿（今顺

---

① ［清］翁天祐、吕渭英修：光绪《浦城县志》卷36，上海书店出版社2000年版。

② 林汀水：《福建古代陆路交通干线的开辟与变化》，《历史地理》，2006年第21辑，第227页。

昌县西北）、拿口驿（今邵武市东南）、樵川水驿（今邵武市境内）、杭川驿（今杭川县）；南平至福州段的茶亭驿（今南平市东南）、黄田驿（今古田县东南）、水口驿（今古田县南）、小箬驿（今闽清县西）、白沙驿（今闽侯县西北）、芋源驿（今闽侯县城内）、西门驿（今福州市郊）、三山驿（今福州市内）。[①]

清末，闽北闽江流域的陆路交通线主要有 4 条，主干线均从福州沿闽江上行，经闽清、古田到达南平，再由南平分 4 条路通往浙赣。第一条是由南平经顺昌、邵武、光泽到达江西建昌；第二条是由南平沿建溪谷地经浦城可达浙江江山；第三条是由南平经建瓯、建阳、浦城到达浙江龙泉；第四条是由南平经沙溪、归化、清流、宁化，可达江西石城。[②] 浦城、光泽和宁化是闽北与浙赣两省间货物与人员往来的重要交通节点。明清时期，闽江流域的货物大多由水路运输至这 3 个县，再由陆路向浙赣两省输出。

（3）民国时期闽北的陆路交通概况

民国时期，闽江上游开始有了公路。1928 年，闽北驻防军为巩固其实力，计划在闽北地区修筑多条公路，其中南平至济安段长 17 千米的公路于 1929 年 4 月建成并通车。随后不久，建瓯至鲁口也修筑了一段 17 千米长的公路。1933 年，为了“围剿”红军，国民党闽浙赣皖边区调集了大量民工和军工开始修筑浦城通往浙赣两省的公路。同年底，从浙江江山至峡口，再经枫岭到浦城的公路全线建成并通车。这是闽北第一条出省的公路干线。“福建事变”失败后，国民党政府为了进一步“围剿”中央苏区红军，日夜赶工，在闽北地区陆续修筑了浦城—建阳—建瓯—南平—永

① 水海刚：《口岸贸易与腹地社会：区域视野下的近代闽江流域发展研究》，厦门大学出版社 2019 年版，第 73 页。

② 陈文涛：《福建近代民生地理志》，远东印书局 1929 年版，第 124 页。

安—江西瑞金的第二条省际公路及建阳—邵武—光泽、建阳—崇安、南平—顺昌—将乐等县际公路。抗日战争爆发前，公路已遍及闽江上游大部分地区，但南平至福州仍以水路运输为主，闽江上下游之间实现水陆联运。建阳成为当时闽北公路运输中心。1938 年，福建省运输公司办的中南旅行社在南平开业，南平成为当时闽北地区客货运输的主要集散地，且已开通南平至重庆、江西南城、广东曲江、浙江兰溪等省际直达班车。民国时期，汽车运输逐渐替代了部分人力肩挑，加快了人员流动和货物周转速度，提高了运输效率。

2. 闽北地区的陆路商贸路线

唐五代以后，闽北地区的商品经济逐渐活跃，各种有形的商品交易市场相继出现。两宋时期，闽北社会较安定，经济发展较快，陶瓷业、茶业、造纸业、纺织业、冶炼业等产业生产规模不断扩大。宋元时期，闽北地区已开辟两条重要的省际陆路商道，均从建阳出发。第一条是闽赣古商道，从建阳经崇安，出分水关，可达江西上饶，或从建阳经邵武，出光泽杉关，可达江西赣州。第二条是闽浙古商道，从建阳经浦城，出仙霞关，可达浙江江山县。闽北生产的陶瓷、建锦、茶叶、竹木、银、铜、铁等各类物产源源不断地从这两条古商道输往浙赣地区，部分经宁波、杭州出口至朝鲜、日本等国家。与此同时，从武汉、南昌、上海等地贩运来的物资也经闽赣、闽浙间的古商道运抵闽北，再由闽北销往福建各地，或经福建沿海的港口输出海外。建阳是中原入闽的必经之地，土纸和建本通过陆路外销的路线主要有 3 条：第一条是经邵武杉关或经光泽出铁牛关入江西，再由江西通往安徽、河南等中原地区；第二条是经崇安的分水关入浙，可达江浙一带；第三条是经浦城仙霞岭路北上入浙赣地区。便利的陆路交通和兴盛的雕版印刷吸引了众多书商前来贩书。此外，宋元时期，闽北各县物产输往福州，除了经闽江水路运输外，也有部分经建州至福州的陆路运输，运至福州后再经沿海港口出口外销。

明朝万历年间，浦城、建宁、邵武、顺昌等地大量种植烟草，加工烟丝。顺昌洋口镇成为重要的烟草集散中心。明清时期，大批烟庄、烟行委托经纪人或者中间商在闽北收购晒烟，经浦城仙霞岭和崇安分水关进入江浙一带，再运销至沿海省份。闽北盛产的香菇、蓝靛、泽泻等也经浦城和崇安的陆路大量销往江浙，其中蓝靛为江浙染布业提供了重要的原材料。明朝实行海禁时期，江浙一带外销的商品只有经过福建商人之手才能运销海外，因此，江浙与闽北的古商道成为它们沟通海外的重要桥梁之一。①

清乾隆至嘉庆年间，光泽所产的黄纸大部分经山头关运抵江西贵溪，再由赣江、长江等水路运销内陆各地。清朝末年，由于闽北地区农民大量种植武夷茶，部分县的稻谷种植大幅减少，出现缺粮情况。江西盛产的大米，经广昌陆运至邵武，经新城陆运至光泽，然后由邵武、光泽再运抵缺粮地方。五口通商后，随着福州港、宁波港进口商品种类的增加，从宁波经衢州进入浦城和崇安的洋布、洋油、洋火、洋纸、洋酒等进口商品逐渐增加。闽北土特产品受到了进口商品的冲击，销量逐渐减少。

民国时期，闽北通行公路后，商品陆路运输量较之前有增加，但是由于汽车等新式交通工具数量有限，再加上通行的公路维修保养投入不足，总体的商品运输效率不高。

① 吴邦才主编：《闽商发展史·南平卷》，厦门大学出版社2016年版，第111页。

二、闽西地区的陆路交通与商贸路线

1. 闽西地区的陆路交通

(1) 汉至唐时期闽西地区的陆路交通

闽西地区境内多山，古为“蛮獠”之地，历史上陆路交通条件较差，“峭险壁立，砂砾崎岖，行者病焉”[①]。武夷山脉位于闽赣浙三省交界处，山高势险，发源于武夷山脉的河流大多自成水系，互不相通，因此，自古以来中原入闽西的道路交通受限较多。据史料记载，宋朝以前曾开辟从中原入闽西的通道主要有 3 条：第一条是从中原到江西虔化县北面的梅岭，经过甘家隘（重要的经济与军事关口），然后进入闽西建宁；第二条是从中原到江西瑞金，经过篁竹岭、隘岭、新路岭，均可以进入闽西汀州；第三条是从中原到江西石城县，经过站岭隘，然后进入闽西宁化石壁。

早在秦汉以前，闽赣两省先民就开辟了一条从梅岭甘家隘（位于江西省虔化县和南丰县之间）进入闽西建宁的通道，但该条道路崎岖且狭窄。前 112 年，南越国反汉，闽越王余善主动向汉武帝请缨出兵攻打，却暗地与南越国私通。次年，楼船将军杨朴率兵驻扎在豫章郡（今江西省）梅岭准备攻打闽越。前 110 年，汉武帝派四路大军直逼闽越的腹地，第三路军由“中尉王温舒出梅岭”,[②] 进入闽西，由此开辟了中原与闽西之间的军事交通线。唐朝末年，黄巢带领起义军采取两条线路并进的方式入闽，其中一条也是从梅岭甘家隘进入闽西建宁，然后由建宁向东北进入建

---

① ［宋］胡太初修，赵与沐纂：《临汀志》，福建人民出版社 1990 年版，第 7 页。

② 晁成林：《宋前闽西南省际交通道路考论》，《山西档案》，2014 年第 5 期，第 117 页。

阳。黄巢起义军入闽西建宁时，对该条道路进行了修整。西晋“永嘉之乱”后，大批北方汉人为躲避战乱，从中原迁入闽西，大多也经由此道。此后，这条道路一直都是沟通闽赣的重要军事路线之一。

唐朝以前开辟的赣南与闽西间的交通路线是从江西瑞金，经过篁竹岭和隘岭，然后进入汀州。据《重修长汀县志》载，唐朝开元二十四年（736）设立了汀州，下辖有长汀、黄连及龙岩三县，其中长汀西北角经篁竹岭和隘岭均可以到达江西瑞金，商贩多由此路进行贸易活动。唐朝末年，长汀西至江西瑞金又开辟了一条新通道，即从长汀西经瑞金县界新路岭，再由新路岭到瑞金。据《临汀志》记载，新路岭位于长汀县西侧 30 千米，为江西瑞金与长汀的县界，新路岭至瑞金县城仅 10 千米。新路岭山陡峭壁多，道路崎岖，经过岭上的古城关和罗坑隘可以由瑞金进入长汀。因此，该条通道也成为中原民众经赣南进入闽西的重要通道之一。

唐设置汀州后，汀州与江西虔州、广东潮州的陆路交通逐渐打通了，汀州成为连接赣、闽、粤三省的重要枢纽。《资治通鉴》卷 271 记载：“汉主（刘）岩用术者言，游梅口镇避灾，其地近闽之西鄙。闽将王延美将兵袭之，未至数十里，侦者告之，岩遁逃仅免。”① 梅口镇今为梅州市松口镇，《资治通鉴》所述内容表明当时的汀州与梅州之间的陆路已经开通了。早在唐代时，汀州至漳州间已通路：自长汀南经河田，至龙岩县；再由龙岩到南靖西北的浮山，然后再到漳州。② 据《新五代史》记载，唐朝末年，

---

① ［宋］司马光：《资治通鉴》，中州古籍出版社 2003 年版，第 2809 页。

② 林汀水：《福建古代陆路交通干线的开辟与变化》，《历史地理》，2006 年第 21 辑，第 230 页。

王绪率领数万大军从南康经新路岭进入长汀，攻陷了漳浦，在漳浦至潮州一带活动。《读史方舆纪要》卷98记载，五代王延政又在长汀县西南50里筑古城以防江南兵。这些均表明当时从江西瑞金到长汀，再由长汀往漳浦的道路已经开通了。

据《临汀志》记载，宁化，旧称黄连，因其地有黄连洞而得名；唐开元十三年（725）因迁徙定居于此的百姓达到3000户，得以置黄连县，于天宝元年（742）改名宁化。宁化县石壁村位于江西省石城县与宁化交界处站岭隘的东侧。西晋后期以来，由江西石城经过站岭隘进入石壁的通道也成为中原连接闽西的主要交通要道之一。晋唐以来，中原汉人为躲避战乱也由此道迁入闽西及粤东，定居下来，成为客家先祖。宁化石壁为何能成为中原汉人南迁的重要聚居地和中转站？据史料考究，主要有三个方面的原因：第一，站岭隘山势较低，从中原经江西石城入宁化石壁的通行难度较小；第二，石壁村属于盆地地形，易于发展农业，且一直未受到战乱侵扰；第三，由宁化经清流到延平，再到福州的水陆交通线早已开辟，便于与闽北、闽东地区开展物产交换。自唐朝末年以来，宁化石壁与江西石城之间的通道成为繁忙的闽赣省际要道。

（2）宋元明清时期闽西地区的陆路交通

宋代，从江西瑞金到长汀，再到闽南沿海地区的通道上商贩来往频繁，尤其是成群结队的盐贩往来于赣南、长汀及漳浦，或者从长汀转向潮州及梅州等地。为了捉拿走私盐贩，宋朝廷将古城迁至长汀县西设置寨，加强戍守，在古城原地设置了留村镇（今长汀县河田镇），后来成为众商贩和旅客的聚集中转地。此外，宋代先后设置了九龙、石牛、馆前、将安、明溪等驿站，由长汀往东北入清流、宁化，再达江西石城和广昌；或者由清流往明溪、将乐及沙县到达邵武、顺昌、延平等闽北地区。

汀州至漳州的陆路自唐开辟以来一直未得到利用。南宋时期，汀州改食漳盐后，汀漳两地间的多条陆路通道被利用。长汀、连城及武平三县经上杭、永定，再由永定县东南下洋、大溪、月流等隘，可进入漳州平和县。宋代时曾在龙岩县城南面设置登龙驿，在西面设置驻车驿，使汀漳之间的交通更便利。这条路到明代称为汀漳“东路”，因此路较艰险。明朝中叶以后又开辟了经上杭、永定到漳州的“西路”。明嘉靖年间，修通了从上杭到永定，经湖雷、抚溪（今抚市）到龙潭，最后到漳州的驿道，此为“西路”。“西路”比“东路”路程更近，“比之东路，减其远三之一，又少险阻，既近且易，行者安之”[①]。因此，自“西路”开辟以后，“东路”通行量明显减少。自明代中叶以后，汀、漳、潮三地间的水陆交通网络已初步形成，永定成为当时重要的交通节点。

清朝学者顾祖禹曾说：“闽之西南境与广东潮州府相唇齿，水陆二途，皆为快捷方式。”[②] 由于闽西与粤、赣两省接壤，因此，闽西与粤、赣的对外经济往来较频繁。清朝末年，闽西与赣南的省际陆路交通线主要有 4 条：“第一条是从宁化县安远司至江西省石城县高水圩的山路；第二条是由长汀经瑞金篁竹岭至石城或宁

---

① ［清］曾日瑛等修，李钹等纂：乾隆《汀州府志》，《中国地方志集成》，上海书店出版社 2000 年版。

② ［清］顾祖禹：《读史方舆纪要》卷 98，上海书店出版社 1998 年版，第 643 页。

都下三乡，为清代闽西与江西的重要商贸通道；第三条是由汀州城经隘岭、古城（今属长汀县）至瑞金县城，该条大路是赣县通往闽西的最早交通运输线；第四条是由筠门岭越武夷山，经东留（今属武平县）直达武平县城，再经十方（今属武平县）通往上杭县城。”①闽西沟通粤东及粤北的陆路交通运输线主要有两条：第一条是从广东梅县或者松口到达焦岭县，由焦岭进入岩前镇、十方镇（今属武平县）通往上杭县城关，再由上杭通往长汀或者连城；第二条是从广东兴宁、梅县到大埔，然后由大埔进入永定县，最后经永定到达龙岩，全程陆路运输。至清末，闽粤赣边区已形成了较完善的陆路交通网络，且这些古陆道大多数为卵石砌成或三合土筑成，也有青石铺成，宽一至数米不等，即使是雨天，商旅也能行走。②

（3）民国时期闽西地区的陆路交通

民国时期，闽西地区的公路开辟大致分为三个阶段：1920—1930年为第一阶段，各军阀为搜刮民脂民膏而修建公路，大多未起到实际运输作用；1931—1936年为第二阶段，国民党为了“围剿”中央苏区的红军而进行较大规模的军事筑路；1937—1942年为第三阶段，抗日战争爆发后，国民党为便利调集物资而修建公路。在这三个阶段总共开辟的公路干线有5条，支线有6条。

---

① 林玉茹、姜修宪、周子峰、王湛：《中国近代经济地理·闽台近代经济地理》，华东师范大学出版社2016年版，第188页。

② 游海华：《清末至民国时期赣闽粤边区市场网络的传承与嬗变》，《中国社会经济史研究》，2006年第4期，第63页。

表 5-6 民国时期闽西地区开辟的公路

公路	线路名称	起讫地点	约计里程（千米）
干线	厦隘线	从龙岩的永溪至长汀隘岭	254
	延朋线	从连城的新亭至朋口	63
	新岩线	从连城的新泉至武平的山子（省界）	119
	龙峰线	从龙岩的龙门至永定的右下坝（省界）	89
	文宁线	从连城的文亭至四堡（石碧）	33
干线	龙漳线	从龙岩东门至雁石	23
	月白线	从龙岩的月山至白土	4
支线	十武线	从武平的十方至武平县城	19
	汀宁线	从长汀至馆前	30
	杭峰线	从上杭经中都至永定的峰市	68
	龙高线	高梧界牌桥至千家村	30

资料来源：蔡立雄主编：《闽西商史》，厦门大学出版社 2014 年版，第 178 页。

从表 5-6 可以看出，民国时期，闽西地区各县基本都有修筑公路，其中从龙岩的永溪到长汀隘岭的公路线里程达到了 254 千米，为当时闽西地区最长的公路。但是，由于许多公路缺少维修和保养，加上洪水等自然灾害的毁损，至新中国成立之初，闽西境内实际可以通车的公路仅有 177 千米。由此可见，民国时期公路运输能力较弱，但初步形成的公路网络为新中国成立后闽西地区交通运输的发展还是奠定了重要的基础。

2. 闽西地区的陆路商贸路线

唐末至两宋时期，随着大量北方汉人南迁入闽，闽西地区的人口才逐渐增加。宋元以来，该区与外界的交流活动也逐渐增加，但由于境内多山，至民国前期仍然是“一个山脉盘曲，交通梗阻的汀州”[1]。闽西连接闽北、赣东南地区主要以陆路交通为主，连接漳州、泉州以水陆联运为主，连接梅州、潮州则以水路为主。

南宋绍兴年间，汀州百姓由福盐改食漳盐，因此自唐末以来开辟的汀漳两地间的陆路得以被利用。《临汀志》记载：“武平县，运漳盐……邑去漳余十程，皆陆负，例和雇里夫，分番接运。连城县，运漳盐。旧例官给纲本钱，雇诱丁壮陆负而官民中分之。近年官差人吏赍钱往漳州买盐，载上水头，和雇里夫往水头搬担交卸。”[2] 由此可见，汀州府武平、连城等县从漳州输入较多食盐。

元代，汀州人口大幅下降，市场交易萎缩。明朝中叶以后，闽西地区经济才逐渐又发展起来。明晚期，随着漳龙、汀龙陆路交通条件的改善，且漳州月港成为沿海重要的对外贸易港，汀州盛产的纸、蓝靛、茶油、桐油等物产部分经汀漳陆路到达月港，然后由月港向海外输出。由沿海输入的渔获、丝棉、糖等物产也有部分经汀龙陆路运抵汀州。明清时期，潮盐经“潮—汀—赣”的商路大量输往汀州。从长汀越过新路岭，经古城、瑞金的陆路运抵会昌、石城等赣州府各县，当时称这条路线上运输的食盐为“汀盐”。赣南地区盛产粮食，汀州商人将潮盐贩运至江西后，又从赣南地区购回大量粮食。因此，汀州与赣南地区间的盐粮贸易在当时较兴盛，且都经陆路通道运输。清代，由长汀或连城至上杭县城，再到武平十方、岩前，然后经焦岭到达梅县松口镇，这条陆路是闽西向粤东北输出纸、粮食，从粤东北输入食盐、日杂用品、布匹等的交通大动脉。清末，从梅县经大埔入永定，由永定至龙岩、南靖或平和，再到达漳州。这一条连接粤闽的陆路运输线也很繁忙，主要由人力肩挑，将潮州一带的海产品、日用品、

---

① 中共龙岩地委党史资料征集领导小组、龙岩地区行政公署文物管理委员会：《闽西革命史文献资料》第1辑，1981年12月，第79页。

② ［宋］胡太初修，赵与沐撰：《临汀志》，福建人民出版社1990年版，第29页。

洋油、胡椒等商品输往漳龙地区。

民国时期，闽西地区食盐的输入仍然主要来自漳州和潮州，俗称“漳盐”和“潮盐”。漳龙公路通车以后，漳龙汽车运输公司派汽车到漳州盐馆出仓装车，然后运至龙岩销售，部分由龙岩转运至漳平、宁洋、永安、大田、连城等地销售。龙岩是当时漳盐在闽西地区的销售集散地，每月由漳州运至龙岩的盐约有 5000 担。后来漳龙公路遭到破坏后，漳盐的运输就分为两段：从漳州经水路运至水潮，再由汽车到水潮接运至龙岩，全程需要 4～5 天。明清以来，永定、上杭、武平、长汀及江西等地多食潮盐；至民国时，依然从潮州购入大量潮盐，只是运输方式由水路变成水陆联运：经水路运至水潮，再由汽车经公路运至龙岩和长汀。运至长汀的潮盐仅有小部分是就地销售，其余大部分都由长汀经瑞金篁竹岭至石城或宁都下三乡，转入江西省销售。此外，宁化、清流、明溪三地的食盐部分也来自潮盐和漳盐，主要由长汀、连城经陆路转运至这三地。除了输入食盐，闽西地区还通过这些线路进口布匹、煤油、日杂货等，除在当地销售，还经长汀转运至瑞金、石城、会昌等江西地区销售。长汀县城有纸行、京国行、日杂行、药材行等多种过驳转口商行。

第三节 重要交通节点与商业中心

一、闽北地区的重要交通节点与商业中心

闽北地区处于闽浙赣三省交界处，西接江西省，东北接浙江

省，自唐以来，闽北与江西和浙江之间就开辟了通道。清末时，闽北已开通的省际通道主要有 3 条：第一条是经光泽的杉关进入江西；第二条是经浦城穿越仙霞岭，进入浙江；第三条是由崇安（今武夷山市）经分水关进入江西，再沿玉山、上饶、铅山县河口镇进入浙江开化、常山、江山等地。这 3 条路线中的第一条地势较平坦，但是多曲折迂回；第二条道路较直，但是要翻越较多高山；第三条是陆路与水路相连，历来是闽北通往浙赣两省的重要商贸通道。闽北通往江西的古商道上的重要交通节点与商业中心是光泽县和邵武县，通往浙江的古商道上的重要交通节点与商业中心是浦城县和崇安县，通往闽江中下游及福州港的重要交通节点与商业中心是延平。

1. 邵武县

自汉唐以来，邵武黄土关古商道既是中原入闽的重要通道之一，也是沿海与内陆地区进行商贸往来的重要通道。穿过位于邵武县和平镇的愁思岭隘道，经过金坑的黄土关，可以到达江西黎川县境内。愁思岭山路崎岖，自汉唐开辟以来，大批中原人士经黄土关进入福建，将中原文化带入八闽大地。宋代，和平镇民众对该条隘道进行了砌石修缮。明清时期，愁思岭隘道还经过了多次修葺。至民国时，穿越该条隘道一直是闽北商人通往江西的重要交通商道。邵武最著名的两个墟市是和平镇和金坑镇。唐朝天成年间，和平镇就成为商品集散地，江西、闽北及福州等地的客商在此交易，形成了每隔 5 天进行一次的墟市。邵武的重要古商道还有水路，经富屯溪上溯可至光泽，沿溪流而下可至顺昌，再经洋口、峡阳可至延平，然后沿闽江至福州。福州等沿海地区销往内陆的海产品、日杂百货、进口洋货等经邵武转销至江西，而内陆运来的货物也经邵武转销至闽北其他地区及闽江下游地区。

便利的水陆交通条件不仅使邵武成为闽北重要的交通节点，而且吸引了南来北往的客商云集于此，邵武也因此成为沿海与内陆商品往来的重要集散地。明清时期，和平、金坑的街道上各类商行林立，其中纸行和茶行最多。

2. 光泽县

光泽地处富屯溪上游，武夷山脉北段，西接江西省资溪县、黎川县，北接江西省贵溪县和铅山县。《八闽通志》载："由入闽，从杉关。"位于光泽与黎川交界的杉关，始建于唐朝广明元年(880)。自古以来，光泽与相邻的江西省各县的边界贸易往来频繁。光泽县的止马、华侨、赛里、司前4个乡紧邻江西，每逢墟期，过界前来赶墟的江西邻县边民，至少占赶墟人员的40%，且平时进行贸易活动时，江西的商贩亦随处可见。① 在这4个县中，光泽与黎川县的商贸往来最多，主要原因是黎川有较发达的水运条件，黎河水与盱江水汇合后流入抚河，再流进洞庭湖，连接赣江和长江。因此，明清以来，福建的海产品、纸、茶叶、木材等货物大量经光泽杉关输往黎川，再由黎川水路运往长江沿岸各地；从武汉、南昌、上海等地贩运来的商品则上溯黎川水路，再经光泽、邵武等闽赣古商道运往福建各地。来自江西等内陆地区的货物经富屯溪顺流而下可至延平，再经闽江中下游可抵福州，从福州返回时运回大量沿海地区的货物。光泽也因而成为闽北重要的边界商贸市场。

3. 浦城县

浦城县位于福建省北端，北邻浙江省江山市，西接江西省上饶市，是闽浙古道上的重要交通节点和商业中心。从浦城翻越仙

① 吴邦才主编：《闽商发展史·南平卷》，厦门大学出版社2016年版，第109页。

霞岭，可达浙江省江山市境内。因地处闽浙赣三省交界处，自古以来，浦城与浙、赣两省相邻地区的边界贸易就非常活跃。南宋以来，福建所产物品运销江浙地带，多在浦城集中，再经仙霞岭、分水关等陆路运往浙江，而来自江浙的布匹、日用品等也运至浦城，再经南浦溪运至南平，然后由南平经闽江运往福州。浦城是重要的木帆船货运枢纽，明清以来，浙赣两省及福州的商人在浦城都建有会馆。位于南浦溪与马莲河交汇处的南浦镇，既拥有南浦溪水运码头，又是处于仙霞古道上的重要集散点，因此成为浦城的商贸重镇。挑夫们将江浙一带盛产的丝织物经仙霞古道运过来，沿南浦溪，经建瓯、南平，再沿闽江顺流而下，运至福州。浦城所产的木材、茶叶、笋干、桐油、红菇等各类土特产品也经南浦溪运抵福州；而从福州及闽江中下游两岸各地溯闽江向上流运输的海产品、食盐、京果、日杂百货等商品，除了在闽北销售一部分外，其余大多由挑夫经仙霞古道运至浙江江山，再销往上海、江苏等地。

4. 崇安县

崇安县（今武夷山市）位于福建省西北部，东接浦城，南连建阳，西接光泽，北与江西省铅山县相连。自古以来，由崇安的分水关进入江西铅山一直是闽赣间最重要的商业通道。《读史方舆纪要》中记载：分水关在“县（崇安）西北分水岭上，接江西铅山界……商旅出入，恒为孔道”[①]。江西铅山河口通过信江西接鄱阳湖水系和长江，东连江浙，舟船可直接到达玉山，是闽浙赣皖商贸往来的集散地。明代时，由崇安运往江西铅山的商品种类繁多，交易十分活跃。明万历年间《铅山》卷一《食货》记载了铅

---

① ［清］顾祖禹：《读史方舆纪要》卷 97，上海书店出版社 1998 年版，第 639—642 页。

山河口货物集散情况：“其货自四方来者，东南福建则延平之铁，大田之生布，崇安之闽笋，福州之黑白砂糖，建宁之扇，漳海之荔枝、龙眼，海外之胡椒、苏木，广东之锡、之红铜、之漆器……各色丝布、杭绢、绵绸、彭刘缎、衢绢、福绢，此皆商船往来货物之重者。”① 由此可见，福建运往铅山河口的货物种类较多，从河口可再转销至江浙一带及长江沿岸地区，而江浙及长江沿岸的货物也可经河口中转，经崇安分水关运抵闽北，再转销至福建各地。此外，明代海禁期间，江浙一带向海外销售的商品大多经分水关入闽，然后由闽商运销海外，崇安也因此成为闽浙赣三省重要的商品集散地。

二、闽西地区的重要交通节点与商业中心

闽西地处闽粤赣三省交界处，自唐宋以来，随着人口的增加和经济的发展，闽西地区逐渐成为闽粤赣三省的商贸交流中心。闽西地区已形成的重要交通节点与商业中心主要有 3 个，分别是长汀县、龙岩县、永定峰市镇。

1. 长汀县

长汀西接江西瑞金，东接连城，北接宁化、清流，南与武平、上杭接壤，位于汀江上游，是闽粤赣三省古商道枢纽中心。南宋后，随着人口增加和经济发展，再加上汀江上游航道的开辟，长汀与赣南、粤东北地区的盐粮贸易逐渐发展起来。潮州地区的食盐经韩江、汀江运抵长汀，除供应汀州府外，其余大部分转销至赣南地区；而赣南地区盛产的粮食也经长汀运至潮汕地区，但当

① 吴邦才主编：《闽商发展史·南平卷》，厦门大学出版社 2016 年版，第 111 页。

时的盐粮贸易规模较小。明清时期，随着闽赣边山区经济的进一步发展，汀江水运及赣梅汀漳交通条件的改善，闽粤赣边盐、粮、土纸、日用品等商品交易规模不断扩大。闽粤赣边经济区域逐渐形成了，汀州也成为该区域的商贸中心。赣南盛产的大米每日有千余担经长汀转运至粤东。据明朝嘉靖年间的方志记载，汀州府已有不少大市集。例如，郡城南门外的店头市，“下通河边，盐铁蓝靛杂货，于此贸易”；与店头街连接的五通庙前市，有“四方货物辏集”。清初，赣川、潮汕、大埔等地商人就已陆续在长汀店头街开设庄号，吸引了众多南来北往的客商于此交易。① 民国初期，从赣南输入的粮食、豆类、生猪、布匹等大多在长汀交易，再经长汀转运至梅州、潮汕地区；长汀城内的商行店铺达500多间。抗日战争期间，长汀被称为“红色小上海”，京果店、布匹店、油盐店、百货店等密布于城内多条街道。长汀也因此成为中央苏区的重要经济与贸易中心之一。

2. 龙岩县

龙岩县（今龙岩市新罗区）南接漳州，是连接汀州与漳州的重要交通节点之一。明万历元年（1573），龙岩县令黎绍诜招募民工凿开了龙岩到雁石、津头之间横亘的观音座石，使九龙江水运可上溯至龙岩城区，再加上龙岩连接宁洋、漳平的官路在明代也得以改善，因此，龙岩成为赣南、闽北、汀州通往漳州的重要交通枢纽。② 随着龙岩成为闽西南地区的重要交通节点，清朝初期，龙岩县升为龙岩州。龙岩州各地也缺盐、缺粮，食盐须从漳州输入，粮食须由赣南经长汀输入。顾炎武在《盐法考》中曾说：“唯

① 黄挺、杜经国：《宋至清闽粤赣边的交通及其经济联系》，《汕头大学学报》（人文科学版），1995年第2期，第81页。

② 蔡立雄主编：《闽西商史》，厦门大学出版社2014年版，第46页。

修复后的长汀港口街

是漳所属县，若龙岩、漳平、宁洋皆山邑穷僻，民间不能致食盐。而语民餐盐者，用海舟载至海澄，歇泊埠头，转剥小舟，溯西北二溪出华封，往龙岩诸邑散卖；又自宁洋而上，达马家山；越永安，蔓延、建、邵所属行盐地，其檄利什倍，以故漳民射利者往往垂涎于此。”① 漳州销往龙岩的食盐大部分供应龙岩、漳平、宁洋，小部分供应上杭、武平、连城。汀州从漳州输入的糖、布匹、海产品、日杂货等商品也多经龙岩转运，向漳州输出的笋、纸、烟丝等土特产品也有部分经龙岩转运。距离龙岩城 5 千米的龙门镇是当时龙岩最大的商品集散地，闽粤赣客商在龙门镇进行大量的土纸交易。五口通商后，从厦门港进口的物资有部分也经漳州、龙岩运往长汀。因此，清代中叶以后，龙岩逐渐成为闽西地区重要的交通节点和商业中心。

---

① ［清］顾炎武：《天下郡国利病书》，“四部丛刊”本，上海书店出版社 1985 年版，第 675 页。

3. 峰市镇

峰市镇位于汀江下游河段，与广东大埔接壤，是闽粤两省的水路分界线。峰市至大埔之间的河段因受棉花滩的影响，舟船无法通行，因此，从江西、长汀运往潮汕地区的货物必须在峰市卸船，经陆路运至大埔，再由水路运抵潮汕；而从潮汕溯韩江而上的货物也需要在大埔卸船，然后走陆路至峰市，再由水路运至上杭、长汀，然后转运至江西、闽北，峰市因而成为闽粤赣货物转运的重要枢纽。明朝初期实行海禁政策，但是闽粤沿海地区有武装的私人海上贸易与山区贸易仍然兴盛，处于闽粤交界处的峰市逐渐成为当时沿海与闽赣内陆地区走私贸易的货物集散地。由于当时在峰市的武装走私山海贸易频繁，明嘉靖和万历年间曾分别在此筑“抚民馆城”和“河头城”，派驻兵把守。明朝中叶海禁政策解除后，在峰市交易的货物种类和数量都较之前有明显增加。至民国初期，潮汕商人、长汀商人、连城商人、江西商人、湖南商人等都已在峰市设立了商业会馆，各种商行店铺达300多间。抗日战争时期，峰市是红色交通线中的重要节点，是闽粤赣三省各类转口物资的重要集散地，享有“小香港”的美誉。

第六章

海丝路上的海丝腹地人

移民研究中的推拉理论（push and pull theory）认为，人口流动受到推力（流出地的不利生活条件）和拉力（流入地有利于改善生活的因素）的影响。明清时期，海丝腹地的移民外流，多是由于当地山多田少、生活压力沉重，而市场经济的发展为当地人口的向外流动提供了更多的可能性。

第一节　海丝腹地的出海人

腹地山区百姓在海上丝绸之路上人员流动的记载自宋代以后逐渐增多。在宋代，闽西地区的民众就已经沿着汀江、韩江，赴南海、台琼。《宋史·阇婆列传》记载，建溪（今建瓯）商人毛旭，多次往返阇婆贸易。淳化三年（992），毛旭曾充任阇婆国使节的译员，前来中国进贡。咸平五年（1002），建州（今建瓯）海商周世昌遇风暴漂至日本，在日本居留 7 年后回国。嘉定十七年

(1224)，建阳人朱潜（朱熹曾孙）携子、女和门人叶公济、赵永、陈祖舜等7人东渡高丽（今韩国），隐居高丽绫城。其长子朱余庆曾任高丽乐正左丞相，赠枢密院密直司。长孙朱悦于高丽元年登文科状元，出任高丽南原判官，官至监察御史。如今，朱潜在韩国后裔人数众多。

明永乐年间，闽西人王景弘追随郑和率船队下西洋，开辟了南洋、印度洋航道，在中国海洋史上书写下光彩夺目的一笔。正统年间，日本国真长、号兰轩者与和气明亲等人先后到建阳，向名医熊宗立学医。成化年间，汀州人谢文彬因贩盐入海，抵达并留居暹罗（今泰国）。谢文彬官至岳坤（学士），与当地人通婚，说暹语，着暹衣。成化十三年（1477）时，他还曾作为暹罗使者向大明王朝朝贡。此事记在《殊域周咨录》和《明史·暹罗传》中，称暹罗国主遣使群谢提素英必、美亚二人来贡方物。此处所称使者美亚即谢文彬，返国后他与侄儿在南京相认，确认了身份。弘治十年（1497），泰罗（又作赖罗、奈罗）以暹罗国通事的身份返国，他自陈为福建清流县人，因渡海漂风到暹罗，后留居该国。泰罗"乞展墓"（请求返乡祭祖扫墓），获得朝廷许可之后得以返乡。谢文彬、泰罗二人，先以民间身份向外迁移，留居他国，后又以官方身份成为使者参与朝贡贸易体系之中，对两地文化的交流具有一定意义。

明末清初，许多中国人流寓日本长崎，其中不少是福建侨民，长崎等地逐渐形成福建华侨社区。其中，流寓长崎的福建士大夫中不乏来自福建山区的人士。明万历四十年（1612），原籍福建省延平县沙县的卢君玉[1]东渡日本长崎，后流寓日本娶妻，改日本

---

① 林国平、邱季端主编：《福建移民史》，方志出版社2005年版，第188页。

名为庄左卫门，成为日本华侨卢氏族祖。1666年，他还成为唐内通事。卢氏自此定居长崎，卢君玉及其后裔在传播中华文化方面起了积极的作用。卢君玉之孙卢草硕（汉名为玄琢，日本名为德兵卫）是17世纪中叶日本华人名医，但仍以中国姓氏知名。卢草硕12岁时向小野昌硕学医，后游学京都，被称为“本草学者”。卢草硕在长崎悬壶济世，门下受业弟子众多，著有《药性集要》一书，被誉为日本锁国时代本草学的鼻祖。卢草硕之子卢草拙，又名元敏、葆真，幼年日本名为夘之助，自幼好学，17岁已登坛讲书，受业弟子众多，晚年还被任命为“圣堂（孔庙）学头”，又被举为书物改役（掌书监）。卢草拙精通儒学，也醉心老庄道学，道号为清素轩，善工诗文并精于天文学。卢草拙之子卢骥，是18世纪上半叶日本长崎华侨学者，所著《长崎先民传》一书，是重要的长崎华侨史籍。[①]

明末清初，闽西人沿汀江、韩江出海，主要目的地是台湾及南洋。清顺治年间，在广东经营米业的明溪人陈启韬，出海遇风后流寓暹罗。陈启韬又名希韬，字于龙，明溪县洋坊人，生于顺治十八年（1661）。幼聪颖，善交际，16岁即往粤东贸易。初到粤东时，因语言有差，仅经营小本生意。启韬生性机敏，很快就学会粤语，融入当地社会，逐渐开始贩卖大宗货物。他知道暹罗米质优价廉，因此常与暹罗米商交接，会暹罗语，也时常出海与暹国人洽谈贸易。一日，乘船遇巨风，漂至暹罗国。暹罗国中听到有中国人来境，都来问讯，启韬以暹罗语与当地商民往来，又逐渐结交当地官绅，国王听到此事，就传旨召见，看到启韬状貌魁梧、言语风雅，便给予官职，后又将公主下嫁。启韬在暹罗历

① 汪向荣：《日本教习》，三联书店1988年版，第42页。

任丞相，雍乾间时有珍贵物品寄回国内。后来国王驾崩，陈启韬即晋位该国国王，但此说无根据，不足考。[①] 清雍正十二年(1734)，永定中川人、贡生胡焯猷东渡台湾，在台期间建设“明志书院”，成为“文开淡北”的第一人。1745年，永定烧炭工人马福春入海，在马来西亚槟榔屿开发定居，死后被当地华侨奉为“大伯公”，成为保护一方的地方神灵。

至清代，海丝路上的人员流动更加频繁。朱子章，汀州人，出身于医学世家，康熙末年时医术已闻名于当地。受幕府聘请，朱子章与其弟朱来章于康熙六十年（1721）七月十六日乘商船抵达日本长崎，同行者还有其徒弟及助手数人，并带去70余种中国书籍，其中包括了大量的医术书。雍正元年（1723）十二月二十一日，朱氏兄弟返国。两年之后，朱氏兄弟携家人朱允光、朱允传、朱双玉等人再次来到长崎。朱氏兄弟在长崎除救治当地病患，还为日本医者答疑解惑，为推动日本医学进步起到了不可忽略的作用。朱来章所著的《朱来章治验》一书，记录其在长崎行医时的医案，现藏于日本内阁文库。雍正五年（1727），朱来章离开长崎回国。与朱氏兄弟同行的还有他们的长兄朱佩章，但他主要以儒士身份行事，未从事医学活动。朱佩章曾向日本当局送音乐书《律吕精义》。

明清鼎革之际，闽粤客家人纷纷前往南洋谋生，尤以广东大埔、福建永定两县人为多。在闽西永定，又以金丰、丰田、太平等乡的渡海入番者为主。沿着汀江至韩江的水运通道，下南洋者络绎不绝，他们纷纷从茶阳的汀江码头登船出发。康熙十七年(1678)，永定人吴集庆前往马来西亚；雍正五年（1727）游翘其

① 李云生：《明溪陈启韬出任暹罗宰相记》，中国人民政治协商会议福建省明溪县委员会文史资料编辑室：《明溪文史资料第1辑》，1983年，第54—56页。

南渡爪哇岛，胡映雪、胡永香南渡砂拉越等地，连城四堡的邹世忠、邹逊臣等前往爪哇巴城（今印度尼西亚雅加达）、暹罗等地。乾隆十年（1745），有一批闽粤客家人约40人从茶阳码头登船，后在南渡出洋途中遇风，漂至槟榔屿。这批人以广东大埔人张理、丘兆进，福建永定人马福春为首，三人义结金兰，以张理为大哥，带领客家移民开启了华人拓垦槟榔屿的艰辛历程。1786年，英国人莱特船长抵达槟岛时，发现当地已有一定程度的开发，数百顷土地被开垦，人口近千人，华人约占总人口的四成。张、丘、马三人离世后，未能送回家乡，当地华人将三人安葬在海珠屿上，并盖庙崇祀，称为海珠屿大伯公，大哥张理被尊为“开山地主张公”。大伯公是南洋华侨先驱的象征，他们生前带领移民艰苦创业，死后由人成神，在南洋华人社区形成大伯公信仰，成为当地华人的保护神。19世纪以后，闽西和粤东地区往来于南洋者人数众多，闽西客家人成为海丝腹地移民中重要的族群之一。他们或往来于原乡与新住地，或定居他乡，一些人成为名噪一时的名商大贾，比如马来西亚“胡椒丁香大王”胡泰兴、“锡矿大王”胡子春、“万金油大王”胡文虎等就是其中的典型代表。

移民当中也有一批是以“劳工”身份被出卖或主动前往南洋，如：咸丰二年（1852）被拐骗的永安贫民陈来、蔡良仁等四人；光绪二十七年（1901）以“劳工”身份前往马来西亚的大田人涂武路、涂文郁、涂孙旭、章余仲等数十人；19世纪末20世纪初，崇安（今武夷山市）崇城镇人高金寿、高金才、章牵仔、章牵孙等先后以“契约华工”身份前往马来西亚槟榔屿挖金矿，其子、孙分别在槟城从教、经商和从医，并加入马来西亚国籍或迁居加拿大。

20世纪后，海丝腹地的移民持续以各种形式出海。1906年，清流人裴雨樵赴新加坡。大田县济阳、湖美、屏山等地有人到新加坡、马六甲、吉隆坡等地谋生。邵武和平人黄锡田前往马来西亚谋生。1912 年，建瓯芝城镇人邓荔生经香港转赴新加坡定居，在新加坡创建汇源印刷厂。1913 年，南平巨口人赖吓厚前往马来西亚谋生。1924 年，建阳潭城镇人涂南生赴马来西亚从商，加入该国国籍。

知识青年出国留学也成为这一时期的新现象。1904 年，宁化人刘春海前往日本留学，曾参加孙中山的同盟会。1906 年，永安人刘佐成、李宝焌公派留学日本，后来参与我国最早的飞机研制工作。民国年间，公费出洋留学的还有永安人赖维勋（前往法国），同样前往法国的还有宁化人童质亮、曹志骞、伊为侧、徐泰咸等人。此外，永安、宁化等地有青年赴日本、法国、德国等国留学，将乐、尤溪、大田等地有一批公派或自费前往北美的留学生。1913 年，邵武东关人张国辉考入美国哥伦比亚大学，后来进入芝加哥大学法学院，成为法学博士；1920 年留美任教，后辗转到马来西亚、新加坡。1947 年，建瓯人魏德馨获公派赴英国剑桥大学留学，后留校任教，升任教授。

第二节　移民与侨居地工商业发展

腹地人的海外商贸活动与海外移民，体现出山区儿女坚韧勇敢的开拓精神。商贸活动带来的经济利益缓解了腹地生产条件不足导致的贫困，海外移民一定程度上缓和了家乡人多地少的压力，华侨寄回的侨汇、侨资改善了侨乡人民的生活。海上贸易和海外移民带来的新鲜观念，像海风吹拂腹地，开拓了腹地人对海洋的认识，增强了其征服海洋的信心。华侨带回新产品和新技术刺激了当地的生产发展。华侨纷纷反哺家乡，建设公共设施、设立学校、改善交通、发展企业，又继续改变着侨乡的社会面貌。

一、移民方式

海丝腹地海外移民方式有自由移民和契约移民两种。民国时期，海丝腹地向海外移民几乎都是自由移民。“新客”出洋的目的地和出洋后从事的行业，多数受血缘和地缘因素影响，一般是本地或本族的亲朋出洋在前，且已经在迁入地站稳脚跟，因业务的发展需要增加人手，同宗同乡自然地成为首选；且“老客”在海外的成功对“新客”也具有吸引力。因此，“新客”出洋一般都由家族成员或同乡带领，有相当部分是直系亲属。借由这种传帮带的方式，侨乡源源不断地向南洋输送劳动力。在海外移民多的侨乡，几乎每村都有“水客”为“新客”和“老客”牵线搭桥，他们也承担了一部分钱货流通的功能，由他们携带的侨汇或物品在侨居地和侨乡之间往来不息。带一名“新客”下洋，所费金额大概在几十银圆。若是由亲朋宗亲牵引出洋，出洋人一般旅费自付，或者由牵引人代为垫付，等“新客”抵达侨居地找到工作之后再偿还，这些“新客”在抵达侨居地之后也往往从事相同行业。

另一种是契约移民，即以“契约华工”身份出国。在闽西契约移民活动中同样有中介（客头）的身影，工人一般是由客头带到汕头的招工馆，在经过问话、检查身体、照相、签订合同打手印等程序之后方可出洋。这类劳工在南洋的锡矿和种植园中较多，[1] 也有

① 吴凤斌：《民国时期闽西海外移民问题的调查研究》，《南洋问题研究》，1994年第1期，第10—17页。

部分远渡重洋，前往美洲。据中国历史档案华工资料载，清咸丰年间，龙岩人黄阿明等人轻信去澳门做工可得高报酬的谎言，被骗上“猪仔船”，运往古巴做苦工。途中风浪甚大，饮水奇缺，舱内熏臭，病死者俱被抛入海中。船行百余日到达古巴后，他们被卖入糖寮（即制糖厂），日夜做工，以蕉薯包粟充饥。上工稍迟者，立遭鞭挞，被折磨致死者不少。咸丰二年（1852），龙岩人刘金前、李海、陈查华等人被不良“客头”诱骗成为“契约华工”（俗称“猪仔”），登上“罗伯特·包恩号”前往美国，同船有华工 400 余人。途中，美国人对华工施加虐待与侮辱，十多名华工因此丧命。刘金前、李海、陈查华与另 14 名华工带领全船华工奋起反抗，杀死船长、大副等 5 人后逃入琉球岛。此次华工暴动震惊世界，作为主要领导者的刘金前、李海、陈查华等 17 人的事迹被载入华工反抗斗争的史册。

二、迁出路线

闽西的海外移民首选的迁移路线是途经汕头，其次是厦门。来自永定、上杭、武平、长汀、连城等地的客家人，多选择汀江航道，南向进入韩江。从汕头出洋，一般步行到广东大埔茶阳，乘“鸭母船”到潮州，入住或联系由汀龙商人开设的客栈。从潮州乘坐火车抵达汕头，汕头亦有客栈可供住宿。龙岩、漳平等地的移民则多从九龙江顺流至闽南，从厦门出洋。从龙岩出发，步行 3 日穿越板寮抵达漳州，再乘船前往厦门；若步行，则需 4 日方可抵达厦门。当时，在厦门有龙岩人饶木荪、陈锦寿开设的民国旅社和龙华旅社，为出洋谋生的来厦龙岩人提供食宿，代购船票，收费低廉。抵达南洋各埠时，又多能得到老乡侨的关照。20

世纪20年代，在苏门答腊有龙岩商人翁笃新（棉兰的锦祥兴）、张茂萱（亚沙汉的协同和）、傅志川（火水山的协源公司）等人，为“新客”提供入口所必需的担保。“新客”在缴纳入口税后方准登岸。他们还常为新客提供食宿和介绍职业，因此被称为“岩侨三杰”。①

1939年统计数据显示，闽西的华侨主要集中在永定（今龙岩市永定区）和龙岩（今龙岩市新罗区），其中永定华侨占当时闽西华侨数量的6成以上。② 永定移民可以分为南洋华侨移民和经营烟草的移民两类，前者主要来自永定南部的下洋等乡，后者主要来自永定金丰溪流域的古竹、下洋、岐岭、大溪、湖坑等地的乡村，③ 如胡文虎家族的故乡永定下洋中川村，9成以上人家有华侨亲属。龙岩的东肖（白土）、西陂、龙门、东肖溪兜村等乡镇华侨众多。此外，上杭的稔田、蛟洋，长汀的河田、童坊，连城的四堡、漳平永福、武平岩前等在各自县域内都是华侨相对集中的乡镇。④ 民国期间，闽西海外移民主要分布在英属马来西亚、荷属东印度、缅甸和泰国等地，移民出国前大多数为农民和待业学生，相当部分受过一定的文化教育。清光绪十一年至十六年（1885—1890），有邱荣庆（溪南坊人）、陈水发（东肖社人）、翁锦使（所内坊人）、黄瞻甫（西山社人）出洋谋生。清末民初，先后又有陈水旺、陈受波、翁志鹏、翁锦泉、刘洛二、邱笃光、张汉宗、翁

---

① 吴凤斌：《民国时期闽西海外移民问题的调查研究》，《南洋问题研究》，1994年第1期，第10—17页。

② 福建省档案馆编：《福建省华侨档案史料》（下），档案出版社1990年版，第1735—1736页。

③ 钟毅锋：《烟草的流动：永定烟草历史及其文化》，厦门大学博士学位论文，2008年，第140页。

④ 福建省地方志编纂委员会编：《福建省志·华侨志》，福建人民出版社1992年版。

笃新、张茂萱、苏彩轩、林映清、王浚源、魏成金、邓岳山、张岳斋等数十人步行至漳州，再到厦门乘船去南洋。龙岩人南渡暹罗、缅甸、马来西亚、新加坡、北婆罗洲（即沙巴）及荷属东印度（今印度尼西亚）等地，以苏门答腊为多。至1920年，由亲邻牵引，陆续南渡谋生者已逾300人。此后，龙岩屡遭军阀蹂躏，社会动荡，民生艰难，离乡南渡者日渐增多。1927年4月15日，龙岩国民党右派发动“清党”反共，进步青年郑日晖、张霭庭、张旭高、陈庆隆等数十人被迫逃亡海外。1930年，海外岩侨分布在新加坡、马来西亚、荷属东印度、缅甸、暹罗各地者已达2000人以上。据1945年版《龙岩县志》载：1930年后，连年战乱，生活更趋艰难，出国谋生者日增。到1940年，龙岩华侨已达8450人。

海丝腹地侨民广泛分布在南洋各地，如位于马六甲海峡北端的重要口岸城市马来西亚槟城。1786年，英国殖民者开始控制槟城，将槟城开辟为联结西方和东方贸易的“自由港”。在此之前，已有客家人在此垦殖。此后，客家人逐渐增多，他们首先在此种植胡椒，获利颇丰，也从事其他农垦事业。清乾隆年间，原籍永定县下洋中川村的客家人胡泰兴成为槟榔屿第一位华侨实业家。胡氏世居槟榔屿种植胡椒，至胡泰兴时已经拥有大规模的胡椒园。随着槟城的发展，许多客属华侨从马来西亚各地进入槟城开拓创业，著名的“锡矿大王”胡子春是代表人物之一。胡子春（原籍今永定区下洋镇中川村）的祖父辈开始，已经在槟城种植胡椒。他少时跟随同乡来到马来西亚，从学徒做起，最终以经营锡矿致富。

在海丝腹地的客家人大量移民南洋的过程中，原乡与南洋的联结依靠“水客”，他们成为联结家乡与南洋华侨的纽带。侨乡的茶叶、烟丝、梅菜等土特产，也随之如涓涓细流一般流向海外，南洋的药材和钟表等也反向流回侨乡，形成了细密而丰富的贸易网络。此外，他们承担着信使的职能，是海外游子与家乡亲人之间情感传递的纽带，他们从南洋带回的“侨批”（即华侨寄回祖国的汇款暨家书）成为家乡亲人重要的经济来源。

地处闽粤两省交界的梅州松口古镇见证了客家人往来于海丝之路的盛况。在鼎盛时期，松口镇的码头有千余家商铺，每日有数百艘船舶往来不息。2012 年，联合国教科文组织在松口镇设立了“移民纪念碑”，成为海丝腹地客家人与海上丝绸之路密切联系的见证。

三、侨民营生

闽西的大多数移民在南洋从事商业和工矿业，主要如医药业、矿业等，也有部分从事文化教育和其他社会服务性的中小行业。他们往往在同乡同宗的行业中磨炼，从基层做起，艰辛奋斗直至成功。

1. 医药业

进入马来半岛的华人移民中从事医药行业者不在少数。乾隆二十二年（1757），福建永春人陈臣留在马六甲谋生时，治好了当地苏丹妻子的疑难杂症，并借此获得开垦权。永定人曾国华（字文光），以医为业，前往槟榔屿与亲族合力开创了万安祥药材铺，之后又独力创办万安和，从事大宗药材交易，他发明的“龙标头痛粉”和“平安油”在当地很畅销。从腹地山区前往槟城从事医药行业的还有建阳人余志堂等。

随着中医师在马来半岛从业，中医学诊断技术与方法也在马来半岛传播，中医的“望闻问切”四诊法和《神农本草经》等中医药学书籍都日益为马来人民所熟悉。

医药业以胡文虎永安堂药业为最。永安堂初设于缅甸仰光，1921年以新加坡为总部，其后在曼谷、香港、巴城、槟城、棉兰、泗水、上海、天津等地设分行。永定大溪人游霖孙是荷属东印度地区首屈一指的药业商人，其名下有济安堂、大安堂、太和堂、大安和、太和春等130余家药店。此外，卢伯川在缅甸经营医药业，以后有怡发号、荣发公司等。上杭的游杏南、游子汉等人在新加坡从事中医药行业，还组建起“中医公会”。

2. 矿业

在马来西亚吡叻、槟城一带的永定华侨多数经营锡业。“锡矿大王”胡子春在马来西亚的矿业机构曾达30多家。此外，胡仁芳的英丰栈锡矿、胡重益的顺亿栈锡矿、胡曰初锡矿等，是马来西亚重要的矿业机构。在缅甸土瓦也有永定华侨涉足采锡业，武平县李钦则在缅甸开采盐矿。

3. 报业

胡文虎是海丝腹地侨商中经营报业的翘楚，创办《星洲日报》及“星系”报纸。1928年，胡文虎创办《星洲日报》，是“星系”报业中的第一家，于1929年1月25日正式发行。此后，随着胡文虎永安堂业务的迅速发展，其报业版图也不断扩张，相继在中国内地、香港、东南亚等地开办16家报纸，如厦门《星光日报》、广州《星粤日报》、汕头《星华日报》、新加坡《星中日报》、槟榔屿《星槟日报》、曼谷《星日报》、香港《星岛日报》等“星系”报纸，建立“星系”报业帝国。在诸多“星系”报中，新加坡《星洲日报》的规模和发行量仅次于陈嘉庚的《南洋商报》。日军占领新加坡期间，《星洲日报》停刊，日本战败后复刊。

永定籍华侨积极投身报业。胡文虎堂侄胡昌耀于1946年创办

《公报》，游子云在巴城创建《国民日报》、苏晓迷在泗水等地参与合办《泗水商报》等。除独立办报之外，华侨也以职员身份参与报业。胡文虎的报社中招徕大批同乡的华侨担任采编工作，如永定华侨陈兰生、曾道修等40多人都曾为胡文虎的报业服务。

以《星洲日报》为代表的华文报对华侨社会有重要意义。从创办之初起，它就始终以祖国社会动态、华侨社会资讯为基本的报道内容，符合一般华侨的需要，也加强了华侨与祖国的联系，强化了华侨对中华文化的认同感，激励了华侨积极参与20世纪上半叶挽救民族危亡的运动。

4. 其他行业

侨民进入侨居地之后，发挥所长，所从事的行业涵盖日杂百货业、商业、文化教育等多种事业。

龙岩华侨以小商贩居多，在海外多属小康阶层，殷商巨贾甚少。他们多从学徒、杂役、店员、账柜等基层做起，以勤劳积累财富，也做小贩或合伙开设杂货铺。20世纪20至40年代，在东南亚从事会计行业的以龙岩籍华侨为多，当时甚至还流传“海南咖啡，龙岩账柜”之说，侨商（尤其是闽南籍侨商）争相以高薪聘请龙岩“财柜”。龙岩籍的张海清、黄国仁、王源兴等人都是当时有名的会计师，曾在新加坡陈嘉庚公司中任职。20世纪30年代后期，龙岩籍华侨的商业活动有所发展，业务涉及土特产专营、代理批销外洋商品、国货经销等，也有岩侨在当地设立作坊。

此外，部分龙岩华侨还积极投身文教事业。民国期间，龙岩籍华侨中有250多人受聘成为南洋各地的教师，亦有人出任校长之职。龙岩籍教师的足迹遍及印度尼西亚、新加坡、马来西亚、缅甸、泰国、菲律宾等地，著名者有章培英、林伯炎、郭荣圻、郑日辉等人，其中还有不少女教师，如黄维坤、苏秀莲、郑惠英等是其中翘楚。[1]

此外，长汀人许慰堂、许葛汀、吴建基、李宾日、胡屏山、陈汉川等人在泰国、印度尼西亚、新加坡等地经营体育用品。连城华侨在南洋出售玉扣纸、山贝纸等闽西土特产品。他们人数虽不多，但从侧面反映出华侨经营品种的丰富性。

第三节 侨商对故土的反哺及文化交流纽带作用

海丝腹地远渡重洋的侨民，在异国他乡艰辛创业、谋求发展，促进了当地经济文化发展和社会进步。不论创业成功与否，华侨都心系故乡，关心家人和乡族的福祉，更关心祖国的和平和强盛。从清末民初的反帝反封建反殖民的救国斗争和实业救国运动，到辛亥革命、抗日战争、解放战争和新中国建设，华侨华人都以自己的力量为拯救民族危亡、实现中华民族的独立和复兴做出了不可替代的贡献。

一、反哺故土

经济贡献是侨商对故土最主要的贡献。早期侨民背井离乡下南洋讨生活多是因为家中贫苦，他们如风筝一般，牵扯风筝的线仍在家乡，侨民的经济收入大部分都汇回家乡接济家中生活，富裕者在家乡起楼建屋，带动了家乡经济发展和社会面貌变化，带

① 龙岩市地方志编纂委员会编：《龙岩市志》卷29《华侨》，中国科学技术出版社1993年版。龙岩地区地方志编纂委员会编：《福建省龙岩地区志》卷28《华侨》，上海人民出版社1992年版。

有南洋风味的建筑成为新的审美标准。侨民艰辛的成功也带动了更多家乡人加入下南洋的队伍。

民国后，海外华侨经济实力趋强，出现一批在当地有重要影响力的侨商巨贾。他们与祖籍地的联系也日益紧密。很多海外华侨不仅在当地帮助新侨和侨民中的贫困者，也为家族和家乡发展竭尽所能。侨汇有赡家性、投资性、捐献性 3 种。① 这“三性”通常同时体现在华侨汇款中。他们赡养家眷、修宅造屋、买山买田、建祠修庙、周济亲友，此外还捐资办学、兴办实业、资助慈善公益事业等，为改变侨乡面貌做出了贡献。虽然对民国时期海丝腹地华侨的汇款缺乏准确的数据统计，但据学者以 1938 年闽西县份数据的估算，当年闽西华侨汇款应在 150 万元以上。②

华侨深受中国传统文化熏陶，认为唯有读书高，在创业过程中也深切体会到教育的重要性，为家乡捐资助学是华侨反哺故土的重要形式。民国时期，福建侨办学校在国民教育中占有很大比重。闽西籍华侨捐资办学始于胡子春。1905 年，胡子春独资创立永定师范学堂，是永定第一所中等学校，此外又创办下洋犹兴学校、湖山小学和金丰中学。胡子春还在闽西龙岩、上杭、连城等地建设 7 所学校。其后，翁锦春、张采东、张冈、林映清、戴子汀、卢国振、阙德隆、游范吾、李云霄、李师张、周仰云等华侨都在家乡或在闽西捐资办校。闽西籍华侨中，为祖国教育事业发展捐资最多者当为永定下洋籍爱国侨领胡文虎。与陈嘉庚斥巨资在厦门办学不同，胡文虎致力于在全国各地建设普及教育学校。1935 年，胡文虎捐资 250 万大洋，计划在全国建设千所小学，至

① 袁丁、陈丽园、钟运荣：《民国政府对侨汇的管制》，广东人民出版社 2014 年版，第 1 页。

② 张佑周主编：《龙岩华侨史》，华南理工大学出版社 2020 年版，第 149 页。

1938年已建成300所。胡文虎为全国的中学和大学教育投入巨资，1929—1937年，胡文虎先后为上海大厦大学、厦门大学、广州中山大学、广州岭南大学、福州福建学院、广州仲凯农工学校、上海两江女子教育专门学校、汕头市立女子中学、汕头私立回澜中学、汕头市立第一中学、海口海琼中学、厦门中学、厦门双十中学、厦门大同中学、厦门中华中学、厦门惠群中学等学校直接捐资助学或捐资建设校舍场馆。

兴办实业也是华侨回馈故土和祖国的方式之一。清末民初时，胡子春除在家乡捐资助学之外，也创办实业，先后投资京汉、粤汉铁路、漳厦铁路等。从20世纪30年代开始，胡文虎大量投资国内经济建设，他在广州、汕头建设制药厂，在上海、重庆、广州、福州、厦门、天津、昆明、贵阳、桂林等地开设永安堂药业分公司或“星系”报纸。1933年，他回国组建福建省建设委员会，提出建立福建银行、扶持农村经济等主张。华侨以实业报效祖国，目的是提振国内经济、改变家乡和祖国的经济面貌，但限于当时的国际国内形势，华侨实业兴国的道路也遭遇艰难险阻。

二、华侨与国内革命

孙中山说“华侨是革命之母”。近代以来，中国面临民族存亡的挑战，国人开展了艰苦卓绝的反帝反封建斗争。近代以后，也是华侨历史上大量华工出国和海外华侨民族意识日益觉醒的时期，国内一次次的革命浪潮，都激荡着海外华侨的爱国热情。

华侨社会以社团、学校和报刊为三大支柱。清末，清廷及革命党人出于不同目的积极开展海外华侨工作，海外华侨社团、华文学校、华侨报纸纷纷创办，极大提高了海外华侨的文化水平，传播了民族意识。海丝腹地籍的华侨也成为革命党人积极争取的对象。王绍经、陈性初、胡迪人、胡建扬等人积极投身辛亥革命。1919 年五四运动的爆发标志着新民主主义革命的开始，一批华侨在国内和海外宣传革命思想，如曾道修、陈子彬、胡资周、李联星、张壮飞、胡定军、曾昭生、张双铭、魏金水、曹菊如等纷纷为中国革命贡献心力。新加坡归侨李联星回国后入广州农民运动讲习所学习，后任漳州农运特派员、中共闽南特委委员、福建临进省委委员。邓潮海曾任县苏维埃政府主席。马来西亚归侨魏金水回国后参加革命，曾领导闽粤赣边区游击战争，新中国成立后任中共福建省委副书记、福建省省长、中央顾问委员会委员。曾在南洋印度尼西亚、马来西亚等地工作的曹菊如回乡后在闽西工农银行工作，后参加二万五千里长征，新中国成立后，曾任中国人民银行行长。曾昭生 15 岁时就加入了中国共产主义青年团，在永定参加金丰暴动，后参加红军，曾被国民党逮捕而失去与党组织的联系，随后前往新加坡谋生，与海外党支部取得联系，曾担任马共霹雳地委书记等职。1938 年，他历经艰险回国继续参加革命。从南洋回国参加革命、为国为民捐躯的还有陈骏昌、陈南桂（龙岩东肖后田人）、连绍昌（龙岩龙门赤水村人）、郭乾照、郭有增（龙岩龙门镇人）等。

华侨在侨居地积极宣传革命。1923 年，苏岛岩侨邱景华等 20 多人组织青草社，借用棉兰《新中华报》副刊版面，每周出刊一期文艺专版《青草周刊》，推动苏岛新文艺运动发展。1926 年，因一期刊物有斧头、镰刀图案，遭荷兰殖民统治者取缔，被迫停刊。同年，祖国北伐战争胜利，岩侨与广大侨胞游行欢庆，苏岛东部班年的岩侨还谱歌祝捷，一时广泛流传。歌词是："革命军，北伐完成。军阀劣政，从此革命。善政行，国势日强盛。我侨胞，远羁异域。闻此音讯，雀跃盈尺。祝祖国，富强成事实。”1930年后，苏逸云、马宁、邱士珍、邱絮絮等创作小说、诗歌，王源兴、黄复康、张霭庭、连啸鸥、吴荻舟等人支持各种文化活动，协助倡办报刊，撰写文稿，为侨居地的新文化运动做出贡献。

抗日战争期间，龙岩籍华侨积极投入抗日活动。1939年4月，新加坡龙岩会馆出版《开幕纪念刊》，发刊词阐述会馆唯一的任务，是团结团体、统一意志、集中力量、巩固抗敌阵线。“因为我们远离祖国，旅居他邦，既不能效命疆场，作马革裹尸的壮烈牺牲，也不曾受到敌人飞机大炮的惨酷虚惊，较之妻离子散，断肢折臂的同胞，是何等安逸?”“我们将各种动态用文字宣扬出来，使侨众能进一步的了解，切实负起应尽的责任，为国家民族而奋斗”，道出岩侨抗日救国的心声。同年，槟城龙岩会馆组织筹赈祖国抗战伤兵难民委员会，抗日筹款叻币8000元，为槟城各社团之冠。此后，还组织岩青口琴队、岩声中乐队、岩光剧团为抗日义演。在菲律宾从事教育工作的张旭高、郑惠英夫妇，积极参与侨居地的抗日宣传，遭日本宪兵逮捕。后张旭高被杀害，菲律宾人为其立碑纪念。1941年，岩侨黄薇到菲律宾创办《华侨导报》，报道世界反法西斯形势，宣传抗战。在报社遭日军封闭、有的工作人员被捕的情况下，仍坚持斗争，变换形式继续出版。1943年夏，岩侨郭三民冒着生命危险，把爱国人士王任叔（新中国成立后首任驻印度尼西亚大使）夫妇安顿在自己家里，并办好居留证，巧妙避过日军的多次盘查，后又将他们安全转移。同年，在马来西亚北婆罗洲地区，岩侨陈金兴、杨金兴、廖玉清、吴木金、郭德宝、林亮海、黄柏兴、章绍辉、魏柏发、魏木海、林必然、林天芳、林柏兴13人，参加抗日游击战壮烈牺牲。后来，亚庇龙岩会馆为烈士们树碑纪念。1968年，葬烈士遗骸于华人公墓。

第四节　杰出的航海家王景弘

王景弘，明漳州府龙岩县集贤里香寮村（今漳平市赤水镇香寮村）许家山自然村人，民间称“王三保”“王三宝”“王总兵”“王三品”，是明朝杰出的航海家、外交家。

王景弘塑像

王景弘于明洪武年间入宫，侍奉燕王朱棣，在建文年间参与“靖难之役”有功。自永乐三年（1405）奉命与郑和、侯显率船队下西洋，到1436年明英宗下令结束下西洋行动，历时30余年，5次与郑和共同出使，两次为郑和出使做后勤准备，还有一次（第八次[1]）独自率队下西洋，行迹遍及南海和印度洋沿岸，为明代中国发展与西洋各国的和平友好往来、传播中华文化、促进海内外商贸交流、推动海上丝路的繁荣做出了不可磨灭的贡献。

---

① 《明英宗实录》载：“请以各卫风快船四百艘作为战船，令都督陈政操江。上敕守备太监王景弘计议行之。”也就是王景弘还是负责水师训练，并于宣德九年（1434）受命第八次出海，《明史苏门答剌传》记载：“宣德五年，帝以外蕃贡使多不至，遣和及王景弘遍历诸国，凡历二十余国，苏门答剌与焉。明年遣使入贡者再。八年，贡麒麟。九年，王弟哈利之汉来朝，卒于京师，帝悯之，赠鸿胪少卿，赐谥，有司治丧葬，置守冢户。时景弘再使其国，王遣弟哈尼者罕随之入朝。”

一、王景弘在下西洋使团中的地位与作用

在很长时期内，王景弘一直被视为郑和的副手，但当代越来越多的史料整理结果发现，王景弘与郑和一样，都是下西洋的最高指挥官——正使太监，在史书中，郑、王名字通常是并列的。作为下西洋的重要人物，王景弘对西洋的贡献至伟，在航海方面，王景弘的功绩甚至比郑和有所超出。

第一，王景弘与郑和均为下西洋的实际领导人。王景弘与郑和在明代经历相近、地位相同，都是一样出色的外交家和航海家。他们共事30年，始终融洽无间，同心协力，共同完成了前无古人的航海伟业。在史书记载中，王景弘与郑和同下西洋5次，独自领军1次。

永乐三年六月，命和及其侪王景弘等通使西洋。①

永乐丁亥（五年），命太监郑和、王景弘、侯显三人往东南诸国，赏赐宣谕。②

永乐七年己丑，上命正使太监郑和、王景弘等，统领官兵二万七千余人，往诸番国开读赏赐。历东南诸番，以通西洋。③

宣德五年六月，帝以践祚岁久，而诸番国远者犹未朝贡，于是，和、景弘复奉命历忽鲁谟斯等十七国而还。④

另有永乐十九年春，郑和、王景弘、马欢同下西洋。《天妃显应录·东海护内史张源》载：是年（十九年），太监王贵通（注：王景弘）等又奉命赴西洋。

---

①④ ［清］张廷玉等：《明史》卷340《郑和传》，中华书局1984年版，第776页。

② ［明］郎瑛：《七修类稿》卷12《三宝太监》，历代笔记丛刊，上海书店出版社2009年版，第121页。

③ ［明］陆容：《菽园杂记》卷3，“元明史料笔记丛刊”，中华书局1985年版。

在这些记录中，王景弘至少在第 3 次下西洋时已与郑和并列为正使太监。

第二，王景弘在船队中主要负责航海事务。史载郑和“丰躯伟貌，博辩机敏”，知兵习战，智略超人，是军事领导人；而王景弘英姿聪慧，博学儒雅，谙熟梵文番语，擅少林拳，熟悉航海事务，是技术总负责人。明宣宗朱瞻基于宣德五年（1430）郑和、王景弘第七次下西洋时，亲自撰写两首七言长诗，其中赞扬王景弘道：“昔时将命尔最忠，大船摩拽冯夷宫。驱役飞廉决鸿蒙，遍历岛屿凌巨谷。”两诗清楚地表明郑、王在皇帝心中的地位是一致的，只是分工不同。王景弘是福建人，熟悉海洋和当地语言，而下西洋船队中的水手、造船工匠多是从福建招募的，在与郑和同行的旅程中，王景弘体现出杰出的管理船队的能力。据《西洋番国志》自序中记述：舟师“往还三年，经济大海，绵邈迷茫，水天连接，四望迥然，绝无纤翳隐蔽。唯观日月升坠，以辨西东；星斗高低，度量远近：皆斫木为盘，书刻干支之字，浮针于水，指向行舟，经月累旬，昼夜不止，海中山屿，形状不一，但见于前。或在左右，视为准则，转向而往。要在更数起止，记算无差，必达其所”，可见当时航海条件的恶劣，展现了船员技术高超和领队卓越的组织与指挥才能。在陈伦炯的《南洋记》中，记载了王景弘在七洲洋呼鸟插箭指引航向等传说，“相传王三保下西洋，呼鸟插箭，命在洋中作记”。

第三，王景弘为下西洋做了军事后勤保障。在下西洋过程中，王景弘负责在闽浙粤一带招募兵员，培训水手，选拔人才。当时宝船上负责指挥航向航速、看针操舵、起落船锚、升帆落篷、摇橹划桨、铁木工匠、天文观测的航海技术人员多是从福建广东一带，选取“驾船民梢中有经惯下海者”担任的。下西洋所需船舶多在福建制造，《明太宗实录》称，永乐元年（1403）五月辛巳，

“命福建都司造海船百三十七艘”。永乐二年正月癸亥，“将遣使西洋诸国，命福建建造海船五艘”。《闽都别记》载：“诏书即下，有司官先在长乐十洋地方造舟，工匠数千。该处地便有人搭寮开店贸易，人如云集，竟成大市。至舟已赶造完竣，三宝太监等皆至长乐，并随从官座海舟。其余赏赐之物并口粮、军兵、甲仗、诸色工匠，分配海船五百余号，俱在太平港，即吴航头登舟。”清嘉庆年间蔡永蒹抄《西山杂志》中《三宝下西洋》也曾记载：“永乐三年，成祖疑惠帝南逃，命中官郑和、王景弘、张文等造大船百艘，率军二万七千余。王景弘，闽南人，雇泉船，以东石沿海各舟代导引，从苏州刘家港入海，至泉州寄泊。上九日岩祈风，至清真寺祈祷。满载陶瓷丝绣币帛，历漳、潮、琼崖至占城。”第四次和第五次郑和下西洋，王景弘虽然没有直接参与，但他为这两次远航做了完善的准备，史书对这两次王景弘的行踪有记录：永乐十年（1412），王景弘奉命到闽、浙沿海招募大批水手和造船工匠，在太仓、长乐、福州、泉州等地督练水师、监造海船、修建天妃宫；永乐十一年（1413），王景弘在南京兼管招募舟师、监造海船等事务。

第四，下西洋结束后王景弘做了善后工作。正统元年（1436），辅政大臣以明英宗的名义命南京守备太监王景弘停罢采买营造，有史以来最大规模的海上远征就此宣告结束。王景弘虽脱下征衣，但有下西洋大量物资善后处理和人员安置工作需要他主持。史载：“正统元年三月丁卯朔，敕南京守备内外官员太监王景弘等，比闻南京永承运八库递年收贮财物数多，恐年久损坏，负累宫攒人等。”“正统元年三月甲申，敕王景弘等，于官库支胡椒、苏木等三百万斤，遣官运至北京交纳，毋得沿途生事扰人。”[①] “正统元年六月己

① 《明英宗实录》卷15，上海书店出版社2015年版。

已，南京装运胡椒、苏木马快船一百艘至京。”① 此后王景弘淡出朝廷，在南京将下西洋的航海资料和经验整理成书，编著出被明清航海人员视为驾舟出海的导航“秘本”的《赴西洋水程》一书。②

第五，王景弘独立指挥了第七次返航和第八次下西洋。在第七次下西洋返程途中，郑和于宣德八年（1433）六月在印度古里去世，船队由王景弘率领返航。随后的第八次下西洋，王景弘已完全成为这支舰队的统帅。

二、海丝路上的王景弘印迹

在史书中，王景弘声名不彰，原因可能有四：一是当王景弘与郑和一起出现时，王排在郑后，这场下西洋因而也被称为郑和下西洋。二是郑和主持军事和与沿途各国交往事宜，显示度高于负责技术的王景弘。三是文官集团通常看不起并对宦官有很强的戒备心理，当然不愿在史书中为其扬名，如清朝的演义小说家和历史学者蔡东藩评价道：“虽宣威异域，普及南洋，为中国历史所未有，然以天朝大使，属诸阉人，亵渎国体，毋亦太甚。且广赍金帛，作为招徕之具，以视西洋各国之殖民政策，何其大相径庭耶？人称郑和为有功，吾独未信。”③ 四是由于八下西洋后，明王朝基本消除来自海上的威胁，战略重点转向北方，加之下西洋及

① 《明英宗实录》卷18，上海书店出版社2015年版。

② 清代黄叔璥在《台海使槎录》中就指出：“舟子各洋皆有秘本，云系明王三保所遗；余借录，名曰洋更。”这种“洋更”，也被称为“针簿”“针谱”“针经”，其内容多讲求实用性，举凡风汛顺逆、水流缓急、潮水涨退、山屿远近、沙汕岛礁、时日早晚、水色浅深、针位更数、打水深浅、寄碇避险，船行高低、望斗牵星等，只要是航海过程中所应留心注意的，几乎无所不包。转引自广东海上丝绸之路博物馆之《“舟子秘本”话针簿》。

③ 蔡东藩：《明史演义》第27回，华夏出版社2018年版，第170—176页。

万邦来朝的朝贡制度在经济上给政府带来巨大的负担，下西洋结束后，文官集团为防止再有人动议，销毁或隐藏了《郑和航海图》等几乎全部下西洋的原始资料。①

改革开放以来，随着我国与外部交流日益频繁，下西洋的意义得到更广泛的重视，研究者有意识地从故纸堆和海外搜集资料，王景弘的形象日益丰满，他在海丝路上的事迹开始广为人知。

在台湾，清康熙高拱乾主修的《台湾府志》、陈文达主修的《凤山县志》，清乾隆王瑛曾等重修的《凤山县志》等志书中多有对王景弘的记载。《台湾府志》卷一《封域志·沿革》中载道，“宣德间，太监王三保舟下西洋因风过此”；卷九《外志·古绩·药水》载，在凤山县淡水社，“相传明太监王三保投药水中，今土番染病者，于水中洗澡即愈”；卷九《外志·古绩·大井》载，“开凿莫知年代，相传明宣德间太监王三保到台，曾于此井取水，即今府治西定功大井也”。

在东南亚，有王景弘、郑和遗迹、庙宇多达数十处，泰国阿瑜陀耶城（大城）之南 10 千米处有一座三宝公庙，供奉泰国最大的一尊铜佛銮抱多佛，华人称为三宝佛公，庙内有楹联曰：“三宝灵应风调雨顺，佛公显赫国泰民安。”距曼谷不远还有一座三宝公庙，湄南河入海处有一港口称为三宝港。马六甲三宝山有明成祖手书镇山石碑一通，还有三宝城、三宝井、三宝公庙、三宝宫等当地政府及民众崇仰的名胜古迹。柬埔寨磅湛市东南两千米处的一座古城中有一座三保公庙，庙中有一副对联曰：“三征异域，抚夷安邦，遗像万年留瞻仰；保民尽忠，辅政治国，英灵千载永长存。”在越南南圻河仙镇有一座三宝寺，在文莱首都斯里巴加湾则

① 传说被刘大夏烧毁，但各种记录矛盾较多，存在争议。而下西洋的详细史料再未出现则是事实。

有一条“王总兵路”。①

东南亚的王景弘留迹最多的是在印度尼西亚三宝垄市。郑键庐《南洋三月记·游三宝洞古迹》载：

> 相传三宝洞旁之土墩，即王景弘之墓。当时王景弘同使南洋，王卒于此，故葬之，误传三宝大人埋骨之地。墓上环置方形木签数十，上狭下广，尖若塔形，刻弟子或信女某某叩谢，亦有刻巫文者……再过数载，竖有石碑，为黄志信所立。清光绪五年（1879），三宝垄华侨黄志信曾立石碑以记其事，碑文为：“时望安为王公三保大人归真之地，山明水秀，树木葱茏，麓有石门，天然成洞。三保圣神著灵于此，俗称为三保洞者，以神得名也。”

王景弘是否到过并在三宝垅去世，史书记载有矛盾，后世研究也没有定论。

1945 年，国民政府将南沙群岛中的辛科威岛命名为“景宏岛”（即景弘岛）。

第五节　中川胡氏商业文化的形成与发展

一、天下第一侨乡的由来

道光《永定县志》载，“商之远贩吴、楚、滇、蜀，不乏寄

① 本段的相关记述转引自文鹤：《壮哉，郑和、王景弘七下西洋》，《海内与海外》，2005 年第 8 期，第 31—35 页。

旅；金丰、丰田、太平之民，渡海入诸蕃，如游门庭”①。在闽西闽北下南洋的移民中，永定金丰里的中川胡氏家族表现突出，是在海丝路上经商创业的代表性家族。永定下洋中川村是“村民三千，侨胞二万”的著名侨乡，这里海外的华人华侨比家乡的人数多出5倍，其中马来西亚最多，有8000人左右，印度尼西亚有3000人左右，新加坡有2000人以上，其余的分布在各地，故中川村又别名“天下第一侨乡”，是“锡矿大王”胡子春，“万金油大王”、爱国侨领胡文虎等著名侨商巨贾的故乡。

南宋末年，胡氏入闽始祖胡九郎公由江西入闽，九郎公第三子七郎公移居下洋，传至第九世铁缘公移居中川，成为中川胡氏开基祖。明清两代，中川胡氏人才辈出，科举代代有人。中川胡氏最早下南洋是在18世纪20年代，至19世纪中叶后达到顶峰，最早下南洋者，如胡兆学、胡映学兄弟等数十人前往马来西亚的砂拉越、叮加罗、甲八丹、吡叻（今霹雳州）和印度尼西亚的井里汶等地；19世纪，胡永春、胡永和兄弟前往印度尼西亚甲必丹，胡门林等前往井里汶；胡移玉、胡增瑞、胡武撰等前往马来西亚槟榔屿；胡移林等赴马来西亚吡叻；20世纪20年代，继胡子春之后，又出现胡重益、胡曰初、胡曰皆等锡矿巨贾。

二、商业文化源头与特质

中川胡氏商业文化的形成，与中川胡氏“拼、亲、孝、教、才、富”的文化特质有关。中川村土地瘠薄、人多田少，“男人扎条裤带去过番，女人带双络脚去挑担”的说法描绘出下南洋热潮

① ［清］方履篯修，巫宜福纂：道光《永定县志》卷16《风俗》，厦门大学出版社2012年版，第279页。

时当地的社会性别分工，“过番”（下南洋）成为中川人缓解人地矛盾的重要出路。中川侨乡的形成轨迹，可以归纳为“由贫而侨，由侨而富，由富而教，由教而才，由才而兴”20字。

中川村的侨乡文化有独特的“文化密码”① 与精神内核。胡氏家庙是胡氏家族文化的精神象征。它始建于明万历十二年（1584），清康熙二十九年（1690）、乾隆五十六年（1791）、道光十四年（1834）、1926年、1934年、1984年历经六次重修。② 胡氏家庙前的门坪上竖立着36支功名旗杆（21支木旗杆、15支石旗杆），是胡氏宗族为在科举中获得功名的族人所立。据《同永胡氏族谱》记载，明清两代中川村有进士5人、举人30人、贡生123人、文武官

永定中川胡氏家庙（郭书生摄）

① 张耀清主编：《历史记忆：闽西文化遗产》，海潮摄影艺术出版社2007年版，第214—217页。

② 福建省龙岩市政协文史和学习委员会编：《闽西文史资料第12辑·闽西名祠古茔》，福建省龙岩市政协文史和学习委员会2010年，第35页。

员108人。现存旗杆中的一支是为胡子春所立，因为胡子春的成就，清廷先后封他为邮传尚书、荣禄大夫。胡氏家庙成为村内最重要的地标，对胡氏后人也起着激励作用。

中川胡氏“不忌言富”，曾任台湾彰化县学官的胡旃乡以“富”字形建楼，成为永定土楼中唯一的“字形楼”。富而能仁，富而善慈，从中川走出的名商巨贾中，大慈善家不乏其人，有槟城侨领、“胡椒大王”胡泰兴，马来西亚的“锡矿大王”胡子春，南洋著名侨领胡文虎，胡文虎之女、香港“新闻女王”胡仙，以及印度尼西亚“化工大王”胡秀波等。他们在南洋的开拓创业、对家乡的回馈建设，是由他们骨子内的文化基因所决定的。因此，即使到第二代第三代胡氏华侨，也始终记着自己的籍贯，虽然在地理上远离故乡，但在情感和精神上始终与原乡和祖国相联结。中川胡氏在海外获得的商业成功说明，虽然海丝腹地远离海洋，但从海丝腹地走出的商人，其商业思维和理念并不保守，经营能力也不弱于“海洋民族”。正如中川胡氏，其商业文化深受客家人“忠”“孝”思想的影响，形成拼搏进取、爱国爱乡的精神。

第六节　海丝腹地的代表性商人

一、胡泰兴

胡泰兴，字岳东，原籍永定下洋中川村。其父胡曾育于乾隆末年下南洋，在槟城峇六拜白手起家，从雇工做起，积累资金后租地种植胡椒、丁香等作物，不久积累了一定的资本，在槟城娶妻生子。胡泰兴幼年时曾被送回中川，在族学中启蒙，初步学习中华文化后回到槟城。胡曾育的胡椒种植也蒸蒸日上，传到胡泰兴之手时，胡氏已有规模庞大的胡椒园。胡泰兴继承了父亲的种植业并大胆投入，他向槟城大伯公帮会租借大片荒地，种植胡椒、丁香和甘蔗，很快就获益。其鼎盛时，胡氏的垦殖产业超过了当地的英殖民地农场主。胡泰兴也在市区开设商行，成为槟城的“胡椒大王”。

胡泰兴是英殖民政府饷儁制度的承包商之一。槟城开埠之初，英国殖民政府需要解决两个问题：第一，由于当地实行自由贸易政策，英殖民政府无法收到关税收入；第二，随着越来越多的华人来到槟城垦殖定居，英殖民政府也需要对华人征税。他们认为，可以利用华人嗜好烟、酒、鸦片等习惯，加强对华人征税，于是包税制（Farm System，华人称为饷儁制）就确立起来。这一制度是由政府将征税权承包给出价最高的投标者，中标人以约定的租金支付给政府，保留超出的税收收入，不足部分都由承包人自行承担。在槟城开发之初，华人是当地人口中的主要族群之一，华人吃苦耐劳、善于经营，因此相较于其他族群更有能力参与包税制。胡泰兴就是其中之一。通过承包烟赌饷儁，胡泰兴也加速了资本积累。

胡泰兴积极参与社会事务，曾经担任槟城广东暨汀州会馆的会长，也资助过槟城鹤山极乐寺的建设。经济上的成功为他带来社会威望，他曾担任过槟城的市议员。1867 年 8 月的槟城大械斗中，英殖民政府成立调查委员会以出面维持秩序，胡泰兴是 8 名委员会成员中的一员。槟城的“胡泰兴路”就是为纪念他开发槟榔屿的丰功伟绩而命名的。

二、吴德志

吴德志，永定县下洋镇思贤村人，1861 年生于槟城巴六拜。其父吴湘早年从家乡南渡马来西亚谋生，在巴六拜种植豆蔻、胡椒等作物。吴湘娶张氏，生四子，吴德志为第四子。吴德志幼年时曾就读于槟城莱特路大英义学；毕业后，为生活所迫，开始进入商界当学徒。由于他勤劳干练，又有一定的英文水平，深得老板信任，十多年后成长为瑞兴号司理。由于瑞兴号遭遇火灾停业，吴德志在英国友人的帮助下开办百货公司，专门出售英国产品。由于货物直接从英国本土或欧洲产区采购，他因此成为当地华侨中经营洋货的第一个头盘商。吴德志的商店即以“吴德志”为名，当地人称为“吴德志土库”（“土库”在客家话中意为大货仓）。吴德志拥有头盘商的优势，加之善于经营，公司开业后获利颇丰，数年间他就成为一方巨富。吴德志发迹后，热心社会公益事业，逐渐成为马来西亚著名华侨，先后担任槟城总商会副会长、新加坡永定会馆名誉总理等。英国殖民政府封其为太平局绅。

虽然吴德志生长于海外，一辈子没有回过家乡，但深受家庭教育影响，加之长期在华人社会中生活，仍具有中华民族的爱国爱乡情怀。甲午战争后，吴德志多次捐款给清廷以建设国防；故乡下洋登山遭遇灾荒时，他也多次捐资赈济。1906 年，清廷禁烟，吴德志召集当地各帮华侨社团负责人发表联合声明，请求马来政府禁烟，呼吁华侨戒烟，还与侨领胡子春组织“振武善社”劝人戒烟，此举引起了马来西亚各州华人社团的热烈响应和仿效，形成了声势浩大的北马戒烟运动。1907 年，槟城天花流行，吴德志听说中医对防治天花有良方，于是独资创建济生医院，聘用马来西亚著名中医医生入职，一面收容病人治疗，一面向市民宣传防疫知识，因此获救者达数百人。1915 年，受“一战”影响，马来西亚食米、食糖供应缺乏，价格上涨，加之谣言四起，发生多起抢米风潮，当地政府派遣军队以维持治安，顿时全市弥漫着紧张和恐怖的气氛。由于殖民政府无法从根本上解决粮荒，更加人心惶惶。当此之际，吴德志出面邀请柯孟淇、朱和乐、梁元藻等 12 位各行业的商界头领，筹集巨款以向政府平籴仓库存粮，定期发放赈米，又敦促政府向市场米商保证粮源。至此，米荒危机得以解除。

抢米风潮后不久，槟城金融市场遭遇激荡。由于“一战”影响加深，原料铜缺乏，马来西亚市场流通的铜制辅币（铜仙）无法及时铸造供应，当地政府又未能与邻近星洲、马六甲等处调剂，致使槟城市场发生“铜币荒”，且一些商人趁机从北婆罗洲砂拉越运来质量较差的铜仙以充市用，致使部分市民遭到了经济损失，政府也遭受财政金融威胁，因此英国殖民政府下令严查重惩，商界哗然，市民怨声四起。吴德志出面与政府进行交涉，政府随后追查走私铜仙奸商，转调星洲马六甲等地铜仙，同时，设置铜仙局，敦促商户和市民按照规定的铜仙比价，将砂拉越铜仙进行比价找换。此举多方得利，解决了铜仙荒的难题。经此事后，吴德志在当地商侨中声誉日隆。

1916 年，侨众推举吴德志担任槟城同善堂董事长。同善堂是槟城商民捐资所建的开展社会救济的慈善机构，长期资助外来难民、老者、残疾者、穷人等，无主曝尸也常由该堂负责收埋，救济支出费用极为庞大。“一战”发生后，由于币值下降、同善堂负责人经营不善等原因，同善堂基金日益亏蚀，无以为继。吴德志接任同善堂董事长后，带头出资，再发动侨商募捐，以充实同善堂基金。同时，整顿同善堂内部，制定严格的财务规定。不久，同善堂的活动又重新走上正轨，继续造福当地许多贫困华侨。此后，他还主持兴办“同善学堂”，招收贫困华侨子弟入学。他也曾于1915年创建“务内女校”，采取义务教育办法，此举推动了槟城妇女教育事业。①

三、胡子春

胡子春（1860—1921），又名国廉，永定下洋中川村人。父亲胡玉池生于英属槟榔屿，成年后回乡成婚。胡子春父母早丧，与祖母李梅娘相依为命。13岁时，胡子春跟随乡人前往槟榔屿投靠姑母；16岁起跟随母舅学习锡苗勘探技术；20岁移居霹雳州拿律，进入当地矿主郑景盛的矿场工作。因其深受郑景盛赏识，得以迎娶郑景盛的女儿。胡子春在霹雳州的锡矿版图逐渐扩大，成为东南亚首屈一指的锡矿企业家。鼎盛时，胡子春跨行业进行多元化经营，除锡矿外，还经营橡胶园和丁香、豆蔻种植园，橡胶园面积达数千英亩。他的事业版图遍布马来半岛，远及暹罗南部，成为一代名商。

胡子春是晚清时期投资国内金额较多的华侨实业家之一，也是第一个回国大规模投资的闽西华侨。他积极投资国内的矿业、铁路、盐业和种植业等，成为南洋华商投资祖国的典范。1906年，时任福建铁路公司总经理的陈宝琛到南洋各埠为公司招股筹资，胡子春踊跃投资，成为大股东，全省京官公推他为协理，后获清廷赐三品卿衔。1907年，胡子春与吴梓材集资合作筹办福建

① 罗懿：《马籍侨领吴德志》，《永定客家人物》编委会编：《永定客家人物》，2008年版，第394—398页。

安溪煤矿及其他矿产。1907年，建宁、邵武、汀州三地的矿权收回后，福建的绅商力争废除与外国商人之间的矿约，主张自主办矿。他们注意到胡子春的财力和号召力，认为："胡京卿系南洋有名誉巨商，集股自必较易。且胡矿产起家，将来开办，必不落他人后也。"① 1908年，邮传部尚书陈璧、侍郎郭曾炘致函外务部，请求让胡子春主持矿务。1908年，农工商部奉旨任命胡子春为福建商办矿务总理。此后，胡子春担任粤、闽两地矿务总理。

胡子春也是较早提出和实施开发海南岛的侨领。1907年春，他亲自到海南岛调查研究并拟定开发办法。光绪皇帝批准并委派他"总理琼崖矿务事宜"。为全面实施开发计划，胡子春于1908年与区棠亮等人创办侨兴公司，承办广东琼崖全境垦、矿、牧、汇兑等业；在广州设立侨倡垦荒探矿公司，以承办海南岛乌枪岭锡矿和那金岭的金锡矿。

胡子春自少年时就漂泊异邦，直至1906年回国奔祖母丧，在中国停留考察9个月，次年7月才返回槟城。在此之前，其实胡子春已有在国内投资矿业的想法。此次省亲之余，他在闽粤多地考察投资机会。1907年，他返回槟城几天后便发表演讲，回顾他在闽粤两地的考察见闻。他认为，闽粤两地矿产丰富，东南沿海交通便利，加之朝廷对华侨归国投资兴业持开放和支持态度，在闽粤两省发展工商业必有美好前景。随后，胡子春与郑螺生、李孝章等人组建了霹雳中华总商会。当年12月，在清廷农工商部的邀约下，胡子春亲赴海南查勘矿产。1908年，他根据考察情况提出"一纲十目"的开发计划，经商部侍郎杨士琦上奏后得到农工商部认可。当年11月，他与区昭仁创设侨兴总公司，经营垦矿、

① 马鸿谟编：《民呼、民吁、民立报选辑（1909.5—1910.12）》，"延津汀矿事始末记"，河南人民出版社1982年版，第132页。

畜牧和汇兑事务，先后在儋县的那大、西玢开采锡砂。他创设侨丰公司，专办盐务，在三亚港附近兴建盐场，后又设立侨轮公司，专务海口与广州之间的盐业运输。

1907—1908 年间，胡子春及其他股东在闽粤两省的矿务和农垦计划的投资达 943 万元，[①] 但是，走向末路的清廷改革失败，腐败顽疾和经营混乱的现象困扰着胡氏所投资的企业，致使投资项目大多半途而废。

胡子春认识到，要想拯救民族危亡，实现民族富强，除了以实业强国富民之外，还必须兴办教育、昌明科技、改变世风，因此他大力投入教育事业。他很早就在马来西亚开办华侨学校，为当地华侨子弟提供就学机会。1905 年，清廷下诏废科举兴学校，胡子春在故乡永定下洋中川村创办起书院和学校，又在永定县城创办师范学堂。胡子春还积极支持兴办女校，他在南洋创办中华女学，是南洋华侨妇女教育史上的大事。胡子春还热心于公益事业，他创立振武善社，在南洋侨界宣传和推动禁鸦片运动，免费为侨胞提供戒烟药水，造福侨民。他还大力资助慈善事业，周济华侨同乡。胡子春长期连任当地民政院议员，担任参事局参事，又是众多华侨社团的倡建者和侨领，其义举对侨民造福良多，被称为“南洋的孟尝君”。

四、周仰云

周仰云（1885—1964），原名树瀛，连城县文亨乡人。出生时正值清末，国势衰微，周氏也家道中落。少年周仰云不得不舍弃

---

① 颜清湟：《海外华人史研究》，新加坡亚洲研究学会 1992 年版，第 56 页。

学业，扛起家庭的重担，在当地姑田一带的纸行当学徒。他聪明勤谨，又识字，日渐展露出过人的经商才华。不久，他被店主器重，派往广东潮州推销土纸。从20世纪20年代起，他先在潮州与友人合作经营德国拜尔公司出品的颜料。第一次世界大战期间，海上交通受阻，价格涨跌无常，染料行无法正常营业而致破产。周仰云重操旧业，在潮州经营连兴昌纸行；1930年又在汕头合办广福烟草公司，销售福建永定一带的优质烟丝，且因业务增长快，又在上海、泰国曼谷设立分公司。之后，周仰云前往泰国经营广福公司，大获成功。周仰云还在越南西贡组建了建丰米业进出口公司，在香港寓居期间又曾先后与友人开设了广诚昌、广华昌等纸行。他的事业在20世纪30年代发展到高峰。周氏在泰国的成功遭到同样在泰国经营烟草业的英国公司嫉妒，英国商人在以重金引诱周仰云出卖品牌专利不得的情况下，裹胁泰国政府出面干预，要求周仰云转让专利，被周仰云严词拒绝。周仰云的经历体现了华商在国外经营的艰辛，也反映了华商坚忍不拔的精神品格。

全民族抗战爆发后，为解救民族危难，周仰云带头捐款，还动员公司员工，每月凑足一万银圆准时由福建银行汇回国内支援抗战。他深知培养人才对振兴民族和国家的重要意义，大力支持家乡办教育，独资创办明耻中学（连城一中前身），校名取自《左传》“明耻教战”之意，表达了他希望家乡青年奋发学习、保护国家的厚望。此外，他还捐资支持了金山小学、周屋小学、隔川小学、进化小学、北团溪尾中心小学等，受益学子达两万余人。他还积极热心家乡的公益事业，曾捐资修撰《连城县志》（1938年版），出资额占总额的4成，又捐资修建彭坊大桥、定安大桥等，其他还有如捐医院、济难民等善举。

五、王源兴

王源兴（1910—1974），又名健新（健初），龙岩西陂乡大洋村人。家贫，仅入学启蒙及在初级小学学习，掌握了算学。1924年，王源兴在漳州当店员学徒期间，结识了龙岩青年曹菊如、郑日晖、林采之。当时他们正为由邓子恢、章独奇等革命青年主编的进步刊物《岩声报》撰稿，王源兴由此接受了五四爱国主义精神的启蒙和熏陶。

1926年，王源兴前往新加坡谋生，先后当过工人、小贩、三轮车夫、店员等。1931年，他在印度尼西亚巨港与人合资开设恒丰公司，自任经理。全民族抗战爆发后，他先后担任印度尼西亚巨港中华总商会会董、巨港华侨筹赈总会副主席。1938—1940年间，他作为巨港代表，参加了由爱国侨领陈嘉庚发起创立的南洋华侨筹赈祖国伤兵难民大会（南侨总会）。1941年，日军轰炸新加坡，侵入马来半岛和印度尼西亚群岛。陈嘉庚带领新加坡华侨积极抗日，王源兴领导了南侨总会巨港分会。他积极筹款赈济祖国难民，号召华侨捐献抗日，与当地人民一起抵抗日军侵略，成为青年一代的华侨领袖。王源兴的抗日斗争引起日本当局的注意，遭到日本当局的搜捕，一度逃亡到苏岛西部的朱鹿镇耕种度日。新加坡沦陷后，虽然王源兴已经举家逃亡，但他仍在经济上大力资助郁达夫、胡愈之领导的星埠华侨文化界战时工作团。他与当地组织共同筹集400盾以支持郁达夫创办的赵豫记酒厂，为一大批逃亡知识分子提供经济来源。

日本投降后，王源兴回到巨港，当选为巨港华侨总会主席，恒丰公司发展蒸蒸日上。除兴办实业之外，王源兴大力资助文化和新闻事业，成为南洋侨界著名的新闻和文化事业赞助人和领导者。当时，由巴人、王纪元创办的《民主报》，巨港《摩西河半月刊》，雅加达的《生活报》《风下》《妇女生活》，香港的《华商报》等进步报刊，都曾获得他的资助。恒丰公司总部迁往新加坡后，他担任陈嘉庚创办的《南侨日报》董事，聘任胡愈之为主编，倾全力支持报纸的发展。《南侨日报》成为战后的反帝反殖民、争取民族独立解放运动的有力宣传武器。

王源兴是新中国成立后较早回国投资的侨领之一、“三资”企业的先驱者和全国侨联的领导人。1951 年，他组成华侨工商业考察团回国考察，先后在广州、武汉、北京、天津、青岛等地考察。回到广州后，于当年 8 月成立公私合营华侨工业建设公司，任副董事长。该公司后改为广东省华侨投资公司。后来，他又兴办了麻袋厂、糖厂、造纸厂、水泥厂等一批现代工业企业，还曾出任广州市侨务局局长，倡办华侨小学，捐资创办华侨大学、华侨博物院，为广州解放初期的工业建设做出了贡献。

六、胡文虎

胡文虎（1882—1954），祖籍永定县金丰里中川村，生于缅甸仰光。10 岁时返回故里。4 年后重返仰光，帮助其父料理永安堂国药行业务，兼习医术。1908 年，胡文虎 27 岁时，父亲去世，胡文虎与弟文豹（长兄文龙早殇）继承父业。宣统元年（1909）返国，并游历暹罗、日本各地，考察中西药业。返仰光后，延中西医师及化学师多人，研究中国膏丹丸散，终于制成永安堂虎标万金油、头痛粉、止痛散、清快水、八卦丹 5 种成药问世，并迅速行销缅甸、马来西亚各地，兄弟二人由此致富。

民国初年，胡文虎与华侨合资创刊《仰光日报》，很快又另设《晨报》。之后，胡文虎离缅甸赴新加坡，在新加坡建立永安堂制药厂，逐渐在新加坡和马来西亚各地遍设分行，又在香港开设分行、药厂；稍后在汕头、广州设立药厂，于厦门、福州、上海、天津、重庆、贵阳、昆明、澳门、湛江、梧州、桂林等城市及中国台湾、越南、暹罗、菲律宾、荷属东印度群岛等地设分行。1923 年，胡文虎设立永安堂总行于新加坡，自此虎标药品风行东南亚，并远销欧美。

胡文虎与胡氏家族也积极投身于报纸事业。1929 年，胡文虎与邓荔生在新加坡合资创办《星洲日报》，之后由胡文虎独资经营，并出任董事长。1931 年 7 月，胡文虎在汕头创刊《星华日报》。1935 年 9 月，在厦门创办《星光日报》，同月在新加坡创《星中日报》。1938 年 6 月，胡文虎出任第一届国民参政会参政员；同年 8 月在香港创刊《星岛日报》，胡文虎三子胡好担任社长；同年又在广州筹设《星粤日报》，由于广州沦陷而未能出版，后在广东刊行《公正报》。1939 年，在槟榔屿创办《星槟日报》。1940 年，胡文虎独资接办新加坡《总汇报》。1941 年香港沦陷，胡文虎恰在香港，被日本当局拘留三日，以后便留居香港。同年《星岛日报》停刊，改用《香岛日报》名义继续出版，并在新加坡设立星系报业总管理处。1942 年，胡文豹在缅甸病逝，胡文虎在香港设立中侨公司，刊行《星岛晨报》，计划创刊《星虎日报》。1945 年抗战胜利，胡文虎重返香港，筹办上海《星沪日报》、香港《星岛晚报》；1947 年在福州印行《星闽日报》。1949 年 3 月，在香港创刊英文《香港虎报》。同年 10 月以后，各地永安堂业务相继停顿，粤闽星系报社悉被接收，星系报业在海外继续印行，成为华资最大的民营报业集团。1950 年 7 月，胡文虎在新加坡创刊英文《星洲虎报》，以胡好为总经理；香港报纸则由女儿胡仙经营。1951 年 1 月，胡文虎在曼谷出版《星暹日报》，稍后增刊《星泰晚报》。

新加坡《星洲日报》大楼

胡文虎一生致力于建设福建、建设家乡，在《努力建设故乡》一文中说："此乃吾人之福建，祖宗庐墓在焉。吾及吾子孙，亦将生息于斯焉，及吾人之身，尚欲逃避困难，不加建设，则福建之建设，又将期望于何时？"[①] 为寻求马来西亚闽侨的团结和帮助，胡文虎多次在报纸上发表专论：1945 年 8 月，胡文虎发文呼吁闽侨集资，支持福建的生产事业。此后，他先后发表《永定经济建设议》《建设福建刍议》《努力建设故乡》《天助自助》《华侨的未来命运》等文章，为福建和家乡永定的建设四处奔走。为获得政

① 胡文虎：《努力建设故乡》，《星光日报》，1947 年 1 月 21 日。

府批准，1946—1947 年，胡文虎奔走于香港、新加坡、厦门、福州、上海、南京等城市，筹建福建经济建设股份有限公司。1946 年，胡文虎写信给当时的国民党福建省主席和财政厅、建设厅厅长，提议开发龙岩煤矿，建议修筑从龙岩至漳州、龙岩至广东大埔的铁路，以此打通原料与市场，为厦漳泉等闽南地区提供燃料。

胡文虎也是南洋客家华侨领袖。他积极推动客家族群社区建设。1923 年，新加坡应和会馆和丰永大公会发起召集八属同侨大会，计划组织跨越地域的大型客属团体——客属总会。南洋客属

香港中西合璧的虎豹别墅

永定中西合璧的虎豹别墅

新加坡虎豹别墅外的牌楼

华侨积极响应，出钱出力，以胡文虎捐款最多。他之所以推动本区域各地成立客属总会，主要是认为“天下客属本一家，都是同声同气同风俗，是不该因畛域的区别而疏远”，从而欲打破客家地缘的疆界，以团结、壮大客家人。[1] 南洋客属总会会所在1926年动工，两年后完工，1929年8月23日，南洋客属总会正式成立，胡文虎被推选为第一任会长。南洋客属总会的成立，推动了南洋客属乡亲之间的乡情联谊、共谋发展，极大地增强了国人尤其是客家人在海外的族群凝聚力与向心力。

七、陈性初

陈性初（1871—1939），又名庆善，字嘉祥。漳平菁城镇福满村人。幼年家境尚可，曾入私塾读书。青年时参加漳平县和龙岩州的考试，均名列榜首，被称为“小三元”。清光绪二十一年（1895），陈性初参加乡试，中秀才，深得当时的福建提督学政王锡藩赏识。但时值清末，清政府内忧外患，1895年《马关条约》的签订更激起了全国的激愤。陈性初因此看淡科场，逐渐积极投身社会运动。光绪二十八年（1902），陈性初放弃科举考试，跟随乡亲远渡南洋，到达荷属东印度巴达维亚（今印度尼西亚雅加达）学做生意。在乡亲的帮助下，陈性初迅速融入了当地侨界。此时他也接触到孙中山的革命理想，开始参加革命党人的民主革命活动。1911年，他与王敬书在巴达维亚共同创立华侨智育会，积极宣传孙中山的民主革命思想。1912年中华民国政府成立，陈性初在巴达维亚积极募款，寄回国内以支持国家建设。为更好地服务

① 张侃：《胡文虎与马来西亚客家社团关系初探》，林金树主编：《中华心·客家情——第一届客家学研讨会论文集》，马来西亚客家学研究会2005年版，第43—76页。

同城侨民，1912 年，陈性初与陈松和、陈金山等人创办了福建会馆，陈性初当选顾问。1921 年，陈性初与林肩六、黄天锡等人联合创办《工商时报》，并任董事。《工商时报》为侨民提供信息和争取权益提供了积极的帮助。1932 年，陈性初与闽籍巨商庄西言、陈丙丁等共同组建闽侨救乡会，任干事兼秘书。闽侨救乡会的宗旨是以华侨的力量支持祖国和家乡的经济发展，同时他也发动巴城侨界声援国内抗战。1933 年以后，陈性初历任巴城中华医药施济会委员兼秘书、巴城拒素筹备委员会委员、中央国医馆驻荷属国医分馆秘书主任等，致力于发展医药慈善救济事业，为当地贫困侨民提供救济服务。与此同时，他还担任巴达维亚华文报纸《新报》和《天声日报》的义务访员，深入侨界开展调查，为侨民发声。七七事变后，陈性初被任命为国民党驻巴达维亚直属支部执行委员，在巴城侨界积极从事抗日救亡运动，用自己的笔杆子发表抗日爱国文章，激发侨民同胞的爱国热情。1939 年，陈性初奉调回重庆，进入国民党中央训练团第三期党政训练班受训，之后陈性初参加慰问团慰劳抗日将士，见证了当时抗战之艰辛。同年，他取道昆明回巴城，在昆明去世。[①]

① 张佑周主编：《龙岩华侨史》，华南理工大学出版社 2020 年版，第 386—387 页。

第七章

山海文化交流

第一节　朱子学的海外传播

朱熹（1130—1200）集北宋以来理学之大成，建立起完备严密的理学思想体系。朱子学又称为闽学，发端于南宋福建理学家杨时、罗从彦、游酢、李侗等，又由朱子的门人、后学加以发扬。朱熹主持白鹿洞书院、岳麓书院，讲学五十余载，弟子众多，其学派称闽学或程朱学派。朱熹著有《四书章句集注》《伊洛渊源录》《名臣言行录》《资治通鉴纲目》等，后人还编纂《朱子语录》《朱文公文集》等。朱子学作为官方正统哲学思想，在从南宋末至清的历史中，在我国一直居于主流思想地位。朱子学的思想内容和学说超越了民族和地域的界限，东传日本、朝鲜，成为东亚文明的共同精神财富；借由西方传教士的影响，进入西方人士的视野，成为世界性的思想财富。

一、朱子学在亚洲

在东亚地区，朱子学传入朝鲜和日本约在 13 世纪初。中国与朝鲜、日本之间频繁的外交、经贸和学术交流，在历史上促进了中华文化的传播与交融，朱子学形成之后迅速传播到两国。越南也是朱子学在亚洲传播的重要地区，朱子学对越南的影响极为深远。

朱熹像（明·王圻辑·《三才图会》·万历刻本）

日本朱子学的传入主要依靠中日两国之间僧侣和学者的往返交流。南宋嘉定四年（1211），日本僧人俊芿携带 2103 卷中国书籍回国，其中不少为朱子学著作。当时日本的思想主流是禅宗和神道，朱子学在日本的发展初期，形成所谓“儒佛一体”的现象，很多僧人将其作为参禅的兼修之学。由于日本没有实行普遍的科举制，因此朱子学在日本的发展较为缓慢。14 世纪，朱子学中重视伦理纲常、仁义道德的意涵与日本传统社会制度相契合，朱子学成为日本的国家意识形态组成部分。在江户时代（1603—1868），德川幕府将朱子学立为官学。日本朱子学进入了以藤原惺窝为创始人，以林罗山、山崎闇斋、贝原益轩等人为代表的兴盛期。至此，朱子学从“儒佛一体”中摆脱出来，又与日本神道思想相调和，由此形成日本朱子学。林罗山、山崎闇斋、贝原益轩、新井白石等人进一步发展了朱子学，使之进一步与佛教区别开来，着重发挥朱熹“格物穷理”的思想，强化朱子学中实用伦理、经世致用的实学主张，呼应社会和时代的需要。贝原益轩更主张将“格物致知”与经验科学结合起来。新井白石也认为朱熹的“穷理”学说与西方科学在思想上有相通之处，提出“东洋道德，西洋艺术，精粗不遗，表里兼赅”，实际上就是主张以西洋艺术（科学技术）为用，东洋道德（融合朱子学和神道思想）为体。日本朱子学中的大阪朱子学派的五井持轩、中井履轩等人，从商业发展的角度传播和利用朱子学说。可见，江户时代日本朱子学的发展，具有强烈的时代特征，客观上为德川幕府的改革、为日本发展资本主义提供了思想准备，也促进了近代日本民族讲究实用、提倡科学风气的形成。但也需要注意的是，明清易代之际，著名朱子学者林罗山之子林春胜编纂了《华夷变态》一书，提出“华夷变态”的观念，即日本自视为“中华”，将中国视为“蛮夷”。这一思想的产生与日本朱子学有密切的关系。

朝鲜朱子学的发展过程，先从民间传入，后经由官方引进。有学者据族谱和地方志考证，南宋末年，朱熹曾孙朱潜携带子女和7位门人东渡，成为朝鲜半岛朱子学传播的始祖，也是韩国朱氏后裔的始祖。高丽时期，朝廷推行儒学，以朱子学为教育内容。在朝鲜时期，效仿中国科举制度，也将朱子学经典作为官方教科书。由此，朱子学在朝鲜迅速发展。16世纪中叶形成了以李滉（号退溪）和李珥（号栗谷）为代表人物的朝鲜朱子学。大儒李退溪被称为“朝鲜朱子”，是继承朱子的朝鲜一代哲人，在朝鲜朱子学的阐释与发展历史中有极为重要的地位，形成了朝鲜朱子学集大成的体系（退溪学），也影响了藤原惺窝等日本性理学的主要代表人物。李珥是朝鲜书院教育制度化的推动人，主张依据朱子学规的思想，发展以儒家和朱子学为主要内容的书院教育。朱子学在朝鲜书院教育发展史上具有重要地位。在朝鲜时代，书院不仅普遍祭祀朱子和先圣、先贤和历代儒者，增强了士人对儒家思想的认同与服膺，还培养了一批优秀的儒学家，从而确立了朝鲜的儒学体系。高丽时期和朝鲜时期的学者，曾针对朱子理气论中的“四端七情”展开了近500年的大论辩，几乎所有的朝鲜朱子学者都直接或间接参与了这场大讨论。这事实上促进了朝鲜朱子学的发展与创新。其结果是，朝鲜朱子学强化了经世致用、重视伦理道德等内容，发展创新，影响了近代朝鲜“开化思想”的兴起。

13世纪，朱子学传入越南。陈朝时期（1225—1400），越南推行以儒家思想为主的教育体系，效仿中国实行科举制度，朱子学在越南迅速传播，《四书大全》《性理大全节要》等朱子学重要著作在越南大量刊印。黎朝时期，越南以儒学为官方哲学。黎朝末年，朱子学集大成者黎贵惇推动了越南朱子学的发展。阮朝时期，越南朱子学由盛转衰。朱子学影响越南600余年，成为越南文化的重要组成部分。

朱子学在东南亚国家的传播历程，与其在韩国和日本的传播极为不同。华人是朱子学的传播载体，19世纪之后，随着大量华人移民进入新加坡、马来西亚、泰国和印度尼西亚等国，儒家和朱子学的价值观、道德、伦理、心态甚至生活方式等也传入东南亚社会。朱子学的价值观帮助华人在经济发展中寻找到一条有中华文化特色的路径，而且朱子学在东南亚的发展，也有鲜明的强化民族认同与文化认同的意味，成为区别华人与侨居国其他族群的文化特征。

二、朱子学走向世界

由于地理和文化的疏隔，朱子学在欧洲的传播远晚于亚洲。

明末清初，来华的欧洲耶稣会传教士如利玛窦等人出于在士大夫阶层传教的需要，纷纷对儒学进行深入钻研，还将儒家经典介绍到欧洲，引起欧洲知识界对中国的极大兴趣。此后，龙华民、艾儒略、汤若望、卫方济等人都曾论及宋代儒学，也译介了一些朱子学观念。但天主教与朱子学在一些原则问题上有较大分歧，特别是对于宗教的观念，天主教信奉一神说，以上帝为最高真理，但朱子学对“上帝”“天”“道”等概念语焉不详，对鬼神和宗教的态度模糊。加之，朱子学是官方意识形态的基石，构筑了当时中国人的生活方式和价值观念，尤其是儒家崇尚对至圣先师孔子和祖先的崇祀，与天主教的教义格格不入，也引起了中西文化交流史上著名的“礼仪之争”。

欧洲启蒙时期，出现不少中国研究的著述，17—18 世纪的大思想家如笛卡尔、莱布尼茨、伏尔泰、孟德斯鸠等人都曾关注和讨论过儒学思想，马勒伯朗士的《一个基督教哲学家和一个中国哲学家的对话——论上帝的存在与本性》，将在东西方影响深远的两种哲学思想进行了比较，成为中西比较哲学史上的名作。1711 年，卫方济翻译四书时采用了朱熹和张居正的注疏，是为当时最清晰、完整的儒家经典西译本。朱子学成为欧洲汉学研究的一个组成部分，也成为欧洲哲学家和思想家在研究中的一种参照系和对照组。朱子学对欧洲哲学的影响，成为中西文化互动互渗的例证。1736 年，法国汉学家、耶稣会士竺赫德在《中华帝国全志》第二卷中介绍了中国的经书和教育情况，选译了朱熹著作中的一些内容。此书被称为有关中国的百科全书，影响了伏尔泰、霍尔巴赫等人对中国的研究。

朱子学传入北美的时间更迟。18 世纪后，由明末清初欧洲传教士译介的朱子学著作引起北美学者的关注。美国成立东方学会，旨在研究以中国文化为主的东方学。1849 年，美国汉学家裨治文选译了《朱子全书》中的一部分，发表在《中国丛报》(*Chinese Repository*)。一般认为，英语世界的朱子学研究正是以此文为起点。

总而言之，作为中华优秀传统文化和东亚文明的重要组成部分，朱子学渗透到东亚社会的日常生活实践，参与了东亚诸国的文明型塑。朱子学也跨越地域、民族、文化和时间的鸿沟，成为中国哲学对人类哲学思想的伟大贡献。

第二节　客家文化的海外传播

客家人是传播中华文化的重要力量。客家文化是中华优秀传统文化的重要组成部分，是中华文化土壤中生长的具有鲜明族群特色的地方文化。客家文化在中国南方孕育成型，又随着客家人的海外迁移而传播到全世界。

第一，客家人传播中华文化的主要途径是办学与教育。

南洋各国是客家人侨居的主要地区，也是客家人传播中华文化的主要场域。下南洋是客家族群的集体历史记忆。在迁徙的艰辛岁月中，在异国他乡筚路蓝缕的拓垦中，客家人也将中华文化的种子散布到南洋，让其在南洋生根发芽，开花结果。

崇文重教、耕读传家是客家人崇尚的价值，客家人对教育极为重视，即使生活艰难，也愿意为子弟的教育倾注巨大的心力。早期客家移民多数是知识水平较低的农民，他们在侨居国白手起家，历经艰辛，更体会到教育的重要性。当在侨居国获得成功之后，很多客家名商巨贾都积极地在祖籍地和侨居地兴教办学。如在印度尼西亚，1901 年，以客籍侨领为首的印度尼西亚巴达维亚中华会馆创立了近代印度尼西亚第一所新式华校——中华学堂。到 1949 年，印度尼西亚已有 724 所华校，学生 17 万余人。[①] 如客籍侨领胡文虎，在其祖籍地永定县创办数所学校，其一生在南洋各地创办和赞助的各级各类学校则有 400 余所。教育极大提高了华侨子弟的知识和能力，让新一代华侨子弟具有更强的竞争力，能够在当地社会中获得更好的工作，或者更好地协助家族的事业。同时，客家人在侨居国兴办的学校，以中华传统文化为重要内容，使中华文化的价值观念和人生准则在华侨子弟的心中扎根，增强了他们对祖籍国的文化认同和自我身份认同。在这种教育环境中成长起来的新一代华侨子弟，“在中华文化的传播中扮演了更加重要且正面的角色”[②]。

第二，客家人传播中华文化的重要途径是中文报纸和杂志。

近代以来，移居南洋的客家人从事新闻业颇有所成。客家在南洋创办或主编华文报纸、杂志，登载祖籍地和侨居地的资讯，推动了当地华侨社会的团结和发展。如旅居泰国的客籍华侨张综灵、吴继岳，主办《新中原报》，编辑出版多部专著，推动了中华文化在泰国的传播。又如“报业巨子”、闽西客家籍华侨胡文虎，他创办的星系报业在南洋各国影响巨大。胡文虎认为，办报的目的有三：补救精神文明缺陷，增进社会教育职能；实现华侨华人的精神团结与意见统一；形成舆论力量、督促当局的实业计划与

① 罗英祥：《略论客家人在东南亚的地位与作用》，《嘉应大学学报》，1996 年第 5 期，第 90—95 页。

② 陈衍德：《菲律宾华人在中华文化传播中扮演的角色——以菲华人士及归侨侨眷访谈录为主要研究材料》，《海交史研究》，2012 年第 2 期，第 48—64 页。

建设。在三个目标中，他将文化列于首位，他认为当时的新加坡在物质文明上已有发展，但是精神文明存在很多缺陷，与物质文明的进步并不匹配，因此“应增进社会教育的职能为之补救。如对于宗法社会之陋习，封建时代的思想，应根本改革。而于现代的文化、政治、经济、教育、美术，更应沟通传播”[①]。可见，他认为文化应该全面性地革旧立新，建设现代的社会需要全面发展文化，新闻报业可以成为文化传播的基地。因此，胡文虎的星系报业始终坚持正确的传播导向，成为南洋华侨华人传播中华优秀传统文化的阵地，也事实上增进了华侨华人的民族认同和爱国热情，尤其在抗战期间促进了南洋各界空前的团结。

第三，客家人传播中华文化的生活方式和审美艺术。

客家人在侨居地生活、定居、形成社群，首先带去的是语言和文字。印度尼西亚和马来西亚及菲律宾的部分地区，其语言很早就受到闽南语的影响，越南语中也有广东话和福建方言的成分。同样，客家人也将客家话带往南洋，客家话词汇大量融入各国语言文化中。海外客家人在长期的发展过程中也保持着客家方言，尤其在南洋，客家群体事实上既非单纯的地缘群体，更非血缘群体，而是方言群体。客家人建立大量客家会馆与客属社团，以团结客家，加强客家族群内部联系。在家庭、客属团体中，老一代华侨坚持使用客家话，在家庭中也积极教育后代使用客家话。近年来，青年一代客家华侨对客家语言的认同意识较为薄弱，客家方言面临衰退危险，客家话传承出现困境。幸而海外客家人士已经注意这一现象，正积极通过跨区域的客属大会（如世界客属恳亲大会）、回乡寻亲祭祖、修建宗祠等方式，重建青年客家华人华

① 转引自罗英祥：《略论客家人在东南亚的地位与作用》，《嘉应大学学报》，1996 年第 5 期，第 90—95 页。

侨与祖籍国的文化联系。

客家人出海之后，也随之带去了饮食文化。客家人在独特的历史、人文、地理环境中创造出了与中华饮食文化一脉相承又独具特色的客家饮食文化，客家人的饮食文化在南洋各国有一定的声誉。“盐焗鸡”“酿豆腐”“梅菜扣肉”等客家名菜出现在当地大街小巷的餐厅里，丰富了侨居国的饮食文化。通过客家饮食文化，也增进了当地社会对客家历史文化和客家人精神世界的认识。

客家人传播了中国传统文学和戏曲艺术。客家人很早将小说、诗词等中国传统文学作品带入了南洋地区，其中一部分是客家人直接带去的，更多的是经由客家后裔的翻译介绍而流传开来。提线木偶、闽西汉剧等艺术形式，也通过客家人的传播在当地扎根。

客家人坚守着传统的民俗文化和风俗习惯。在侨居国，客家华侨华人保留着传统的风俗习惯，不论是在拜神祭祖、人生礼仪、节庆期会等活动中，还是在日常招待宾客、家庭聚会等场合中，都有意识地保留着中华文化的传统。

需要指出的是，随着海外华侨华人数量的持续增加、东南亚各国华人归化政策的变化，20 世纪后期以来，东南亚各国的很多华人已将所在国视为祖国。例如在印度尼西亚，政府发布政令，简化华侨入籍的手续，缩短归化的时间期限，加速了印度尼西亚华侨的归化。泰国的华侨入籍政策较为宽松，因此归化的华侨人数众多。归化后的华侨在政治、经济上认同所在国，主动融入当地民族经济，在文化上则与祖籍国日趋疏离。如何继承和发扬华人华侨的文化传统，维系华人华侨与祖籍国的文化联系，是目前亟待直面的问题。

第三节　遍及腹地的妈祖信仰

一、妈祖信仰进入海丝腹地

传说妈祖生于海边，于海上显灵，常被视为海上保护神。在与海远隔千里的山区腹地，也有多所妈祖宫庙，且海丝腹地的妈祖信仰与海洋息息相关。

在宋代，妈祖被封神，但学者却对妈祖信仰有截然不同的态度，如陈淳持否定态度，陈宓、真德秀、魏了翁、刘克庄等人则都褒崇妈祖。其中，真德秀对妈祖信仰的传播起到了推动作用。真德秀字景元，后改为希元，号西山，浦城人。为宋庆元五年（1199）进士，不久又中博学宏词科，两度任泉州知府。在任上，有多篇向妈祖祈祷的祝文。[①] 真德秀在士林中拥有巨大号召力，史书载："（真）德秀长身广额，容貌如玉，望之者无不以公辅期之。立朝不满十年，奏疏无虑数十万言，皆切当世要务，直声震朝廷。四方人士诵其文，想见其风采。及宦游所至，惠政深洽，不愧其言，由是中外交颂。……德秀晚出，独慨然以斯文自任，讲习而服行之。党禁既开，而正学遂明于天下后世，多其力也。"[②] 真德秀以其在士林中的号召力和为官经历，对妈祖信仰的

① ［宋］真德秀：《西山文集》，"景印文渊阁四库全书"第 1174 册，台湾商务印书馆 1986 年版，第 858、863—864、859、850—860 页。

② ［元］脱脱：《宋史》卷 37，中华书局 1985 年版，第 12964 页。

正名和传播起了积极的作用。[①]

在民众生活层面，妈祖信仰也日益进入海丝腹地社会。宋代长汀的妈祖信仰，与潮州和盐运有密切关系。因汀州不产盐，需要从别处转盐来售，汀州人民原本食用福盐，即来自福州地区的盐。食盐制成后，先以水路沿闽江上行，在南剑州转陆运至汀州，路途遥远艰难，盐价高昂，因此，汀州府及江西虔州（今赣州）等邻近地区，贩卖私盐的活动甚为猖獗。南宋理宗绍定年间（1228—1233），宋慈任长汀县令。他看到汀州人民买盐之苦，因此提请改道从潮州买盐。其路线是，将食盐沿韩江逆流而上，沿汀江航道进入闽西销售。盐运路程大大缩短，不仅有利于盐运管理，盐价也因此降低。汀江盐运改道潮州后，负责运盐的州县吏和船工们常常往来于汀潮之间，很有可能因此了解到妈祖作为海上保护神的传说，而自然而然地接受了妈祖信仰，由此将妈祖信仰带入了闽西。长汀三圣妃庙应是汀州最早的妈祖庙，很可能是模仿潮州某座三妃庙分香而来。[②]

闽江上游的妈祖信仰是沿闽江溯流而上，抵达闽江上游重镇延平之后，又沿着上游各支流继续向北、向西发展，溯建溪、富屯溪和沙溪以及尤溪而上，使妈祖信仰在延平、建宁、邵武三府的社会中落地扎根，汀州府的部分地区也因与闽江流域地区的经济贸易关系，而被纳入妈祖信仰传播的网络之中。妈祖信仰与海丝之路的关系，从“邵武官军从征西洋获济”的故事可证。根据记录郑和下西洋的重要文献《武职选簿》，追随郑和下西洋的人员

---

① 林东杰：《南宋朱子后学与妈祖信仰的传播》，《宗教学研究》，2018年第4期，第262—267页。

② 谢重光：《闽西客家地区的妈祖信仰》，《世界宗教研究》，1994年第3期，第74—84+155页。

主要来自沿海的卫所，其中就有邵武卫的官军 18 人。明永乐年间（1403—1424），邵武卫官军建设天妃宫（旧名灵慈宫）。此天后宫于乾隆十六年（1751）改建于城南中镇坊常丰仓前，原天妃宫在嘉庆、道光年间改为禹王庙。

妈祖信仰在腹地发展的高峰期是明清两代，尤其是明中叶之后。明代，通过划分行政区域，建立卫所制度、里甲制度、农业人口税制，朝廷进一步加强对边陲海疆的制度化管理，这些制度直接或间接影响到腹地山区与海丝之路的经济联结。尤其是，明清时期我国沿海地区进入民间对外交流的活跃期，民间自发性的商贸活动（包括海上走私活动）繁盛，海丝腹地从海上丝路贸易中直接或间接获利。这一变化，事实上冲击了海丝腹地传统的以农耕为本的生计模式，接连不断的天灾人祸也刺激了腹地人民作出移民海外的生存选择。在内外力量交织之下，妈祖信仰继续延伸至腹地，甚至深入到不通船舶的地区。

明末清初，汀州府宁化县的著名士人李世熊在他所编撰的《宁化县志》中记录了当地主要的寺庙与信仰，对于妈祖，他说："宁化不知海舶为何物，无故而祀天妃，得无谄乎？"① 李世熊曾游历福建、广东、江南地区。他认为，妈祖是海神，地处闽赣交界山区的宁化县距离海洋世界太遥远，宁化人祭祀妈祖是出于"谄"，即出于功利的需要，认为神越多越能带来福祉。李世熊代表了当时山区知识分子对妈祖信仰的一般观点，但也恰恰从反面证明，至迟到明末，妈祖信仰已在海丝腹地山区县的民间社会中广泛流行。

妈祖信仰进入海丝腹地之后，呈现出一些基本特征：

---

① ［清］祝文郁修，李世熊纂：《宁化县志》卷 7《坛壝庙祠志》，福建人民出版社 1989 年版，第 417 页。

一是宫庙数量众多，信众广泛。宋末传入汀州后，至明中叶闽西妈祖信仰方开始发展，清乾隆、嘉庆以后方兴盛；至清中期，以妈祖为崇祀对象的宫庙遍布海丝腹地各县乡，数量众多，其中不乏规模宏大的宫庙。尤其在对外交往频繁的县份，妈祖已经日益成为当地民众信仰生活中最重要的神祇，如永定县的各乡、社都有天后宫或妈祖庙。

二是传播妈祖信仰的途径多样化。妈祖信徒中除了有官员之外，还有往来山区或在闽西、闽北寓居的人士。商人群体是妈祖信徒的主要组成部分，一些妈祖庙是由商人出资建造。例如武平县武东太平山天后庙，据称是在明末时由在莆田经商的武平人林奇卿建造；永定峰市天后宫则由运木材的行商“木纲”创建。有的妈祖庙是由新迁入客家地区的移民所建，如永定西陂天后宫，其开基祖自福清而来，曾任明嘉靖年间永定知县。内河航运上的船工，也是妈祖信仰的积极传播者。遍布在河流沿岸的妈祖庙，对船工来说有实际的用处，因为它们往往成为长途运货船工的客栈。[①] 他们经常在妈祖庙出入，自然地对妈祖更加信奉，在其所到之处，也将妈祖信仰一并带去。

妈祖信仰在山区的传播与发展也具有鲜明的山区特征。

一是继承沿海妈祖信仰的核心。从妈祖宫庙的地理分布，可见妈祖信仰在海丝腹地山区的特点。按照其分布的地理位置，海丝腹地的妈祖庙可以分为水道沿岸和山区两类。前者如汀江支流的黄潭河、永定溪等境内主要水道，山区的妈祖宫庙多数仍然与水有关，一般在水口、溪边、桥头等处，伴水而建，如永定县洪坑村天后宫。此外，海丝腹地的妈祖宫庙常与会馆相伴而生，即

① 石奕龙：《论闽粤内陆的妈祖信仰与航运业及林姓的关系》，《莆田学院学报》，2008 年第 1 期，第 75—76 页。

妈祖宫庙同时承担会馆的功能或者在会馆中供奉崇祀妈祖神像；一些从事水上活动的船排上会设置神龛以供奉妈祖，形成流动性的信仰方式。可见海丝腹地妈祖信仰继承了沿海妈祖信仰的基本内核，即祈求江河航运的平安顺利和商贸活动的顺遂。

二是山区对妈祖信仰的改造。除在水道溪流之畔，在山区多有妈祖庙分布在村中甚至高山上。这反映出妈祖信仰在当地文化语境之下的改造与调试。与沿海妈祖信仰不同的是，山区妈祖信仰发展出自己的传说故事，表现出独特的山区特色。有学者认为，海丝腹地山区的妈祖信仰的传播媒介除商人外，航运业船工和林姓移民也是重要力量。[①] 妈祖庙除了沿着可以通航的河流分布外，在内陆的妈祖庙大部分可能是林姓宗族所建。在内陆山区的许多林姓村落中，不少是崇拜其林姓“祖佛”天上圣母妈祖的。例如武平县武东镇太平山妈祖庙，其开山施主就是一位姓林的人；永定湖坑镇洪坑村的妈祖庙、永定县高陂镇西陂村妈祖庙，都是由该村的林氏所建。[②] 这反映出华南民间信仰中普遍存在的“祖佛”信仰习俗现象。在广东和福建的一些村落中，一些宗族将与自己同姓的神祇视为自家人加以崇祀。这种将神灵亲属化的“亦神亦祖”的信仰习俗，强化了神灵与地方民众之间的联系，使这一信仰在当地更好地延续下去。

总体而言，海丝腹地的妈祖信仰与沿海地区有相同之处，也有明显差异。以湄州妈祖为基础的沿海妈祖信仰，妈祖崇祀与当地海洋性的生产模式息息相关，是以“沿海民间祭祀、帝国中心

---

① 陈建生：《闽江上游天后妈祖信仰》，《福建省社会主义学院学报》，2012 年第 2 期，第 59—63 页。

② 石奕龙：《论闽粤内陆的妈祖信仰与航运业及林姓的关系》，《莆田学院学报》，2008 年第 1 期，第 75—76 页。

权力的首肯、海外华侨迁徙群的商业性利益等三种因素共同展演出海洋文化的核心信仰”①。或者说，庇护渔业生产、团结宗族和海外移民、庇护海上贸易等，成为沿海妈祖信仰的主要功能。海丝腹地山区的妈祖信仰则是沿海妈祖信仰的延伸和变造，大多数由当地商人引进。尤其是在人口外流的侨乡地区，妈祖信仰与侨商经济的成长密切相关。但是山区远离海洋，妈祖信仰缺乏其原生基础，所以妈祖信仰在明中叶之后得到改造。妈祖信仰调适与山区信仰体系之间的关系，一方面吸收了观音信仰、道教传说、民间龙王传说等地方民间信仰中的相近部分，也借由士大夫的改造而带有儒家忠孝的色彩。由此，腹地妈祖除了兼具沿海妈祖庇佑商户顺遂的功能外，更反映出山区人民的现实愿望与需求。

二、海丝腹地典型的妈祖庙

1. 闽北武夷山天上宫

闽北地区最大的妈祖庙是武夷山星村天上宫。它位于武夷山九曲溪畔的星村黄花岭上。该庙始建于清康熙三十八年（1699），嘉庆年间重修，20 世纪 90 年代多次重修。天上宫取名不同于其他地区的妈祖庙，一说是因为武夷山为闽粤台最高山，海拔较沿海和其他山区的妈祖庙而言偏高，且武夷山九曲溪的源头之一桐木溪又名“通天河”，星村也传说由天上星辰化就，因此，星村妈祖庙被取名为“天上宫”。

天上宫布局平面为船形，面阔 33 米，进深 30 米，总面积达 864 平方米。前后三进，按中轴线前后递进、左右均衡对称的建

① 彭兆荣：《山海遭遇天后宫》，《读书》，1999 年第 7 期，第 144—148 页。

筑手法建成，由门楼、拜亭、正殿、后殿以及天井庑廊等组成。正殿奉祀妈祖金身立像，后廊则供奉观音大士坐像。正殿两侧为陪殿，其中右侧陪殿分别又有文昌殿、财神殿。

武夷山天上宫的出现得益于武夷山的茶叶贸易。明清以来，武夷山依靠崇阳溪发展水运，大量的茶叶、木材、笋干、大米等产品，都通过竹筏等水上运输工具，从武夷山的九曲溪、东溪、西溪、梅溪、黄柏溪、岚谷溪等水路运出，汇聚至崇阳溪，然后联通闽江，从福州出海。这些大溪流附近的村落也因物资流动和对外贸易而生机勃勃，星村就是其中之一。

星村天上宫的门额上题字为“鄞江聚秀”，鄞江即汀江，说明天上宫原本很可能是来自汀州的茶商所建的会馆。据嘉庆《崇安县志》载：“星村茶市，五方杂处，物价昂贵，习尚奢淫，奴隶皆纨绔执事。江西及汀州人为多，漳泉亦间有之。初春时，筐盈于山，担属于路，牙行佛宇，几欲塞破。”① 可见在茶市贸易繁荣时，汀州人曾频繁来往星村。妈祖信仰自宋代从潮州进入汀州之后，在汀州得以发展。汀州商人在星村建立会馆并供奉他们熟悉的妈祖以保佑商运亨通，似极有可能。会馆建立之初即在内供奉妈祖，后来则成为妈祖专宫。

2. 汀州天后宫

据汀州天后宫理事会 2006 年统计，汀州府城所在地长汀县境内至今仍有祀奉妈祖的宫庙 86 座（主祀 44 座，配祀 42 座）②。长汀城关的汀州天后宫是汀州妈祖信仰中较早的宫庙之一，也是福建内陆最大的天后宫。

① ［清］魏大名纂修：嘉庆《崇安县志》卷 1《风俗》，转引自吴觉农编：《中国地方志茶叶历史资料选辑》，农业出版社 1990 年版，第 322 页。

② 汀州天后宫第四届理事会编：《汀州妈祖》，汀州天后宫第四届理事会，2006 年。

汀州天后宫

汀州天后宫位于长汀县城东大街朝天门外的汀江河畔的一块夹洲之上，是单体宫殿式建筑，结构完备，气势恢宏，占地面积约 1 万平方米，四面环水。正殿供奉的妈祖神像据称是在清雍正年间由潮州师傅所塑，经近 300 年的历史变迁，至今仍得以保留。

汀州天后宫始建于南宋绍定年间，原名“三圣妃宫”。汀州天后宫的建立是在宋代汀江开发之后，与汀江航运有密切联系。《临汀志》载：“三圣妃宫在长汀县南富文坊，及潮州祖庙。……嘉熙间创。今州县吏运盐纲必祝祷焉。”① 可见，宋时天后宫是政府盐

① ［宋］胡太初修，赵与沐纂：《临汀志》，福建人民出版社 1990 年版，第 65 页。

运官祭祀以保佑盐运平顺的重要地点。这条运盐航线开辟后，汀江成为闽粤两省间最重要的水路动脉，也是闽粤赣三省客家人地区间最繁忙的物资运输线。汀州天后宫也不只属于官方，因汀江航运而繁荣，往来于汀江之上的商户、船工、旅客及汀州的民众都深受妈祖信仰影响。天后宫中尚存的清道光五年（1825）重建天后宫的题捐碑记中，就刻有当时出资修庙的商家店号及其捐款数额。

元至元十八年（1281），汀州“三圣妃宫”改为“天妃宫”，迁址到城东攀桂坊。清康熙二十三年（1684）妈祖被朝廷晋封为“天后”，汀州“天妃宫”也随之改称为“天后宫”。明清两代汀州地方志中，对此均有记载。明代《汀州府志》中还附有天后宫图，清光绪五年《长汀县志》中标注天后宫的位置。可见，妈祖信仰自宋代经水路进入汀州之后，始终在汀州的信仰生活中占有重要的一席之地。20 世纪 50 年代，汀州天后宫划归长汀县电厂使用，改革开放后，电厂迁出，自 1994 年起开始有计划地重修天后宫。1997 年，台湾台中龙天宫曾有信众来到长汀，恭迎汀州妈祖分灵渡台，并尊汀州天后宫为祖庙。

汀州天后宫的祭祀活动包括日常祭祀和庆典祭祀两类。

农历每月初一、十五、廿三，为万民祈福诵经上表日，妈祖信徒会在这 3 天举行集中祭拜，天后宫内会举行小型的诵经上表等祭典。农历每月初九，由长汀县城信徒自发成立的读经团体福慧莲社将朝拜圣母，并在天后宫内举行诵经上表活动。

正月间，妈祖节庆活动丰富：每年农历正月初一的拜年活动，从除夕之夜开始，天后宫请鼓乐班打上香鼓。大年初一开宫门后将举行祭祀仪式，诵经班整日诵经上表，祈祷风调雨顺、国泰民安。每年正月初八，是长汀县东门一带居民的妈祖会期，当地客家人称为“看菩萨”，当日乡民前往天后宫祭拜，也要准备丰盛宴席招待来访的亲朋好友。正月十五元宵节，要在天后宫举行上灯活动。

农历三月二十三妈祖圣诞日和农历九月初九妈祖升天日是一年中重要的妈祖祭典之日，尤以妈祖圣诞日最为隆重。庆典活动从三月二十一日开始，为期3天。整个活动分为祭祀、暖寿、流水席、唱大戏、三献礼等。妈祖升天日的庆祝活动从九月初七持续到九月初九，庆祝的活动与妈祖圣诞日基本相似。

长汀天后宫的妈祖庙会是全民参与的地方性民间祭祀活动，但商人是主要的参与者。妈祖出巡中有一项重要活动是“清河祭祀”，是由纸行和竹木行的商人出面组织的，目的在于祈求妈祖保佑汀江航运平安顺畅，生意兴隆。

第四节　侨居海外的中国（海丝腹地）神灵

大伯公（Thai Pak Koong）是新马两地客家华人社会信仰的保护神，祀奉大伯公的庙宇或称为“大伯公庙”，如恒山亭大伯公庙、梧槽大伯公庙、龟屿大伯公庙等；或称为“福德祠”，如新加坡的丹戎巴葛福德祠、直落亚逸海唇福德祠等。

清乾隆十年（1745），广东大埔客家人张理、丘兆进和福建永定籍的马福春前往槟榔屿，结拜为兄弟，成为槟榔屿华埠开山鼻祖。据说，大哥张理通识文字，原本可能是教书先生，于是被推举为头，成为临时“岛长”，二哥丘兆进是铁匠，三弟马福春是烧炭工。三人迅速在当地建立村舍，开垦荒地，种植粮食和其他作物。此后又发展多种经营，开铁匠铺打造农具，筑炭窑，砍木烧炭。在他们的带领下，海珠屿得以开发。据说大哥张理还懂医术，经常上山采药为华人和当地土著治病。在三兄弟去世后，当地华人后代将他们奉为“伯公”，张理被尊为大伯公，丘、马分别为二伯公、三伯公，将三位先驱者的遗骨葬在一起，在海珠屿上建造庙宇供人瞻仰。

海珠屿大伯公庙牌楼

建庙之初，大伯公的坟墓较为简陋。清嘉庆四年（1799）槟榔屿建起圩镇。1801 年，客家人陈春生得到政府许可，领到现称为大伯公街的大伯公庙地，筹集资金建造“福德祠大伯公庙”，占地面积 2000 余平方米，为海珠屿大伯公庙正宫；之后又在槟榔屿市区另建大伯公庙，立为行宫。曾任香港总督和新加坡总督的金文泰也曾特地到槟榔屿朝拜伯公。

随着华人尤其是客家人在当地社会立足，伯公信仰的影响力日益增加，在大伯公庙中有碑："南洋言神，辄称三宝大神，或云三宝即明太监郑和也。南洋言佛，群颂大伯公，墓碑一张一丘一马，姓而不名，统尊之曰大伯公而已。"① 可见大伯公信仰在南洋各地的影响力。在大伯公庙中有碑，有铭文曰："五属之侨（梅州五县）凡有收获，不自以为功，而归功于大伯公。"这表示，华人华侨认为自己在侨居地的开拓创业，都受大伯公精神激励与庇佑。据陈达对槟榔屿的调查，嘉应客家人对大伯公特别崇敬。南洋华侨不论农工商各界，凡建新屋或筑工厂，每于动工之先必奉祀大伯公以保平安。大伯公信仰在华侨中各帮（闽南、海南、广州、潮州、梅县）流行，各地有大伯公出游仪式，但大伯公出游的日期，各地各帮略有不同，且对大伯公的称呼亦有差别，如在暹罗的华侨也将其称为"本头公"。

清末光绪二十八年（1902），广东大埔籍的爱国实业家张弼士任新加坡领事期间，曾出资一万两银子，以"大伯公"张理的名义捐赠国内黄河水灾灾民。张弼士将张理视为同宗，在奏折中称张理为"嗣伯祖父"，上表请封。于是，清廷赏大伯公一品顶戴花翎。

虽然学界关于大伯公的来源和性质等问题仍有不同意见，但都认为大伯公是由客家人带入南洋社会，如巴素所说，"大伯公是华人先驱者的象征"。正如清光绪年间槟城领事张煜南在大伯公庙内留下的题刻所写，"君自故乡来，魄力何雄，竟辟莽榛蕃族姓；山随平野尽，海门不远，会看风雨起蛟龙"。伯公信仰在南洋地区的出现与兴盛，是华人逐渐扎根南洋的象征，而伯公马福春就是腹地山区客家人投身南洋的代表。客家人在海外供奉的，正是这

① 陈达：《南洋华侨与闽粤社会》，商务印书馆 2011 年版，第 272 页。

种开拓精神。伯公从人到神，集中体现了客家人在海外绝处求生、艰苦创业的精神。

第五节　传教士与海外宗教的传入

山海交流中的人员流动，既有商业性人口流动和移民的外移，也有反向的流动，尤其是海外人士进入海丝腹地，以“他者”的眼光进行的观察。

海外旅行者对福建的最早记载是13世纪意大利商人兼学者雅各·德安科纳对泉州的记载，即《光明之城》。[①] 此后，又经马可·波罗、旅行家鄂多力克、传教士马黎诺里等人的言说，让世界对福建有了更多了解。但目前的海外文献多集中记录福建沿海府县，尤其是福州、泉州等城市，17世纪以前，进入海丝腹地的海外行旅较少。

清康熙十四年（1675），尼古拉·斯帕塔鲁·米列斯库以俄国使臣身份出使中国，回国后撰写了《旅华日记》和《中国漫记》。他虽然没有前往福建，但却花了两章的篇幅介绍福建的情况，其中第四十八章介绍了海丝腹地的建宁（今建瓯）、延平、汀州、邵武四府的城市概况。此行他给俄国沙皇带回了茶叶，是俄国文献中较早的茶叶记录。他描绘了福建省尤其是沿海地区的富足，也从对福建的海洋贸易传统的观察中敏锐地发现了闽人的海洋性格。

19世纪中后期，著名的英国旅行摄影师约翰·汤姆森多次在

① ［意］雅各·德安科纳著，［英］塞尔本编译，杨民等译：《光明之城》，上海人民出版社2000年版。此书真伪目前存疑。

中国各地游历，1898 年，他在英国出版了《镜头前的旧中国——约翰·汤姆森游记》。[①] 在 1870 年末至 1871 年初的游历中，他从汕头进入厦门，向东前往台湾，又跨海北上，到达福州后沿闽江上溯前往南平，完整记录了乘船从福州到南平的整个旅程，对处于传统社会末期的转型中的福建做了近距离观察，留下一些闽江上游的宝贵影像资料。

但是，总体而言，踏足海丝腹地的西方人中，旅行者是少数，更多是西方传教士。

一、明末传教士与海丝腹地

福建素称“八闽”，域内丘陵绵延、河流交错、方言繁杂、信仰多样、民俗丰富，是朱子文化诞生地。有鲜明的文化自信和地方文化特色。传教士和海外宗教传入福建时便会面对语言、信仰与民俗的差异。

明末天主教入华，常与商业贸易和儒学文化活动交织在一起。十六七世纪东西海上商路的通行，为传教士入华创造了前提条件。往来于东西方的商船，不仅搭载了货物，也搭载了大量西方传教士。传教士入华后，往往身着儒服，假借儒家文化外衣，传播天主教义。

可考的最早进入海丝腹地的传教士是艾儒略（Giulio Aleni，1582—1649）。艾儒略字思及，是利玛窦之后入华耶稣会传教士中最成功的一位，被称为“西来孔子”。[②] 艾儒略于 1613 年进入中

---

① ［英］约翰·汤姆森著，杨博仁、陈宪平译：《镜头前的旧中国——约翰·汤姆森游记》，中国摄影出版社 2001 年版。

② ［明］韩霖、张赓：《圣徒信证》，《天主教东传文献三编》第一册，学生书局 1972 年版，第 274 页。

国内地传教数十年，结交了徐光启、叶向高、韩霖、杨廷筠等名士。1625 年，艾儒略追随叶向高回到福建，经叶向高介绍后，得以认识福州的官员与学者，与张瑞图、何乔远、林侗等人交游甚密。[①] 明清鼎革之际，艾儒略是耶稣会的华南区长，将福建发展为当时两大教区之一。1644 年明朝灭亡，明宗室先后在南方建立数个小朝廷。1645 年，朱元璋九世孙、被视为有中兴之望的南明君主隆武帝朱聿键在福州登基。朱聿键对天主教态度亲善，曾到访叶向高孙子叶益蕃倡建的天主教堂——福堂，赐“敕建闽中天主堂”匾额。福堂曾刊印艾儒略的著作。在福建期间，与艾儒略交往过的士人有 205 名之多，其中大部分是“青衿儒士和地方缙绅，如儒学教官、庠生和贡生之类”[②]。1646 年，清军攻入福州，艾儒略先逃至莆阳（今莆田）；次年避乱延平（今南平）山中；后于 1649 年在延平病逝，葬于福州北门十字山。

艾儒略是耶稣会在华开创基层传教的第一人。在闽 25 年，他的足迹遍及福州、福清、莆田、仙游、永春、安溪、德化、泉州、漳州等地，也到南平、建瓯、崇安、建宁、泰宁、邵武、明溪等海丝腹地县份。艾儒略每到一地都广结朋友、传播教义，先后建设 22 座大教堂和无数小教堂，大小教堂遍布福建省内 20 多个府县，受他影响而受洗的百姓人数为诸省之最。[③] 闽籍士大夫在与艾儒略交游中，增加了对西方宗教和文明的了解。崇祯十年（1637）晋江景教堂刊刻了艾儒略撰写的《西方答问》（蒋德璟

---

① 林金水：《艾儒略与明末福州社会》，《海交史研究》，1992 年第 2 期，第 56—66 页。

② 林金水：《艾儒略与福建士大夫交游表》，《中外关系史论》第 5 辑，世界知识出版社 1992 年版，第 182 页。

③ 张先清：《艾儒略与明末福建社会》，福建师范大学 1995 年硕士学位论文，第 25—26 页。

校）。该书向闽中士大夫介绍了西方社会风情与医药知识。

二、近代以来海丝腹地的传教士

明清易代之后，由于清廷全面禁教，西方传教士受到抵制，在华活动进入低谷。1840 年，鸦片战争失败，英国强化文化输入。1844 年中法《黄埔条约》之后，清廷被迫开放通商口岸，准许传教士自由传教。此后，基督教新教各差会得以在中国沿海的通商口岸传教，继而渗透进入内陆腹地。在五口通商城市中，福建有福州、厦门两地，借由闽江和九龙江，基督教向各地传播，以厦门为据点向全省传播的主要有美国归正教会、英国伦敦会、大英长老会、美国长老会、基督教复临安息日会等差会；以福州为据点向全省传播的有美部会、美以美会、圣公会等差会。此外，还有浸信会、爱尔兰长老会、苏格兰长老会、加拿大长老会、基督徒聚会处等差会。

福建山区山高林密，传教士的传教活动深受环境之苦。美国传教士和约瑟长期在闽北传教。在他的笔下，闽北是一个“连绵延亘的山脉组成的王国”[①]，山地之间只有供人通行的山道，人们除了步行之外，唯一可以选择的交通工具就是轿子。美国传教团体美部会传教士卫三畏记载：“福州上溯，部分河道受到礁石和浅滩的阻碍，航行困难，只能到达约 30 英里的闽清县，再向前行驶水流湍急，到延平极为困难，即使高水位时靠拉纤也很难。”[②] 美

① 转引自林金水、吴巍巍、崔军锋等：《福建与中西文化交流史论》，海洋出版社 2015 年版，第 337 页。

② ［美］卫三畏著，陈俱译：《中国总论》（上），上海古籍出版社 2005 年版，第 89 页。

部会传教团的其他人也有相似的记载，他们沿着闽江上溯，但是越往上游越困难："闽江遍布岩石，水流湍急，其航行变得很慢且需靠人工。"① 从水路转陆路之后，他们必须行走在崎岖山路上，而且很难雇到足够的挑夫来帮助他们运送行李，马匹更是难得一见。

晚清以来，海外传教士的传教活动仍在山区持续推进，一些传教士开始创办医疗、教育、社会慈善和文字出版等社会事业，为其宣教事业服务。这在客观上促进了当地的社会进步。

基督教在闽西传教的差会主要有伦敦会、长老会、浸信会和归正教会，各差会有自己的重点传教区域，有些地区也出现不同差会同时传教的现象。其中，伦敦会的传教区主要在长汀、连城、上杭、清流、宁化、明溪等县，长老会主要在上杭、永定、武平等县；浸信会主要在长汀、上杭、永定、武平、新罗区等地，归正教会则主要分布在龙岩新罗一带。作为汀江航道上的重要节点，上杭是各差会传教较为集中的区域。根据山区的自然地理环境，基督教在闽西的传教路线是以陆路为主、以水路为辅、以重要交通节点为传教中心，传教活动初期以"游行布道"的方式开展，也在各地建设教堂、医院和学校，各差会互相分工合作，传教士积极发展当地人分担传教工作。闽西的女性信徒较福建其他地方更多，也是基督教在闽西传教的特点之一。

1. 龙岩地区

清光绪九年（1883）春，英国基督教伦敦会驻厦门差会派西洋牧师布茂林、班倚莱华和中国牧师林贞会、周之德等来龙岩传教。最初在东门外平在坊租民房为教堂，发展教徒和慕道友十余

---

① 转引自林金水、吴巍巍、崔军锋等：《福建与中西文化交流史论》，海洋出版社 2015 年版，第 338 页。

人。光绪二十五年（1899），龙岩上坂盐馆设立天主教堂，入教112人，领洗56人，捐准24人，钟山宝始传，陈福亮继之。光绪三十一年（1905），神父安武郎租用梅亭山麓江祠设教堂，天主教继起。后因教徒不法，神父袒护，州牧黎景嵩严惩之，神父逃遁，教徒哄散，停止活动。龙岩基督教的传播由美国基督教归正会管辖。民国初年，美国牧师礼振铎、卫平升等在平在山坪头设立教堂（礼拜堂）。1919年，有差会在虎岭山建爱华医院；1923年创办明德小学。1941年春，在龙岩市区西门外（今九一路）建教堂（堂会），又先后在小池、雁石、龙门乡镇等处开设支会，在龙门、雁石建教堂，全县教徒800多人。[①]

基督教在闽西传教的初期，传教士以“卖书布道”和“散发传单”为主要传教方式，但收效甚微，正如1912—1927年在上杭县传教的美国浸信会传教士卫英士认为的那样，这对于很少出门的客家人来说，无疑“不是一种积极的传教方式”[②]。在经历了最初的挫败之后，闽西基督教会调整了传教策略，出于宣教目的的医院、慈善机构和学校纷纷创办起来，如卫英士就曾在上杭创办上杭美华学校、女子学校、西医院等。

教会医院为当地带来西方现代医疗方式。闽西山区是皮肤病和疟疾等传染病的易发之地，教会医院和医生特别针对当地情况研制了治疗皮肤病的药物和施治方法。然而，有些当地人对西方医疗有很深的成见，认为西方医药是“外来的魔鬼”，传言西药将使“妇绝孕而男无嗣”[③]。这种谣言对重视生育的客家人来说具有

① 参考陈家栋：《龙岩教会简史》，1987年编。转引自卢平：《基督教与闽西客家社会》，福建师范大学硕士学位论文，2002年，第24页。

② ［美］卫英士著，丁立隆译：《华南客家十五年》，厦门大学出版社2017年版。

③ 周之德：《闽南伦敦会基督教史》，鼓浪屿圣教书局1934年版。

威慑力。最初只有穷苦人家才愿意前往教会医院治疗，随着越来越多病人获得救治，民众对西医的看法慢慢发生改变。龙岩地区有爱华医院、汀州福音医院、上杭福音医院等教会医院，闽西客家教会医院除了救治病人之外，也开始注重培养华人医生。1884年，伦敦会的布茂林、班依砥、周之德等人在龙岩新罗（今龙岩市新罗区）设立教堂和施医所，还计划创办龙岩医院。但是，由于当地民众的不信任，医院未能建起，他们转而将建院之款项用于建设漳州医院。伦敦会以漳州医院为据点，经常往返于龙岩和漳州之间，虽然交通不便，但这些传教士"东奔西跑……能吃苦耐劳"①。1919年，闽南伦敦会北溪区会传教士礼振铎、卫升平和医生夏礼文等来到龙岩协助传教，同年在新罗区虎岭下建立爱华医院。爱华医院是当时闽西较为完善的一所医院，除了从事日常医务工作之外，还对病人进行传教布道工作。

2. 三明地区

清康熙三十六年（1697），天主教西班牙司铎安民教士从福州到将乐传教，并在城关建造一座面积为600平方米的天主教堂。初创时有教徒100多人，到光绪初年已发展到500多人。清代建宁县始有天主教的足迹，并建有天主教堂，但由于清朝统治者在雍正、乾隆年间都曾下令严禁天主教的活动，建宁的天主教活动也被取缔。光绪二十四年（1898），泰宁城关修建了天主教堂。民国时期，沙县、泰宁朱口、宁化、建宁溪口也相继修建天主教堂。

沙县的第一个天主教组织是1912年由法国司铎冯孟熊在青州建立的。此后至1926年间，又相继在沙县的城关西门外、夏茂、涌溪、高桥及城内上状元坊兴建天主教堂。民国初年，在将乐传

① 《小言》，《闽南圣会报》，1944年7月，第2页。

教的西班牙神甫薛炳笃权势甚大，就连县太爷都向他妥协。他大肆宣传：只要是天主教教徒，苛税可免，官司定赢；门前挂着十字架，差役就不能进入。一时间，将乐天主教徒发展到 3400 多人。教会内设圣母会、拯灵会、罗阁会，并在高唐、黄潭、山坊、万安等地开设 4 个天主教会所，同时又在城关增建一座教堂。1926 年，德国传教士沈民望从邵武来到建宁主持教务活动，修建教堂。1927—1940 年，先后在建宁传教的传教士有修女施慈航、兰春如、其理士（比利时人）、聂多闻（德国人）、赵模范（爱尔兰人）、张维仁（江西南丰人）等人。1929 年后，持续在将乐传教的先后有西班牙籍传教士安美达、洛培德、卢星辉、马瑞麟、白珪璋等人。1942 年，泰宁已有教徒 2300 多人。1934 年，邵武成立天主教会。1944 年，长汀天主教教区派捷克神甫博仕途、修女袁德贞（上杭人）和传道员李裕亭至宁化县城关设堂传教。由于天主教在宁化没有群众基础，教堂陈设简陋，初期传教工作成效不彰。次年，教会在宁化建设起设施完备的教堂和附属建筑，以吸引教徒。1948 年，汀州教区增派卓正贤等人到清流传教。至新中国成立前，清流全县城乡信徒已达 1000 多人。

基督教于清同治十年（1871）由永春传入三明境内，分布在大田、建宁、泰宁、清流、将乐、宁化等地。美国传教士薛承恩、武林吉由永春至大田传教，并在城关设立美以美教福音堂，各地也先后建立福音堂。民国时期，随着基督教的传播，各地教堂也纷纷兴建，至中华人民共和国成立前夕，三明境域已有基督教堂 63 座，教徒 6000 人，代表性的如建于 1942 年的尤溪县城关宣道堂、1917 年的永安福音堂、1928 年的沙县福音堂、1927 年的建宁基督教堂、1929 年的大田广平教堂等。

清光绪八年（1882），邵武基督教总堂牧师黄道真到建宁传教，以下坊利民屋为传教地点。随后，美国传教士唐乐尔在建宁传教，并购买房屋作为传教福音堂。光绪十九年（1893），美国传教士和约瑟在泰宁传教。光绪二十一年（1885），邵武的范贤师在泰宁传教。光绪二十九年（1903），汀州基督教会派牧师周之德在清流传教，周先在城关、长校等地发展教徒，又在清流城关成立基督教清流支会，隶属汀州区会管辖。宣统三年（1911），邵武牧师俞鸣谦在将乐传教。1913 年，汀州教会牧师巫奎光、詹佳德（女，英国人）、修中成（美国人）、王用章、魏慕贞、伍子杰、王接恩、巫少堂等人在清流租赁民房传教。同年，大田县教堂毁于匪火，此后不久又在城关西门兜新建洋式教堂、牧师楼，占地面积约 2 亩（约为 1333 平方米）。民国初，长汀人官锡福和古田人康信安在宁化传教。1913 年，长汀教区派遣长汀人马伯承在宁化主持教务，并任宁化县立龙云高等小学英文教员，发展教徒 50 余人，并购置房屋一座作为教堂。1916 年，邵武的范贤师在泰宁朱口建福音堂。1917 年，汀州教会见清流教会发展迅速，增派巫存宋等人到清流传教和兴办学校。1919 年，由基督教闽北大会拨款及将乐教友和牧师等人捐款，将乐城关杨氏祠堂改建为教堂。1928 年，美以美教会在大田发展到鼎盛时期，全县有 2700 名教徒、30 所教堂。1930 年，将乐县基督教进入兴盛时期，参加活动的教徒平时有 200 余人，还在黄潭、万安、万全、泽坊等地设了 4 个分堂会。同年，中国工农红军来到清流，外来牧师、传教士先后回原籍。1936 年，大田县美以美教会改称中华基督教会大田分会，隶属闽南大会永德大区会。同年，长汀教会派牧师张伦到宁化恢复教务活动，后由蓝玉辉（长汀人）来宁化接管，教徒发展到 90 多人。

3. 南平地区

清初，天主教传入南平。顺治十二年（1655），南平城内晏坊借民房设立圣母堂。光绪二十三年（1897），由西班牙神甫管理南平天主教会。清末至新中国成立前，先后有西班牙神甫安武卿、白金兰等在此传教。

同治三年（1864），美国传教士薛承恩在南平传教。他创设了福音堂，创办了专门培养传道人才的懿德道学校。教育和医疗是他传教的重要途径。他创办了流芳中小学、淑馨女子中小学，此外还建立了卫理医院、卫理高级护士学校、麻风病院和卫理公共卫生站等数所医院和医疗学校。光绪五年（1879）十一月初二，“延平教案”发生。传教士在延平小水门、绿竹岭一带遭殴打。次日，延平道府派人将薛承恩遣送回福州。基督教卫理公会在南平的最盛时期为1920—1930年，当时有3个教区、十余处教堂，拥有传道士100多人、教友5000多人。1927年之后，由于群众性反基督教运动时有发生，教会发展势头减弱。

三、文化的包容与冲突：以闽西客家为例

中华文化具有强大的包容性，西方基督教则具有排他性。信仰冲突是基督教进入客家地区最普遍的问题。它须直面客家人的天人合一、祖先崇拜、多神信仰和风水信仰等观念。闽西客家地区地处偏乡，以敬宗睦族、慎终追远为至高美德，家家厅堂内供有近亲的祖宗牌位。在春节期间要悬挂祖先像，乡村中遍布大大小小的祠堂，祭祖是每年村中最重要的大事。客家人的家族活动包括修祠堂、编族谱、买族田、设义庄等。与基督教上帝崇拜的有神论不同，闽西客家地区信奉孔子、朱子，崇尚读书，各地书院遍布，民间民俗活动不断，民众不认为外来的基督教具有绝对权威。此外，客家人非常重视生态风水问题，祠堂选址都会请堪舆师来看风水，人生礼仪特别在意挑选良辰吉日。基督教在客家

地区的传播，往往以教育、医疗为突破口，很少真正直面客家人的敬祖习俗。

不可否认，近代以来基督教在闽西客家地区的传播，向当地灌输西方文明，但基督教拒绝本土化，传教士在当地的传教工作也遭遇中华文明强力抵制，这也反映出以传统儒家文化为内核的客家文化的文化自信。

第六节　海外侨民集聚区的文化认同

随着越来越多海丝腹地的移民向外流动和定居，不少地方形成了以籍贯和地缘为划分标准的小型移民社会。乡缘团体是海外侨民集聚区形成和发展过程中最重要的社会组织形式，海外侨民基于传统文化纽带与故土情感联结起来。此类移民社会兼具原乡文化特色和当地文化特色，形成了他们特有的文化认同。

一、乡缘团体与族群认同

在我国的明清时期，海上丝绸之路对世界贸易体系产生深远影响，从 16 世纪到 19 世纪早期，尽管中国有相当长一段时间处于闭关锁国的状态，但外部世界对中国的了解依然逐渐加深，中外关系的潜流是外部世界对中国影响加剧，两者之间不平衡的地位在发生转变。自 18 世纪晚期开始，以英国为首的西方世界与中国之间贸易活动的规模迅速扩大，尤其是依靠政治军事力量驱动的、非常态化的鸦片贸易，成为中国经济衰败的加速器，中国与外部世界的联系从渐进式、潜流式变成激进式、冲击式的关系，进入了革命性阶段。

直至 20 世纪，中国人尤其是中国南方人在持续向海外流动。孔飞力（Philip Alden Kuhn）的研究指出，中国近现代的移民浪潮现象是世界经济发展在中国的反映。近现代史中，欧洲与中国、东南亚之间的经济联系，为中国向海外活动提供了舞台。[1] 以客家人为代表的海丝腹地人民，是在中国南部向海外流动、定居生根的群体中不容忽视的一支，是中国人融入世界的重要参与者，对世界海上贸易体系的形成做出了独特的贡献。自 16 世纪起，客家人持续向海外播迁，从零散出洋到成为潮流，突破了山川局限，融入海上丝路的洪流之中，将海丝腹地与更广阔的世界勾连起来。

海丝腹地客家人的迁移路径之一，是越过“黑水沟”（台湾海峡）向宝岛台湾迁移，并逐渐在台湾垦殖和定居。在向台湾的移民群体中，一般认为福佬人早于客家人，但也有学者指出客家人实际上与福佬人（主要指福建漳泉两地的闽南语系居民）差不多同时迁移至台湾。两个族群进入台湾后在不同地区垦殖，客家人集中在跟原乡地理条件相似的山区居住，他们经历了筚路蓝缕的发展历程，成为当代台湾四大主体族群之一，在台湾地区有数百万人。

海丝腹地客家人的迁移路径之二，是向东南沿海一带迁移，继而在环中国南部和印度洋一带的国家谋生，形成我国移民史上著名的“下南洋”浪潮。客家人的足迹遍及整个南洋区域，成为当地华人群体的重要组成部分。

客家人“下南洋”后，远离在故乡的农业劳动，从传统农村

---

① ［美］孔飞力著，李明欢译：《他者中的华人：中国近现代移民史》，江苏人民出版社 2015 年版，第 6 页。

社区走出，参与了工业化、城市化的进程。清代中期，移民海外的客家人逐渐增多，逐渐形成“客家帮”。根据罗香林的研究，“当乾嘉中叶，嘉应人罗芳伯等在婆罗洲的坤甸一带建立兰芳大总制（共和国性质），其时那里的客家侨民已有三数万人，他们多是罗方伯以前迁去的”。移民南洋的客家人在槟榔屿、马六甲和新加坡等地，按照职业，可以大致分为两大群体：矿工帮和工匠帮，其中前者规模较大。东南亚客家社会已有雏形，形成相对独立的群体。所谓的“客家帮”也是自清中期之后开始形成的。在居住方式上，他们相对集中居住在客家的村落，内部使用客家话，因此，不同祖籍和方言群体形成了族群的边界，与周边族群常有较大隔阂甚至产生冲突。雍正十一年（1733），广东嘉应直隶州成立后，“嘉应五属”成为客家人在海外的核心力量。他们通过同乡团体（会馆）组织联络乡情，显示出更强烈的族群意识，进一步促进了客家人的自我认同。

会馆、社团等组织对塑造客家人的族群认同起到更重要的作用。19 世纪以后，乡缘团体在南洋华侨社会中发展起来。“华人会馆在缘起和功能方面，既保持了中华本土会馆的基本内核，又适应域外生存需求而有创新和发展。”① 会馆是重点的接触地点与联系网络，也是市场信息中心，更是培养友情与人际关系的社会中心。客属会馆也倡办学校，推广华文教育，发扬优良的儒家传统。因此，会馆成为客家传统社会向现代社会转变的载体，19 世纪东南亚一带的客家人基本上都加入会馆。虽然在会馆数量上，以原籍广东的客属组织为多，但也有一些是来自闽西的客属组织。

① 中国会馆志编撰委员会：《中国会馆志》，方志出版社 2002 年版，第 218—219 页。

表 7-1　20 世纪 50 年代以前南洋主要的闽西籍会馆

名　称	成立时间	成立地点	原籍地
广东暨汀州会馆	1795 年	马来西亚槟城	广东籍与汀州籍
永大会馆	1840 年	马来西亚槟城	永定籍与大埔籍
槟城永定胡氏安定堂	1863 年	马来西亚槟城	永定下洋胡氏
槟城永定	1863 年		
帝君胡公司	1864 年	马来西亚槟城	永定下洋籍胡氏与福建同安籍胡氏
槟城五属会馆	1899 年	马来西亚槟城	广东惠州嘉应大埔永定增城
令金鄞江公会	1908 年	马来西亚柔佛令金	汀州客家籍
新加坡永定会馆	1918 年	新加坡	福建永定籍
缅甸仰光永定会馆	1918 年	缅甸仰光	福建永定籍
缅甸仰光胡氏安定堂	1919 年	缅甸仰光	福建、广东、云南、海南、湖北等省籍，以福建永定、广东梅州居多
槟州永安社	1919 年	马来西亚槟城	福建永定籍
缅甸龙岩会馆	1923 年	缅甸仰光	福建龙岩籍
苏东棉兰龙岩会馆	1923 年	印度尼西亚苏门答腊岛	福建龙岩籍
亚庇龙岩会馆	1924 年	马来西亚沙巴州亚庇	福建龙岩籍
曼谷龙岩会馆	1925 年	泰国曼谷	福建龙岩籍
仙达、直民丁宜、亚沙汉、冷沙、巨港龙岩会馆	1926 年后	印度尼西亚苏门答腊岛	福建龙岩籍
槟城龙岩会馆	1929 年	马来西亚槟城	福建龙岩籍

续表

名　称	成立时间	成立地点	原籍地
天定（曼绒）龙岩会馆	1936 年	马来西亚 天定县	福建龙岩籍
新加坡 龙岩会馆	1938 年	新加坡	福建龙岩籍
雅加达龙岩会馆	1938 年	印度尼西亚 雅加达	福建永定籍
万隆永定会馆	1938 年	印度尼西亚 万隆	福建永定籍
龙岩旅苏（苏门答腊岛） 同乡总会	约 1940 年	印度尼西亚 棉兰	福建龙岩籍
新加坡南洋 上杭同乡会	1941 年	新加坡	福建上杭籍
吉玻龙龙岩同乡会	1945 年	马来西亚 吉打亚罗士打	福建龙岩籍
霹雳永定会馆	1946 年	马来西亚 怡保	福建永定籍
印度尼西亚三马林达 永靖公会	1946 年	印度尼西亚 东加省三马林达	永定、漳州南靖籍
新加坡南洋胡氏总会	1946 年	新加坡	福建永定、广东肇庆、 广东梅州籍
北马永定同乡会	1947 年	马来西亚槟城	福建永定籍

资料来源：张佑周：《龙岩华侨史》，华南理工大学 2020 年版。

1. 槟榔屿广东暨汀州会馆（广汀会馆）

广汀会馆始建于清咸丰年间，由福建汀州籍和广东籍客家人共同建立，是槟城乃至马来西亚半岛历史最悠久的会馆。槟城是海上丝绸之路的重要港口城市。明清时期，汀州籍商人联合广东客家商人共同参与海上贸易，此会馆的建立就是一例。

1795 年会馆创立，最初的主要任务是管理公冢山地，不设会所。至 1919 年，广东籍侨商捐出 4 间店铺和一所供奉关圣帝君的宫庙，广汀会馆才获得不动产物业。1923 年，广汀会馆改建其中一间为会所馆舍。1925 年，广汀会馆正式注册为社团。1941 年，广汀会馆大厦建成，原列圣宫供奉的关公也奉祀在大厦之中。广汀会馆在组织上采取董事会制度，由下属 19 个广汀原籍府县选出 1～6 名代表，组成董事会和信理部。

马来西亚槟榔屿广东暨汀州会馆

除了延续公冢山地的管理职能之外，随着广汀侨民的增加，广汀会馆实力增强，业务覆盖面也持续扩大，成为广汀人士联络乡谊的重要推手，为侨民谋求各种福利和救济。20 世纪初至 1920 年之前，广汀会馆先后创办了客籍时中学校、粤籍商务学校、琼籍益华学校、粤籍泰山学校、潮籍韩江学校等各级各类学校。

2. 槟榔屿永大会馆

槟榔屿永大会馆初名“永大公司”，由永定和梅州大埔籍的侨民所创建。永定与大埔虽然分属两省，但是两地山水相依、经济互动、语言相通，宋代汀江航运整治之后，两地商贸往来不绝，大埔的茶阳码头也是永定乃至闽西人下南洋的始发站。1945年第一批到达槟榔屿的张理、丘兆祥、马福春等人，就分别来自于大埔和永定。

两地侨民在南洋通力合作，共同开发槟榔屿，结下了深厚的地缘、人缘和财缘关系，虽然两地华侨先贤都参与了大伯公庙和广汀会馆的活动，但前者主要活动是祭神，后者组织范围大，不能针对永定和大埔侨民提供最切实的照顾。在巩固乡谊、共同发展的现实需要下，原籍永定下洋的铁匠陈洪魁发起成立永大会馆，并捐出店屋一所以供使用。永大会馆成立后，永定与大埔侨民纷纷参与，每年会馆组织春秋两祭以敦睦乡谊。

3. 槟城帝君胡公司

槟城帝君胡公司是在槟城鼎美胡氏敦睦堂和下洋安定堂的基础上联合创立的。敦睦堂创建于1872年，是由来自福建同安县鼎美村的胡氏族人所创的胡氏宗祠。安定堂创建于1883年，由福建永定县下洋镇胡氏所创，成员为入闽始祖念八郎后裔，实际上发挥了宗祠的作用。安定堂为家长制，分各房各派，由12位家长管理。在马来西亚独立后，限于政府的社团管理法令，安定堂于1957年改为委员会管理制。每年农历三月，全体宗亲会成员在胡氏祖坟举行春祭，七月则为秋祭。帝君胡公司名为公司，创立的宗旨是奉祀胡氏祖先念八郎考妣、关圣帝君，依此联络胡氏族人，公司规定只限中川下洋念八郎公裔孙参加。公司每年召集族人在农历正月十三日及五月十三日关帝君诞辰、七月十五日中元节、冬至时举行敬拜神明和祭祖仪式。

4. 槟城龙岩会馆

龙岩人移民槟城始于19世纪90年代；1929年在槟城设立会馆。龙岩人移民路线是：从家乡前往漳州，再到厦门乘船渡海下南洋。民国初年之后，下南洋者日渐增多，槟城是龙岩移民抵达马来西亚的第一站。1908年，龙岩移民在槟城成立苍岩清明福公司。“岩人来槟者渐多。是年翁志鹏，陈水旺、水发兄弟，及王瞻甫诸人，发起组织苍岩清明福公司。历年向乡侨募捐款项，作为春秋二祭之用，祭祀盈余者，则存入同乡商店以生利息。”① “清明福”即清明祈福之意，可见，苍岩清明福公司是岩侨祭祖、丧葬和扫墓活动的互助社团。1920年代，岩侨商号在当地已成气候，捐资为清明福购置房产，也为新来槟城的龙岩移民提供接济。清明福也逐渐从乡侨祭祖活动的互助社团发展到“办理岩侨一切事物”的新阶段。

20世纪20年代，岩侨顺应南洋华侨将大规模的乡侨组织称为会馆的做法，推动扩大清明福的规模和管理能力，最终于1929年11月正式成立槟城会馆，成为岩侨在马来西亚最早和影响最大的乡缘社团。

5. 新加坡永定会馆

新加坡永定会馆成立于1918年，是南洋最早成立也是规模最大的永定同乡乡缘组织，由当时旅居马来半岛、新加坡等地的永定人胡必育、胡化山、胡秀容、张滋楼、胡星阶等发起成立。

新加坡永定会馆在成立之初，实际上成为南洋各地永定同乡总会，在马来半岛、荷属东印度、缅甸、泰国等地都设有协理员，负责当地永定同乡的联系事务，吸引和发动更多的同乡入会。胡文虎在会馆成立之初就是缅甸仰光的协理。

新加坡永定会馆的宗旨也在于联络乡情、共谋福利，设有会址、义山和崇德祠等，为往返南洋与原乡的同乡，为当地侨民尤

① 蒋人奇：《槟城龙岩会馆史略》，《槟城龙岩会馆22周年暨新厦落成纪念刊》，第29页。

其是贫困侨民提供帮助和救济。在1942年新加坡沦陷后，永定会馆曾一度成为侨民收容所。1945年，日本战败，会馆重建，胡文虎长子胡蛟被选任为会长。会馆重新制订工作计划，积极复兴会馆，还创办南洋华侨社团最早的刊物《永定月刊》，关注家乡永定的教育事业。此外，新加坡永定会馆还参与了丰永大公会的崇德祠的各项活动。

6. 南洋客属总会与崇正总会

南洋客属总会在南洋地区深具影响力。它由新加坡应和会馆、丰永大公司等客属社团倡导成立，1923年提出建设构想；1929年，经英殖民政府社团注册局批准之后在新加坡正式成立。南洋客属总会是东南亚许多客家会馆的联合机构，胡文虎捐款最多。南洋客属总会甫一成立，就获得南洋客属社群的热烈响应。总会成立后，胡文虎被推选为会长。此外在东南亚各地都建立了许多直属南洋客属总会的分会，其中马来西亚43个、印度尼西亚7个、砂拉越2个、缅甸1个。南洋客属总会及其分支机构为增强东南亚客家人的团结，南洋各地客属同乡的工商业发展以及开展文娱活动、福利事业都做出了巨大贡献，特别是在抗日战争期间，以胡文虎为首的南洋客属总会和以陈嘉庚为首的南侨总会，组织南洋华侨积极宣传抗日，发动华侨捐款和购买救国公债，甚至亲身返国参战。

总会冠名“客属”，证明在南洋客属社群中已经出现具有广泛民众基础的客家自我认同。经过几十年的发展，南洋客属总会也起到了凝聚海外客家人、深化海外客家人的自我族群认同的作用。

二、海外侨民的文化认同

张佑周等学者认为，海外侨民聚居区的文化认同，主要表现在方言、习俗和民间信仰三方面。[①]

1. 方言

方言是区分不同民系的主要依据。它对人群具有极强的凝聚力，在海外侨民聚居区中方言成为区分籍贯的显著的标志。据张佑周等人调查，在永定下洋人聚居的马来西亚霹雳州华都牙也、积莪营的矿山地区，槟榔屿巴古拜地区，怡保商业区，雪兰莪沙白、大港等地区，缅甸仰光等地，下洋话成为通行的语言。这些侨民也将方言作为身份印记之一传递给自己的子孙，他们的后代虽然可能已经与原乡没有直接的联系，但仍然可以讲家乡话。龙岩华侨在南洋也有分布，虽然未能像永定客家人一样形成一个个方言岛，但在马来西亚的槟城、吉隆坡、沙巴亚庇市，新加坡，印度尼西亚雅加达，缅甸仰光等地的龙岩人聚居地，侨民之间也能以龙岩方言交流。

方言成为侨民之间天然的纽带，一方面是因为侨民的经济产业模式需要。由于华侨常常是跟随自己的家族成员或是同乡前往海外，在海外常常从事相同或相关的行业，如胡文虎的永安堂药业就安排了大量的胡氏族人，罗宏光和张济贤的仁和堂大药房也让众多两姓族人参与经营。侨民移居到海外之后，往往会参加以地缘关系为依据所形成的会馆、同乡会。如前一节所述，这些组织或成为侨民之间互通消息的主要场所，或共同组织祭祀活动，或成为侨民救济的重要途径，以地缘为纽带的乡缘组织必然强化群体内部对共同语言的使用。另一方面，侨民尤其是客家人受“宁卖祖宗田，不忘祖宗言”的传统观念的影响，使得原乡方言可以超越空间而在代际传承。

① 张佑周主编：《龙岩华侨史》，华南理工大学出版社2020年版，第104—108页。

2. 岁时节庆民俗

侨民移居海外之后也带去了基于中华汉民族传统文化的岁时节庆民俗。例如在永定客家人定居比较多的马来西亚霹雳州怡保地区，胡氏族人就按照原乡下洋的客家习俗过年。“锡矿大王”胡曰皆之子胡万铎回忆道：“除夕那天，家人小心翼翼地将祖宗肖像拿出来置挂在神桌上，一家老小庄严地向天神和祖先供祭三牲，焚香秉烛，虔诚拜祭。”① 这一习俗与时至今日在闽西一些客家人村落中流行的春节节俗仍然一致。此外，如舞龙舞狮、迎花灯等民俗活动在马来西亚霹雳州怡保、雪兰莪沙白、槟城等地也都有留存。

侨民移居海外，慎终追远的思想观念浓厚。在南洋地区的客家人和福佬人都有在传统节日祭祀祖先的习俗，尤其是除夕、清明节、中秋节，都是闽西华侨极为重视的祭祖之日，一些祭祀组织也因应侨民需要而生。1798 年，由汀州籍（主要是永定籍）和广东籍侨民参与的祭祀组织广东暨汀州会馆成立；在 1840 年前后，槟城永大会馆和新加坡丰永大公会成立。它们也都承担了管理公冢、举行祭祀活动的任务。成立于 1908 年的槟城苍岩清明福公司则是闽西籍侨民最早的明确以清明祭祀为目的而设立的社团组织，同年在马来西亚半岛柔佛州令金古镇的令金鄞江公会也是以秋祭为主要任务的社团。

3. 民间信仰

民间信仰是在民间广泛存在的一套神灵崇拜观念与行为习惯，通常有固定的仪式。海丝腹地移民在下南洋时，也带去了原乡的民间信仰和相应的信仰习俗。

---

① 胡万铎：《胡说真言》，《东方日报》，2010 年 2 月 13 日。转引自张佑周主编：《龙岩华侨史》，华南理工大学 2020 年版，第 105 页。

永定客家人是海丝腹地下南洋的主力军，带去了客家人的公王和伯公信仰。在原乡的永定客家村落，每个自然村都有公王和伯公。公王一般在水口，伯公则可能在山崖、树下、桥头、水井边乃至田间地头，是守护一方土地的神祇。客家人来到南洋，既要面对着陌生的地理环境和气候的挑战，又要忍受远离亲人的离别之苦，他们将愿望和思念都寄托在地方保护神之上，于是在垦殖地或定居地设立伯公和公王神龛。马来西亚槟城的大伯公信仰，实际上也是原乡地方保护神信仰的一种投射。

除公王和伯公信仰之外，随着南洋侨民越来越多，中华民族传统的宗教信仰和民间信仰在南洋各地也非常盛行，如天后、财神、关帝等，是南洋社会中常见的神祇。围绕这些神祇形成的仪式与习俗，强化了信仰者的凝聚力和对于中华文化的向心力，也成为侨民的心灵慰藉和求发展的精神动力。同时，侨民们主动融入当地社会，行善心，做公益，为当地经济社会发展不断做出新贡献。

主要参考文献

一、古籍与方志

［唐］黄滔：《唐黄御史文集》，“景印文渊阁四库全书”，台湾商务印书馆1986年版。

［宋］胡太初修，赵与沐纂：《临汀志》，福建人民出版社1990年版。

［元］脱脱：《宋史》第37卷。

［元］熊禾：《勿轩集》第4卷，“文渊阁四库全书”第1188册。

［明］徐弘祖：《徐霞客游记》，崇文书局2014年版。

［明］李默：《群玉楼稿》，“四库全书存目丛书”集部77册，齐鲁书社1997年版。

［明］韩霖、张赓：《圣徒信证》，吴相湘主编《天主教东传文献三编》第一册，台北学生书局1972年版。

［清］曾曰瑛等修，李绂等纂：乾隆《汀州府志》，上海书店出版社2000年版。

［清］李鋐、王柏等修，昌天锦等纂：康熙《平和县志》，“中国方志丛书”第 91 号，成文出版社 1967 年版。

［清］祝文郁修，李世熊纂，宁化县志编纂委员会整理：《宁化县志》，福建人民出版社 1989 年版。

［清］杨澜：《临汀汇考》，光绪四年刻本。

［清］计六奇：《明季北略》，“台湾文献史料丛刊”本，台湾大通书局 1987 年版。

［清］杜士俊修纂，连城县地方志编纂委员会编：康熙《连城县志》，方志出版社 1997 年版。

［清］杨守敬：《藏书绝句》，古典文学出版社 1957 年版。

［清］方履篯修，巫宜福纂：道光《永定县志》第 16 卷，福建省地方志编纂委员会整理，厦门大学出版社 2012 年版。

福建省地方志编纂委员会编：《福建省志·华侨志》，福建人民出版社 1992 年版。

龙岩市地方志编纂委员会编：《龙岩市志》，中国科学技术出版社 1993 年版。

龙岩地区地方志编纂委员会编：《福建省龙岩地区志》，上海人民出版社 1992 年版。

福建省长汀县地方志编纂委员会编：《长汀县志》，三联书店 1993 年版。

妈祖文献整理与研究丛刊编纂委员会编：《妈祖文献整理与研究丛刊第 2 辑》，海峡文艺出版社 2017 年版。

二、专著

谢重光：《客家文化论述》，中国社会科学出版社 2008 年版。

谢重光：《客家民系与客家文化研究》，广东人民出版社 2018 年版。

周雪香：《明清闽粤边客家地区的社会经济变迁》，福建人民出版社 2007 年版。

曾玲：《福建手工业发展史》，厦门大学出版社 1995 年版。

周振鹤、游汝杰：《方言与中国文化》，上海人民出版社 1986 年版。

靳阳春：《宋元时期汀州区域开发与客家民系形成》，中国社会科学出版社 2015 年版。

杨保筠主编：《华侨华人百科全书·人物卷》，中国华侨出版社 2001 年版。

汪向荣：《日本教习》，生活·读书·新知三联书店 1988 年版。

福建省档案馆编：《福建省华侨档案史料》，档案出版社 1990 年版。

吴邦才主编：《闽商发展史·南平卷》，厦门大学出版社 2016 年版。

李应春主编：《闽商发展史·三明卷》，厦门大学出版社 2016 年版。

蔡立雄主编：《闽商发展史·龙岩卷》，厦门大学出版社 2016 年版。

蔡立雄：《闽西商史》，厦门大学出版社 2014 年版。

[美] 包筠雅著，刘永华等译：《文化贸易：清代至民国时期的四堡书籍交易》，北京大学出版社 2015 年版。

何炳棣：《中国会馆史论》，中华书局 2017 年版。

杨彦杰：《走进客家历史田野：地方社会与文化传统》，广东人民出版社 2018 年版。

陈达：《南洋华侨与闽粤社会》，商务印书馆 2011 年版。

刘熏学：《南洋游记》，开明书店 1930 年版。

中国会馆志编撰委员会编：《中国会馆志》，方志出版社 2002 年版。

胡家新：《中川》，海潮摄影艺术出版社 2009 年版。

张耀清主编：《历史记忆：闽西文化遗产》，海潮摄影艺术出版社 2007 年版。

林金水、吴巍巍、崔军锋等：《福建与中西文化交流史论》，海洋出版社 2015 年版。

张佑周主编：《龙岩华侨史》，华南理工大学出版社 2020 年版。

［美］卫三畏著，陈俱译：《中国总论》，上海古籍出版社 2005 年版。

［美］卫英士著，丁立隆译：《华南客家十五年》，厦门大学出版社 2017 年版。

［美］孔飞力著，李明欢译：《他者中的华人：中国近现代移民史》，江苏人民出版社 2015 年版。

［美］萨拉·罗斯著，孟驰译：《茶叶大盗：改变世界史的中国茶》，社会科学文献出版社 2015 年版。

［英］罗伯特·福琼著，敖雪岗译：《两访中国茶乡》，江苏人民出版社 2020 年版。

［美］施坚雅著，史建云、徐秀丽译：《中国农村的市场与社会结构》，中国社会科学出版社 1998 年版。

［美］施坚雅主编，叶光庭等译：《中华帝国晚期的城市》，中华书局 2000 年版。

［美］薛爱华著，程章灿、侯承相等译：《闽国：10 世纪的中国南方王国》，上海文化出版社 2019 年版。

［美］贾晋珠著，邱葵、邹秀英、柳颖、刘倩译：《谋利而印：11 至 17 世纪福建建阳的商业出版者》，福建人民出版社 2019 年版。

三、论文

林汀水：《对福建古代交通道路变迁的几点看法》，《中国社会经济史研究》1994 年第 1 期。

葛文清：《汀江流域外向型经济演变初探》，《龙岩学院学报》编辑部编：《客家学研究论文选辑：纪念〈龙岩学院学报〉创刊 30 周年》，河北大学出版社 2013 年版。

裴耀松：《九龙溪与客家经济的联动》，福建省炎黄文化研究会、福建省龙岩市政协编：《客家文化研究》，海峡文艺出版社 2007 年版。

余达忠：《从边缘到中心：近代以来客家概念的建构与发展空间的扩展》，《华南理工大学学报》，2016 年第 3 期。

谭其骧：《历史人文地理研究发凡与举例》，《历史地理》第十辑，上海人民出版社 1992 年版。

吴凤斌：《民国时期闽西海外移民问题的调查研究》，《南洋问题研究》，1994 年第 1 期。

钟毅锋：《烟草的流动：永定烟草历史及其文化》，厦门大学博士学位论文，2008 年。

胡文虎：《努力建设故乡》，《星光日报》，1947 年 1 月 21 日。

张侃：《胡文虎与马来西亚客家社团关系初探》，林金树主编：《中华心·客家情——第一届客家学研讨会论文集》，马来西亚客家学研究会，2005 年。

李福生：《略论闽江流域在“海上丝绸之路”的地位和作用》，《福建史志》，2015 年第 5 期。

林枫、松丹龄：《山海互动——清代福建商人的经营取向》，福建省海洋与渔业厅、福建省炎黄文化研究会、福建省社会科学界联合会、福建社会科学院编：《海洋文化与福建发展：第二届海峡两岸海洋文化研讨会论文集》，福建省海洋与渔业厅、福建省炎黄文化研究会、福建省社会科学界联合会、福建社会科学院：福建省炎黄文化研究会，2011 年。

毛星：《建国前长汀商业贸易鳞爪》，中国人民政治协商会议福建省长汀县文史委员会文史资料编辑室编：《长汀文史资料第 12 辑》，1987 年。

方彦寿：《刻书中心建阳对外传播的基本走向及其影响》，《中国出版史研究》，2019 年第 3 期。

邹日升：《中国四大雕版印刷基地之一：四堡》，《连城文史资料》第 4 辑，1985 年。

陈支平、郑振满：《清代闽西四堡族商研究》，《中国经济史研究》，1988 年第 2 期。

周雪香：《闽西客家与海上丝绸之路——以四堡雾阁邹氏为例》，《福建论坛（人文社会科学版）》，2016 年第 5 期。

谢重光：《闽西客家地区的妈祖信仰》，《世界宗教研究》，1994 年第 3 期。

石奕龙：《论闽粤内陆的妈祖信仰与航运业及林姓的关系》，《莆田学院学报》，2008 年第 1 期。

陈建生：《闽江上游天后妈祖信仰》，《福建省社会主义学院学报》，2012 年第 2 期。

林金水：《艾儒略与明末福州社会》，《海交史研究》，1992 年第 2 期。

朱彩西：《九龙溪水运情况片段》，中国人民政治协商会议福建省永安市委员会文史资料委员会编：《永安文史资料第 19 辑》，2001 年。

卢平：《基督教与闽西客家社会》，福建师范大学硕士学位论文，2002 年。

四、民间文献

长汀四堡龙足《范阳邹氏五修族谱》，1947 年修。

汀州天后宫第四届理事会编：《汀州妈祖》，2006 年版。

福建省汀州连城四堡雾阁六修邹氏族谱委员会编：《范阳邹氏族谱（敦本堂）》，1996 年修。

后　记

受福建省政协文化文史和学习委员会和福建省炎黄文化研究会委托承担《福建海上丝绸之路·腹地卷》写作任务以来，我们历经约4年的资料收集和写作过程，于2022年6月完成初稿并上报到炎黄文化研究会。后根据研究会专家和福建人民出版社编辑的意见进行修改，终于定稿。

随着新世纪“一带一路”倡议的深入实施，对海上丝绸之路的研究成果众多，但研究海丝腹地的文献少，研究二者的互动关系尤其是互动历史的文献就更少了，而且受历史上史家轻商的传统和山区商业相对不发达等因素影响，本书在写作过程中遇到未曾料到的资料收集困难。为此，课题组分别深入龙岩、三明、南平、福州、厦门、泉州等地，在博物馆、在乡野、在野渡、在海港进行了大量实地调研以获取实物资料和历史印迹，再与地方志书等文献对照，进而确定全书的整体框架。

本书的研究目标、基本内容和结构框架是由蔡立雄提出和修改定稿。第一、二、四、五章主要由杨林燕博士撰稿，第三、六、七章由张凤英博士完成初稿，蔡立雄完成余下部分并审定修改全书。

在本书付梓之际，谨代表所有作者对为本书顺利完成及出版提供支持和帮助的单位和个人表示诚挚的感谢！感谢福建省炎黄文化研究会的黄丽华女士为本书的写作、出版做了大量联络协调工作；感谢福建人民出版社的编辑，是他们的关心、耐心和支持使本书得以顺利出版，从而为我们同有关专家、同仁和读者就福建海丝腹地问题进行交流提供机会。

为使本书能更具资料性和可读性，我们虽然付出一定努力，但受限于资料以及自身的水平，难免有诸多不当和错漏之处。作为一本专门研究历史上福建海丝腹地的抛砖引玉之作，我们诚挚地期盼各位专家、读者不吝指教。

蔡立雄

2022 年 12 月于龙岩